D1727018

Innovatives Personalmanagement

Herausgegeben von

Prof. Dr. Dr. h.c. Lutz von Rosenstiel

Vorwort

Über Grenzen hinweg zusammenzuarbeiten ist heutzutage etwas ganz Alltägliches. Im Zuge von Internationalisierung der Wirtschaft kooperieren weltweit verteilte Partner. Die internationale Arbeitsteilung erhöht die Wettbewerbsfähigkeit eines Unternehmens. Produktion, Marketing und Vertrieb bedeuten nicht nur Aufgabenteilung sondern auch räumliche Trennung. Große Entfernungen müssen überbrückt werden, die häufig im virtuellen Raum stattfinden und nicht nur in Kilometern, sondern auch in kulturellen Unterschieden zum Ausdruck kommen. All diese aktuellen Entwicklungen führen dazu, dass Menschen aus verschiedenen Ländern und unterschiedlicher kultureller Herkunft zusammenarbeiten.

Diese interkulturelle Zusammenarbeit stellt eine besondere Herausforderung an alle Beteiligten. Unterschiedliche, kulturell geprägte Arbeitsstile treffen aufeinander und erhöhen die Wahrscheinlichkeit von Missverständnissen in der Kommunikation. Auch wenn sich mancher dieser Problematik bewusst sein mag, so fehlen häufig Handlungsalternativen und Lösungsansätze zur Vermeidung interkultureller Konflikte. Wie kann ein interkulturell tätiger Mitarbeiter aus seinen Erfahrungen lernen und sich wirklich interkulturell kompetent verhalten, so dass für alle Beteiligten ein zufrieden stellendes Ergebnis erreicht wird?

Dieses Buch wendet sich an Fach- und Führungskräfte, die im In- und Ausland mit Menschen aus verschiedenen Kulturen zusammen arbeiten. Es hat zum Ziel, interkulturell tätigen Personen die Dynamik der interkulturellen Kommunikation aufzuzeigen, um sie für den Einfluss, den die eigene und die fremde Kultur auf ihre Zusammenarbeit hat, zu sensibilisieren. Neben den klassischen Formen der interkulturellen Zusammenarbeit wie der Auslandsentsendung werden Fragen der Führung von ausländischen Mitarbeitern und besonders die Zusammenarbeit in multinationalen Teams, die für den Erfolg internationaler Unternehmen im 21. Jahrhundert zentral sind, behandelt. Es werden sowohl die wichtigen Bereiche des internationalen Personalmangements wie Personalauswahl und -entwicklung als auch besondere Maßnahmen des Diversity Managements vorgestellt.

Zur Veranschaulichung finden Sie zahlreiche Beispiele interkultureller Interaktionen mit einem besonderen Schwerpunkt auf die Zusammenarbeit mit US-Amerikanern und Mitarbeitern und Kollegen aus Südostasien. Fallbeispiele und Übungen bieten die Möglichkeit, die eigene interkulturelle Kompetenz zu testen und zu managen. Mit Hilfe der Abbildungs-, Übungs- und Stichwortverzeichnisse können Sie schnell die für Sie relevanten Stellen im Buch finden und nachschlagen. Zur besseren Bearbeitung der Übungen und Fallbeispiele sind diese besonders hervorgehoben.

Die 53 Übungen und 13 Fallbeispiele können Sie für sich selbst oder in Gruppen bearbeiten, so dass Sie diese auch als Führungskraft, Teamleiter oder Trainer mit ihren Mitarbeitern durchführen können. Am Ende eines Kapitels finden Sie Antworten, Lösungsvorschäge und weiterführende Literaturempfehlungen. Somit lernen Führungskräfte, Personalverantwortliche, Trainer, Personen mit interkultureller Erfahrung und interkulturell Interessierte gängige Methoden interkultureller Trainings und deren Anwendungsmöglichkeiten kennen. Der Leser hat so die Möglichkeit, sein kulturelles und interkulturelles Wissen zu erhöhen, Anregungen für Verhaltensänderungen zu erhalten, seine eigene inter-kulturelle Kompetenz zu trainieren und andere Personen zu schulen und zu unterstützen.

Das Buch ist in 8 Kapitel unterteilt, von denen jedes auch unabhängig von den vorangegangenen gelesen werden kann: Die ersten drei Kapitel führen in die Thematik ein und beschreiben die besondere Dynamik der interkulturellen Kommunikation und Zusammenarbeit. In Kapitel 1 werden der Einfluss von Kultur auf unser Verhalten am Arbeitsplatz und zentrale Unterschiede zwischen Kulturen erklärt, während Kapitel 2 auf die besonderen Herausforderungen der interkulturellen Kommunikation aufmerksam macht. Es werden Empfehlungen gegeben, wie Sie mit potenziellen Konflikten in der interkulturellen Zusammen-arbeit umgehen bzw. diese vermeiden können. Was eine erfolgreiche internatio-nale Tätigkeit ausmacht, ist Thema von Kapitel 3. Dabei spielt die interkulturelle Kompetenz der Mitarbeiter eine herausragende Rolle, zu deren Erfassung Frage-bögen vorgestellt werden.

Um interkulturelles Lernen zu ermöglichen und interkulturelle Kompetenz zu trainieren, finden Sie in den beiden darauf folgenden Kapiteln zahleiche Trainingsinstrumente, die Sie selbst als Übungen verwenden können. Kapitel 4 stellt Instrumente vor, anhand derer Sie sich den Einfluss von Kultur bewusst machen, Kulturunterschiede erkennen und fremdkulturelles Verhalten erklären können, kurzum: interkulturelle Kommunikation und Kulturen verstehen lernen. Dazu gehören auch Fragen der Ethik und der Anpassung an eine fremde kulturelle Umgebung. Während es in Kapitel 4 mehr um Kognition und Reflexion geht, sprechen die Instrumente in Kapitel 5 verstärkt eigene Erfahrungen und Gefühle in der interkulturellen Zusammenarbeit an. Dort fin-den Sie Vorschläge, wie Sie und Ihre Mitarbeiter neue Verhaltensweisen ausprobieren und Handlungsalternativen entdecken können.

In Kapitel 6 geht es speziell um die interkulturelle Zusammenarbeit in Teams und Arbeitsgruppen, die einen immer größeren Stellenwert in Unternehmen einnehmen. Nachdem die Chancen und Risiken internationaler Teamarbeit und der Einfluss kultureller Unterschiede auf die Arbeit in Gruppen behandelt wor-den sind, finden Sie zahlreiche Vorschläge, wie Sie den Erfolg internationaler Teams unterstützen können. Die abschließenden zwei Kapitel gehen dann auf die Folgen der Internationalisierung von Unternehmen und Fragen des interna-tionalen Personalmanagements ein. Neben Personalauswahl und -entwicklung werden in Kapitel 7 insbesondere das Thema der Auslandsentsendung und Maß-nahmen des Diversity Managements behandelt. Interkulturelle Trainings als eine wichtige Möglichkeit interkulturellen Lernens ist Thema von Kapitel 8. Es werden grundlegende Trainingskonzepte und Methoden vorgestellt, ohne die Kulturspezifität von Lehr- und Lernstilen zu vernachlässigen. Sie finden zahlreiche Empfehlungen für das Design und den Aufbau interkultureller Trainings, um deren Erfolg sicher zu stellen. Zum Abschluss des Buches sollten Sie noch einmal versuchen, alles, das was Sie gelernt haben, anhand der letzten beiden Fallbeispiele anzuwenden.

Zur besseren Lesbarkeit habe ich auf die Verwendung der weiblichen und männlichen Form bei der Bezeichnung von Personen verzichtet. Wenn ich von Mitarbeitern, Kollegen, Trainern etc. spreche, habe ich immer Frauen und Männer vor Augen.

Während meiner langjährigen persönlichen und beruflichen Auseinandersetzung mit dem Thema der interkulturellen Zusammenarbeit haben mich zahlreiche Menschen begleitet, denen ich herzlich danken möchte. Neben all den Personen, mit denen ich interkulturell zusammenarbeiten und von deren Erfahrungen ich lernen durfte, gilt mein Dank Herrn *Dennis Clackworthy* von der Siemens AG, der mir meine ersten Einblicke in das spannende Feld interkultureller Trainings ermöglichte. Danken möchte ich Herrn *Dr. Lutz von Rosenstiel* vom Institut für Wirtschafts- und Organisationspsychologie und Herrn *Dr. Alois Moosmüller* vom Institut für Interkulturelle Kommunikation der Ludwig-Maximilians-Universität München, die mir über die Jahre hinweg Wesentliches zu Theorie und Praxis des Personalmanagements und der interkulturellen Zusammenarbeit vermittelt haben. Für meine tiefer gehenden Einblicke in die Methoden interkultureller Trainings möchte ich Herrn *Dr. Dharm Bhawuk* vom College of Business Administration der University of Hawaii danken sowie Herrn *Dr. Richard Brislin* und Herrn *Dr. Paul Pedersen*. Herrn *Johannes Schaaf* und Frau *Luise Podsiadlowski* danke ich besonders für das genaue und kritische Korrekturlesen des Manuskripts und diverse Hilfestellungen wie zum Beispiel bei der Layouterstellung, Herrn *Tomislav Helebrant* für das Erstellen eines Großteils der Abbildungen und Herrn *Dieter Sobotka* vom Vahlen-Verlag für seine Anregungen und höchst angenehme, positive Kooperation.

Ich wünsche, dass dieses Buch allen Lesern hilft, sich den Herausforderungen der interkulturellen Zusammenarbeit mit Freude und Elan zu stellen.

München, im Mai 2004

Astrid Podsiadlowski

Inhaltsverzeichnis

Übungsverzeichnis

Abbildungsverzeichnis

Kapitel 1
Was ist Kultur?

Für die Filiale einer deutschen Versicherungsgesellschaft in Shanghai wird ein neuer Assistent des Geschäftsführers gesucht. Frau Meyer aus der zentralen Personalabteilung in Deutschland ist äußerst erstaunt, als ihr mitgeteilt wird, dass der chinesische Kollege bereits jemanden ohne die weltweit gültigen Auswahlverfahren eingestellt hat. Als sie erfährt, dass der neue Assistent ein Cousin des chinesischen Kollegen ist, ist sie empört über diese – in ihren Augen – „Vetternwirtschaft".

Die Internationalisierung unseres Wirtschaftslebens führt zu verstärkter Zusammenarbeit von Angehörigen unterschiedlicher Kulturen. Diese interkulturelle Zusammenarbeit findet an weltweit verteilten Standorten statt, und die Unternehmensmitarbeiter stammen aus verschiedenen Ländern, die sehr stark in ihren Werten differieren. In dem Fall von Frau Meyer wird der unterschiedliche Stellenwert von Familie deutlich. Für den chinesischen Filialleiter gehört es zu seinen Pflichten, Angehörige seiner Familie zu unterstützen. Den Cousin an den üblichen Auswahlverfahren teilnehmen zu lassen, hieße, ihm zu misstrauen. Durch die gegenseitige Verpflichtung als Verwandte kann er sich auch seiner Leistung sicherer sein als bei einem Kandidaten, den er nicht kennt.

In diesem ersten Kapitel sollen Sie ein Verständnis dafür entwickeln, was Kultur für die Zusammenarbeit zwischen Angehörigen verschiedener Nationen bedeutet. Neben der Einführung zentraler Begriffe wird der Einfluss von Kultur auf unser Verhalten am Arbeitsplatz erklärt. Sie lernen wichtige Kulturdimensionen kennen, mit deren Hilfe sich Unterschiede zwischen Kulturen beschreiben lassen. Anhand von Übungen können Sie Ihr Verständnis für eigene und fremde kulturelle Prägungen trainieren.

1   Der Einfluss von Kultur auf die Zusammenarbeit

1.1   Was ist Kultur?

„Wahrheit auf dieser Seite der Pyrenäen, Irrtum auf jener Seite." (*Blaise Pascal*)

Wenn es um wirtschaftliche Fragen geht, rückt der Einflussfaktor Kultur immer mehr ins Blickfeld. Inwieweit beeinflusst unser kultureller Hintergrund die Zusammenarbeit? Wo gibt es Unterschiede, wo gibt es Gemeinsamkeiten in den verschiedenen Ländern, in denen ein Unternehmen tätig ist und aus denen Mitarbeiter eines Unternehmens stammen? Um derartige Fragen zu klären, ist es wichtig, sich vorerst damit auseinander zu setzen, was unter Kultur zu verstehen ist.

Übung 1: Was ist mir wichtig?

Überlegen Sie sich, was Ihnen persönlich bei der Arbeit wichtig ist. Inwieweit könnte dies typisch für den Arbeitsstil in Ihrem Herkunftsland sein?

Überall in der Welt haben Menschen Verhaltensweisen entwickelt, um sich geografischen und klimatischen Gegebenheiten anzupassen und das Überleben zu sichern. Diese Verhaltensweisen machen die Kultur einer Gruppe aus und können sich von Gruppe zu Gruppe stark unterscheiden: Kultur ist die Art und Weise, wie die Menschen leben, wie sie sich ihrer Umgebung angepasst haben und was sie aus sich selbst und aus ihrer Welt machen. Inselstaaten entwickeln andere Regeln des Zusammenlebens als Länder, deren Bewohner eine scheinbar unendliche Weite gewohnt sind. Bewohner tropischer Regionen unterscheiden sich deutlich in ihrem Tagesrhythmus und Zeitgefühl von Menschen aus dem hohen Norden.

Definition von Kultur:

„Kultur besteht aus Mustern des Denkens, Fühlens und Handelns, die hauptsächlich über Symbole erworben und weitergegeben werden. Sie stellen die charakteristischen Errungenschaften von Personengruppen dar, zu denen auch ihre Verkörperung in Artefakten gehört. Der wesentliche Kern der Kultur besteht aus traditionellen (also historisch hergeleiteten und ausgewählten) Ideen und den ihnen speziell zugehörigen Werthaltungen."

(nach *Kroeber* und *Kluckhohn*, 1952, S. 181)

Anhand dieser Definition wird deutlich, dass Kultur unser **Denken**, unser **Fühlen** und unser **Verhalten** beeinflusst. Neben diesen kognitiven, emotionalen und behavioralen Aspekten sind unsere Überzeugungen, Einstellungen und Werte kulturell geprägt.

Kultur hat sich im Laufe der Zeit entwickelt und baut auf drei Säulen auf (siehe Abbildung 1.1):

1. Die Kultur einer Gruppe äußert sich wesentlich in ihren **Werten**, also was für richtig und gut gehalten wird, und wie sich jemand, der dieser Gruppe angehört, zu Hause und am Arbeitsplatz verhalten soll. Diese Werte sind verinnerlicht und zum großen Teil unbewusst, können aber zum Beispiel mit Hilfe von Trainingsmaßnahmen bewusst gemacht werden.

2. Es werden **Normen** und **Regeln** aufgestellt und **Rollen** definiert, die die Zugehörigkeit zu und das Funktionieren einer Gruppe sichern. Diese Regeln, Normen und Rollen werden in der primären Sozialisation über Institutionen wie Elternhaus, Schule, Regierung und Kirche erlernt und wesentlich über Kommunikation erworben und weitergegeben. Regeln legen die Form der Zusammenarbeit fest und prägen die Art der Kommunikation.

3. Über **Symbole** (wie zum Beispiel Farben, Kleidung, Essen oder Musik) und Rituale (wie zum Beispiel Feiern, Begrüßungsformen oder Geschenke) sind Unterschiede zwischen Kulturen erkennbar, die auch in der Arbeit deutlich werden.

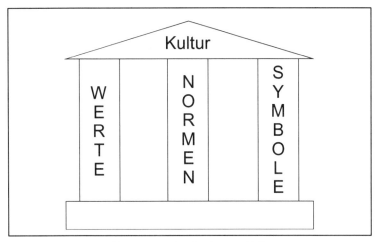

Abb. 1.1: Die drei Säulen von Kultur

Übung 2: Wie sehe ich mich selbst?

Mit welchen Adjektiven würden Sie Ihre eigene Kultur beschreiben?

Finden Sie Regeln und Normen, von denen Sie der Meinung sind, dass diese in Ihrer Kultur allgemein verbindlich sind.

Welche Werte stehen dahinter?

Versuchen Sie **Oberbegriffe** für die dahinter stehenden Werte zu finden.

Je nach Autor lassen sich verschiedene Aspekte von Kultur herausstellen. Für *Harrry Triandis* (1972) ist es wichtig, zwischen den subjektiven Elementen von Kultur wie Meinungen, Einstellungen oder Überzeugungen und den objektiven Elementen von Kultur wie Werkzeugen, Gebäuden oder Maschinen zu unterscheiden. Für *Geert Hofstede* (1997) dient Kultur als kollektive, mentale Programmierung, die die Mitglieder einer Personengruppe von einer anderen unterscheidet. Der Ethnologe *Edward Hall* (1990) hebt den Stellenwert der Kommunikation hervor, indem Kultur für ihn „ein System zur Produktion, Übermittlung, Speicherung und Verarbeitung von Informationen" ist (*Hall/Hall*, 1984, S. 16). Nach *Alexander Thomas* (1993) ist Kultur ein spezifisches Orientierungssystem, das die Zugehörigkeit von Mitgliedern zu einer Gesellschaft definiert. So genannte Kulturstandards können identifiziert und sollten in der Zusammenarbeit berücksichtigt werden.

Definition von Kulturstandards:

„Kulturstandards sind zentrale Merkmale des kulturspezifischen Orientierungssystems. Darunter fallen alle Arten des Wahrnehmens, Denkens, Wertens und Handelns, die von der Mehrzahl der Mitglieder einer bestimmten Kultur für sich persönlich und andere als normal, selbstverständlich, typisch und verbindlich angesehen werden."

(*Thomas*, 1993, S. 381)

Ein Beispiel für einen zentralen Kulturstandard wäre die ausgeprägte Handlungsorientierung von US-Amerikanern. Nimmt man auf dieses kulturspezifische Merkmal in der Zusammenarbeit Rücksicht, wird man die amerikanischen Kollegen bei der baldigen Umsetzung eines Vorhabens unterstützen. Man kann dann auch verstehen, dass eine Fehleranalyse zu Beginn einer Problemlösung kürzer als gewohnt stattfindet und erst nach einer Handlungsphase wieder aufgegriffen wird. Die Ermittlung und die Beschreibung derartiger zentraler Kulturstandards hilft so, wichtige Aspekte einer Kultur zu verstehen.

Nationen und multiple Kulturen

Wenn von interkultureller Zusammenarbeit gesprochen wird, wird vorwiegend auf die Zusammenarbeit von Personen aus verschiedenen Ländern Bezug genommen. Es ergibt sich das Problem, dass nationale Grenzen nicht unbedingt mit ethnischen Grenzen übereinstimmen müssen und ethnische Konflikte innerhalb eines Landes zu großen interkulturellen Konflikten führen können. Kultur kann sich auf ethnische oder regionale Gruppen beziehen – oder auf Nationen. Bei der Definition von Kultur geht es vor allem um Kategorien oder Kollektive von Menschen, Lebensgemeinschaften und Gruppen. Betrachtet man die Zugehörigkeit zu unterschiedlichen Gruppen, denen ein Individuum gleichzeitig angehört, so spricht man von **multiplen Kulturen**. Als Träger von Kultur gelten Angehörige von Gruppen, wie zum Beispiel Nation, Region, ethnische oder religiöse Gruppe, Geschlecht, Generation, soziale Klasse, Mitarbeiter eines Unternehmens, Ausübende einer Tätigkeit oder auch nur Teile der Gruppierungen in Form von Subkulturen. Dieser Aspekt wird noch für Fragen des internationalen Personalmanagements in Kapitel 7 zum Thema des Diversity Managements relevant werden. Die kulturellen Gepflogenheiten eines Individuums können in den unterschiedlichen Gruppen verschieden sein und Allianzen zwischen Angehörigen verschiedener Nationen sind zum Beispiel aufgrund der Zugehörigkeit zur gleichen Berufsgruppe möglich (die deutschen Ingenieure „verbrüdern" sich gegenüber den Marketing-Vertretern mit den amerikanischen Ingenieuren).

Ebenfalls ist bei der Frage nach kulturellen Prägungen zu berücksichtigen, dass Menschen aus einer anderen Kultur stammen als dem Land, in dem sie aufgewachsen sind (zum Beispiel die Kinder von Migranten). Derartige **bikulturelle Identitäten** sind auch typisch, wenn die Eltern zwei verschiedenen Kulturen angehören. All diese Aspekte erhöhen die Komplexität des Themas.

Trotz dieser Überschneidungen hat die nationale Kultur eine herausragende Bedeutung, und es ist sicherlich hilfreich und legitim, sich insbesondere mit der Kultur nationaler Gruppen zu beschäftigen. Auch wenn nationale Grenzen nicht notwendigerweise denen organisch entwickelter, relativ homogener Gesellschaften entsprechen müssen, so gibt es innerhalb von Staaten oder Ländern, die seit einiger Zeit bestehen, starke Kräfte zur Integration. Diese drücken sich in Form einer dominanten Landessprache, gemeinsamer Massenmedien, eines nationalen Bildungssystems, nationaler Symbole (Flagge, Sportmannschaften) u.a. aus. Dies ist in Ländern, in denen ethnische Gruppen relativ separat leben und um Anerkennung ihrer eigenen Identität oder sogar Unabhängigkeit kämpfen, weniger der Fall, und es entstehen zum Teil enorme Spannungen. Beschreibungen derartiger heterogener Länder beziehen sich zum Großteil auf die kulturellen Werte der dominanten Mehrheit, wie zum Beispiel der islamischen Bevölkerung in Indonesien, und nicht auf Gruppen mit Minderheitenstatus, wie zum Beispiel die Hindus.

Zusammenfassung

Zusammenfassend lassen sich folgende Aspekte von Kultur herausstellen (*Podsiadlowski*, 2002a, S. 33):

- Kultur ist vom Menschen geschaffen.
- Sie unterliegt ständigem Wandel.
- Kultur beeinflusst stark, wer wir sind und wie wir uns sehen.
- Kultur muss im Laufe der primären Sozialisation erlernt werden.
- Kulturelle Muster werden über Kommunikation erworben und weitergegeben.
- Kultur stellt ein Wert- und Orientierungsmuster für unser Denken, Fühlen und Handeln dar.
- Kultur ist maßgebend für unser Verhalten und unsere Wahrnehmung der Welt.
- Unser kulturelle Prägung beeinflusst uns zum großen Teil unbewusst und wird als selbstverständlich angenommen.
- Kultur unterscheidet Gruppen voneinander.

Denken Sie daran: Obwohl unser kultureller Hintergrund unser Verhalten entscheidend beeinflusst, ist uns dies kaum bewusst. Wie wir etwas tun, erscheint uns ganz selbstverständlich, und wir müssen nicht bewusst darüber nachdenken.

Berücksichtigen Sie immer, dass ein Teil Ihres Verhaltens und das Ihres Gegenübers kulturell geprägt ist und es große Unterschiede darin gibt, was für gut und richtig gehalten wird!

1.2 Welchen Einfluss hat Kultur auf unsere Werte und unser Verhalten?

Es wird deutlich, dass Kultur unser Denken, Fühlen und Handeln prägt und somit das menschliche Verhalten wesentlich beeinflusst. Ebenso entscheidend ist die Prägung unserer Werte, also das, was wir für gut, wichtig und wünschenswert halten. Diese von unserem kulturellen Hintergrund geprägten Werte kommen in unseren Einstellungen und in unserem Verhalten zum Ausdruck. Der Zusammenhang zwischen Werten, Einstellungen, Verhalten und Kultur kann als zirkulär beschrieben werden, so wie er in Abbildung 1.2 zu erkennen ist. Mit der Annahme eines zirkulären Zusammenhanges können wir über neue Verhaltensweisen unsere Einstellungen beeinflussen und sogar langfristig unsere Wertvorstellungen. Dieser Gedanke wird auch in Kapitel 5 und 8 wieder wichtig werden, wenn es darum geht, wie wir unsere interkulturelle Kompetenz trainieren können.

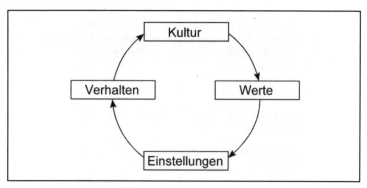

Abb.1.2: Werte, Einstellungen und Verhalten

Während unsere Wertvorstellungen für einen Außenstehenden nicht erkennbar sind, so ist doch unser Verhalten, das von unseren Werten beeinflusst wird, ersichtlich. Bitte versuchen Sie in Übung 3 (nach *Storti*, 1999), die aufgelisteten Werte – die unsichtbare Seite von Kultur – den passenden Verhaltensweisen – der sichtbaren Seite von Kultur – zuzuordnen.

Übung 3: Werte und Verhalten

Fügen Sie bitte auf den nummerierten Strichen von Spalte 2 (Verhaltensweisen) die passenden Buchstaben für die zugehörigen Werte (Spalte 1) ein. *Am Ende des Kapitels finden Sie die vorgeschlagenen Lösungen.*

Spalte 1	**Spalte 2**
a) Direktheit	1. ___ untertreiben
b) Familienorientierung	2. ___ Menschen nach dem Vornamen fragen
c) Fatalismus	3. ___ sich von der Arbeit frei nehmen, um an der Beerdigung eines Cousins teilzunehmen
d) Gesicht wahren	4. ___ während einer Prüfung beim Sitznachbarn nicht um Hilfe bitten
e) Respekt vorm Alter	5. ___ offen während einer Besprechung eine andere Meinung zum Ausdruck bringen
f) Informalität	6. ___ trotz schlechter Leistung einen älteren Mitarbeiter nicht entlassen
g) Autorität hoch halten	7. ___ bei einer Besprechung einem Vorschlag zustimmen, den Sie für falsch halten
h) Indirektheit	8. ___ den Boten zum Lunch im Büro einladen
i) Selbstsicherheit	9. ___ den Chef zu einem Thema, für das Sie Experte sind, um seine Meinung fragen
j) Egalitarismus	10. ___ ohne Nachfrage akzeptieren, dass etwas nicht geändert werden kann.

Welche dieser beschriebenen Verhaltensweisen kommen für Sie in Frage? Was finden Sie völlig abwegig? Welche Werte sind Ihnen also wichtig?

Die wesentlichen Bestandteile von Kultur lassen sich nach *Schein* (1985, S. 14) in drei, hierarchisch aufgebaute Ebenen gliedern (siehe Abbildung 1.3):

1. Auf der obersten Ebene äußert sich Kultur symbolisch in **Artefakten** und **Verhalten** in Form von Sprache, Ritualen und Umgangsformen. Diese sind zwar sichtbar, aber interpretationsbedürftig und nicht immer unbedingt verständlich.
2. Auf einer zum Teil sichtbaren, zum Teil unbewussten Ebene finden sich **Werte** und **Normen**, die aus Maximen, Richtlinien und Verboten bestehen. Diese sind vorwiegend implizit, können aber explizit gemacht werden.
3. Die Kernsubstanz bilden die **Basisannahmen**, die unsichtbar sind und unbewusst ablaufen.

Das Eisbergmodell:

Stellen Sie sich die drei Ebenen von Kultur als einen Eisberg vor!

Die sichtbare Spitze des Eisberges besteht aus den Symbolen und Artefakten so wie einem Teil der Werte, Normen und Standards. Die Wasserlinie verläuft in der Mitte des Eisberges, so dass unter Wasser – unsichtbar – ein weiterer Teil der Werte und Normen so wie die Basisannahmen, die das Fundament des Eisberges bilden, liegen. Nun treibt dieser Eisberg auf einen anderen zu, von dem auch nur die Spitze zu erkennen ist. Schon bald werden die grundlegenden Basisannahmen und Werte zusammenstoßen, ohne dass über Wasser die Ursache dafür zu erkennen wäre.

Mit diesem Bild vor Augen können Sie sich vorstellen, wie schnell und wie leicht ohne ersichtlichen Grund interkulturelle Begegnungen Konflikte und grundlegende Missverständnisse hervorrufen bzw. zu „Zusammenstößen" führen können.

Die grundlegenden Basisannahmen beziehen sich nach *Kluckhohn* und *Strodtbeck* (1961) auf fünf verschiedene Lebensbereiche, nach denen sich Menschen orientieren:

- die menschliche Natur, die entweder als grundsätzlich eher gut oder eher schlecht eingeschätzt wird
- das Verhältnis des Menschen zur Natur, der man sich entweder zu unterwerfen oder die man zu beherrschen hat
- die Orientierung zur Zeit, die sich vorwiegend auf die Vergangenheit, die Gegenwart oder die Zukunft beziehen kann
- die Aktivität, die entweder durch sein oder tun geprägt ist
- die Art der Beziehungen zwischen den Menschen, wobei entweder der Einzelne oder die Gruppe im Vordergrund stehen.

Diese Lebensbereiche sind uns auf unterschiedliche Weise wichtig und drücken sich in unseren Werten wie Handlungs- oder Zeitorientierung aus.

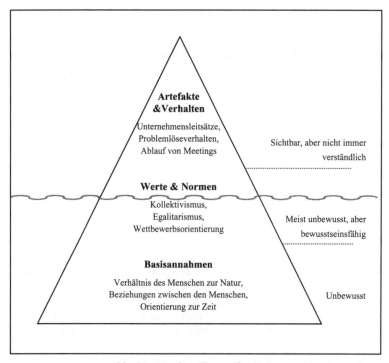

Abb. 1.3: Die drei Ebenen der Kultur

In seiner Theorie der kulturellen Werte geht *Schwartz* (1999) von drei grundlegenden Themen aus, die alle Gesellschaften konfrontieren, aber von diesen
unterschiedlich gelöst werden.

1. Die Beziehung zwischen der einzelnen Person und der Gruppe: Diese kann
   eher **konservativ** oder **autonom** geprägt sein. Im ersten Fall steht die soziale Ordnung und die Bezugsgruppe im Vordergrund, der Status quo soll
   beibehalten werden. Dies drückt sich zum Beispiel in den drei unumstößli-
   chen Beziehungen des Konfuzianismus aus, der zahlreiche asiatische Bevölkerungsgruppen geprägt hat: der Unterordnung des Sohnes unter den
   Vater, des Volkes unter den Herrscher und der Frau unter den Mann. Im
   zweiten Fall, der autonomen Beziehung, wird die Person als selbständig
   und einzigartig verstanden. Dieser Individualität wird auch in Deutschland
   eine besondere Bedeutung beigemessen.
2. Die Notwendigkeit verantwortlichen Verhaltens zum Bewahren der sozialen Struktur: Dieses ist entweder von **Hierarchie** geprägt, wo – wie in Indien – Verantwortlichkeiten durch Machtpositionen bestimmt sind, oder –
   wie in Schweden – von **Egalitarismus**, wo die soziale Struktur auf Frei-
   willigkeit, Verantwortung und Gleichheit beruht. Letztere kommt zum Beispiel deutlich in der US-amerikanischen Verfassung zum Ausdruck: „All
   men are created equal."

3. Die Beziehung zwischen natürlicher und sozialer Welt: Entweder stehen **Wettbewerb** und aktive Selbstbehauptung im Vordergrund, der Mensch ist dominant (Beispiel wären die weißen US-amerikanischen Bevölkerungsgruppen), oder **Harmonie** und Schätzen und Bewahren der Umwelt, was zum Beispiel indianische Kulturen kennzeichnet.

Nicht jedes Verhalten ist kulturell bedingt: Es gibt natürlich persönliche Präferenzen und Unterschiede, die auf eigenen Erfahrungen beruhen und zu Unterschieden zwischen Angehörigen ein- und derselben Kultur führen. Gleichfalls gibt es Verhaltensweisen, die universell und allen Menschen gemeinsam sind, wie Nahrungsaufnahme, eine Sprache verwenden, Kinder groß ziehen oder Schutz suchen.

Übung 4: Was ist Kultur nicht?

Bitte versuchen Sie in folgender Übung (nach *Storti*, 1999) zu bestimmen, welche Verhaltensweisen eher persönlich geprägt (p), kulturell bedingt (k) oder universell (u) sind, und setzen Sie die entsprechenden Buchstaben in die freien Felder ein. *Am Ende des Kapitels finden Sie die vorgeschlagenen Lösungen.*

___ 1. Mit offenem Fenster schlafen

___ 2. Vor einem gefährlichen Tier weglaufen

___ 3. Schlangen für „teuflisch" halten

___ 4. Männer halten Frauen die Tür auf

___ 5. Ältere Menschen respektieren

___ 6. Seine Muttersprache lernen

___ 7. Arabisch sprechen

___ 8. Arabisch als Fremdsprache sprechen

___ 9. Regelmäßig essen

___ 10. Mit Messer, Gabel und Löffel essen

___ 11. Bücher von Charles Dickens mögen

___ 12. Den Kellner durch Pfeifen rufen

___ 13. Bedauern, einen Unfall verursacht zu haben

___ 14. Traurig über den Tod seiner Mutter sein

___ 15. Weiße Trauerkleidung dreißig Jahre lang nach dem Tod der Mutter tragen

___ 16. Ungern weiße Trauerkleidung für dreißig Jahre nach dem Tod der Mutter tragen

2   Worin unterscheiden sich Kulturen?

2.1   Kulturdimensionen

Um Kulturen beschreiben und verstehen zu können, versuchen Forscher mehr über die grundlegenden Werte, Einstellungen, Überzeugungen und die darauf aufbauenden Verhaltensweisen in verschiedenen Kulturen zu lernen.

Übung 5: Unterschiede zwischen Kulturen

Wählen Sie zwei beliebige Länder, die Ihnen einigermaßen bekannt sind:

• Versuchen Sie, die beiden gewählten Länder miteinander zu vergleichen, indem Sie wesentliche Unterschiede aufzeigen.

• Finden Sie für die aufgezeigten Unterschiede jeweils geeignete **Oberbegriffe**, die Ihrer Meinung nach diese gut beschreiben.

Es ist ganz alltäglich, wenn Ihnen im Gespräch mit fremden Personen als Erstes auffällt, in welcher Form sich Ihr Gesprächspartner anders verhält. Beim Kontakt mit Menschen aus anderen Ländern stechen kulturelle Unterschiede hervor, ohne dass sie sofort als kulturell bedingt erkannt werden. In der kulturvergleichenden Forschung geht es um die Beschreibung des Verhaltens in einzelnen Kulturen und die Suche nach Gemeinsamkeiten und Unterschieden zwischen diesen Kulturen. Diese können zu Oberbegriffen zusammengefasst werden, so dass bestimmte Dimensionen, so genannte **Kulturdimensionen**, ermittelt werden. Nach denen lassen sich Kulturen beschreiben, und sie helfen, entsprechende grundlegende Werte und Prioritäten einzuordnen.

Ouchy (1981) konnte zum Beispiel zentrale kulturelle Unterschiede innerhalb von Organisationen in einzelnen Kulturen zeigen, indem er nordamerikanische bürokratische Unternehmen (Typ A) japanischen Unternehmen gegenüberstellte (Typ J). Amerikanische Unternehmen, die ein japanisches Profil erkennen lassen, bezeichnete er als Typ Z (wie zum Beispiel IBM oder Procter & Gamble). Typ A zeichnet sich durch kurzfristige Beschäftigung, häufige und schnelle Beförderung, spezialisierte Karrierewege, Professionalität, explizite Kontrollmechanismen, individuelle Entscheidungsfindung und Verantwortung und segmentierte Mitarbeiterorientierung aus. Typ J hingegen ist charakterisiert durch lebenslange Beschäftigung, seltene Leistungsbewertung und langsame Beförderung, breite Karrierewege, implizite Kontrollmechanismen, kollektive Entscheidungsfindung und Verantwortung und ganzheitliche Mitarbeiterorientierung. Anzumerken ist hierbei, dass in den letzten Jahren wirtschaftliche Veränderungen in Ländern wie Japan zu einem Kulturwandel geführt haben und Typ A, J und Z eher als Prototypen bezeichnet werden können.

2.2   Die Hofstede-Untersuchung

Die bislang umfangreichste und am häufigsten in der Literatur zum interkulturellen Management angeführte kulturvergleichende Untersuchung führte *Geert*

Hofstede (1980; 1997) in einem multinationalen Konzern durch. Er befragte 116.000 Mitarbeiter in 40 Ländern zwei Mal im Abstand von vier Jahren bezüglich ihrer arbeitsbezogenen Wertvorstellungen.

Mit den folgenden vier Dimensionen konnten Unterschiede zwischen den Kulturen beschrieben werden:

1. **Machtdistanz** (power distance)
2. **Unsicherheitsvermeidung** (uncertainty avoidance)
3. **Individualismus** versus **Kollektivismus** (individualism vs. collectivism)
4. **Maskulinität** versus **Feminität** (masculinity vs. femininity).

Kulturelle Unterschiede lassen sich demnach anhand folgender Merkmale erkennen:

Machtdistanz: Autorität und Hierarchie zum Bewahren der sozialen Struktur sind in verschiedenen Ländern von stark unterschiedlicher Bedeutung. In vielen z.B. konfuzianisch geprägten Ländern ist der Abstand zwischen den Hierarchieebenen, zwischen Lehrer und Schüler, Vater und Sohn, Vorgesetztem und Mitarbeiter sehr groß und muss gewahrt werden, während in anderen Ländern, wie z.B. in den USA, Egalitarismus betont wird und Statussymbole zu vermeiden sind.

Es gilt zu fragen, wie sich der Machtunterschied in der Vorgesetzten-Untergebenen-Beziehung ausdrückt. Im Gegensatz zu so genannten egalitären Gesellschaften wie zum Beispiel Neuseeland und die skandinavischen Länder zeichnen sich Länder wie Guatemala, Philippinen oder arabische Länder mit einer hohen Machtdistanz durch eine ungleiche Machtverteilung aus. Dort sind Status und Autorität sehr wichtig, und es gibt viele Hierarchieebenen.

Unsicherheitsvermeidung: Struktur und Ordnung haben einen sehr unterschiedlichen Stellenwert in verschiedenen Kulturen. Während in einem Land klare, fest geschriebene Regeln und Gesetze das Zusammenleben und Zusammenarbeiten regeln, werden anderen Ortes zu viele Regeln und Abmachungen als starke Handlungseinschränkung gesehen – für Kulturen wie der deutschen mit einer starken Unsicherheitsvermeidung wirkt dies chaotisch.

Es stellt sich die Frage, wie ängstlich Mitglieder einer Gesellschaft im Angesicht unstrukturierter und widersprüchlicher Situationen und wie wichtig Technik, Regelungen und Verhaltensvorschriften sind. In eher rigiden Gesellschaften wie Deutschland haben Regeln, Ordnung und Strukturen eine besonders herausragende Bedeutung. Flexible Gesellschaften (Beispiele wären angloamerikanische Länder, Indien oder Schweden) sind im Gegensatz dazu von einer geringen Unsicherheitsvermeidung geprägt, die in einer stärkeren Risikobereitschaft zum Ausdruck kommt.

Kollektivismus versus Individualismus: Kulturen unterscheiden sich wesentlich darin, ob der Einzelne oder die Gruppe im Vordergrund stehen und wie deren Beziehung zueinander bestimmt ist. In manchen Ländern ist das Erreichen von Gruppenzielen vorrangig vor der Erfüllung individueller Bedürfnisse. Für die Familie werden – aus individualistischer Sicht – starke persönliche Einschränkungen in Kauf genommen. Die Zugehörigkeit zu einem Netzwerk oder

zu einer Organisation ist wesentlich wichtiger als das persönliche Weiterkom-
men. In einer Verhandlungsrunde mit Japanern kann es für Außenstehende, die
klare Symbole für Machtstrukturen gewohnt sind, völlig unklar sein, wer der
Vorgesetzte ist. Auch wenn dieser die Entscheidungsbefugnis hat, wird er sich
nicht anders als seine Mitarbeiter in der Gruppe verhalten und einen Konsens
mit seinen Mitarbeitern anstreben.

Die Frage lautet also: Wie gestaltet sich die Beziehung zwischen Mensch und
Gemeinschaft? Die USA, gefolgt von Australien und Großbritannien, gelten als
die individualistischste Kultur, in der die Freiheit des Einzelnen im Vordergrund
steht. Kulturen, in denen die Zugehörigkeit zu einer Gruppe wichtiger ist als das
Erreichen persönlicher Ziele, sind zum Beispiel ein Großteil der lateinamerikani-
schen Länder, Griechenland oder Thailand.

Feminität versus Maskulinität: Fragen der Gleichberechtigung zwischen
Mann und Frau und der Rollenaufteilung sind von Kultur zu Kultur verschieden
gelöst. In einem Land wie Frankreich gelten so genannte harte Faktoren wie
Durchsetzungsfähigkeit und Autorität als wichtigste Eigenschaften einer erfolgreichen Führungskraft. In Skandinavien hingegen werden die so genannten „soft
skills" wie die Kommunikations- und Teamfähigkeit einer Führungskraft an
vorderster Stelle genannt.

Wie stark ist die Dualität der Geschlechter? Gesellschaften wie in Skandinavien
oder den Niederlanden gelten als weich und persönlich – also feminin. Harte,
materielle Gesellschaften wie zum Beispiel Japan und Südkorea sind besonders
von Leistungsdenken und Wettbewerb sowie der Asymmetrie von Geschlechter-
beziehungen gekennzeichnet. Diese Dualität von Harmonie und Wettbewerb
kommt ebenfalls in den Vorstellungen, wie die Beziehung zwischen natürlicher
und sozialer Welt beschaffen ist, zum Ausdruck.

> Diese vier Wertorientierungen – Unsicherheitsvermeidung, Machtdistanz,
> Kollektivismus und Maskulinität – helfen, eigene und fremde kulturelle
> Prägungen zu verstehen und einzuordnen. Mit Hilfe dieses Modells können
> Konflikte und Missverständnisse in der interkulturellen Kommunikation,
> also der Kommunikation zwischen Personen aus verschiedenen Kulturen,
> erklärt werden.

Einem Individualisten wird es zum Beispiel schwer fallen, sich an all die Regeln
in einem Land zu halten, das um Unsicherheitsvermeidung bemüht ist. Eine
Führungskraft, die Delegation und Teamarbeit für elementare Elemente guten
Managements hält, wird wenig erreichen, wenn sie Ihren Mitarbeitern, die eine
große Machtdistanz zu ihrem Vorgesetzten gewohnt sind, keine klaren Anweisungen und Vorschriften erteilt.

2.3   Kulturkreise

Geert Hofstede (1980) hat für jede Kulturdimension einen länderspezifischen
Wert zwischen Null und Hundert ermittelt. Mit diesem Wert lassen sich alle

untersuchten Länder[1] entsprechend ihren Ausprägungen innerhalb der vier Dimensionen gruppieren. Die Daten erlauben, die 40 beteiligten Länder in verschiedene Kulturkreise einzuordnen. In den Abbildungen 1.4 und 1.5 sind für jede der vier Kulturdimensionen die entsprechenden Kulturkreise zu erkennen.

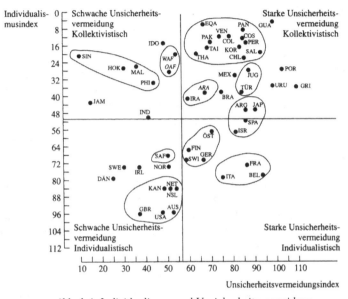

Abb. 1.4: Individualismus und Unsicherheitsvermeidung

Bezüglich einer individualistischen Ausprägung und schwachen Unsicherheitsvermeidung bilden in Abbildung 1.4 (nach *Hofstede*, 1997, S. 181) die englischsprachigen Länder einen Kulturkreis. Singapur, Hongkong, Malaysia und die Philippinen sind ebenfalls von schwacher Unsicherheitsvermeidung geprägt, zeichnen sich aber zusammen durch einen hohen Kollektivismus aus. In Abbildung 1.5 (nach *Hofstede*, 1997, S. 119) fällt auf, dass die skandinavischen Länder eine Gruppe bilden, die eine starke Feminität und geringe Machtdistanz aufweisen. Japan hingegen ist auf *Hofstedes* Skala das maskulinste Land. Nachdem China in kulturvergleichende Managementstudien aufgenommen wurde (*Hofstede/Bond*, 1988), ist noch eine fünfte Kategorie erwähnenswert: die Dimension des „Confucian work dynamism" (im Sinne einer konfuzianischen Arbeitsethik). Diese steht für den hohen Respekt vor Tradition, für eine langfristige Handlungsorientierung und eine starke Arbeitsethik.

---

[1] Eine Liste der Ländernamen für die entsprechenden Abkürzungen in den Abbildungen finden Sie im Anhang.

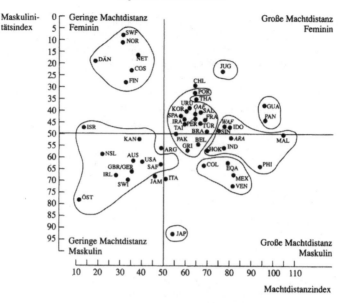

Abb. 1.5: Maskulinität und Machtdistanz

Es ist zu berücksichtigen, dass sich seit dem Zeitpunkt der Datenerhebung wesentliche politische und wirtschaftliche Veränderungen weltweit und eben auch in den untersuchten Ländern ergeben haben. Allerdings lassen sich viele Ergebnisse anderer Arbeiten auf diesen vier Dimensionen einordnen und die relative Position der Länder bestätigt sich immer wieder. So lassen sich zum Beispiel für Deutschland und Singapur vergleichbare Positionen bezüglich Machtdistanz bei *Hofstede* (1997) und bezüglich Herrschaft, Hierarchie und Egalitarismus bei *Schwartz* (1999) finden. Entscheidend für die internationale Zusammenarbeit ist die **kulturelle Distanz**, also der Abstand hinsichtlich der Wertorientierungen zwischen den beteiligten Kulturen, in diesem Fall hinsichtlich der Bedeutung von Autorität und Hierarchie.

In der interkulturellen Zusammenarbeit stellt sich vor allem die Frage, in welcher Richtung sich das Arbeitsverhalten in dem Land, in dem man arbeitet, von dem eigenen, gewohnten unterscheidet. Die ähnliche relative Position von Ländern zueinander drückt sich besonders durch die Bildung von Länderclustern aus, die auf Basis der kulturvergleichenden Untersuchungen erstellt werden. Wenn man sich auf die Studien von *Ronen* und *Shenkar* (1985) und *Schwartz* (1999) bezieht, ergeben sich folgende regionale Gruppen: Nordisch, Westeuropa, Osteuropa, Südeuropa, Anglo-amerikanisch, Lateinamerika, Naher und Ferner Osten und nicht zu diesen Gruppierungen gehörende Länder wie Indien.

2.4   Individualismus und Kollektivismus

In der Literatur (z.B. *Gudykunst*, 1991; *Triandis*, 1995) findet die Dimension des Individualismus und Kollektivismus die größte Beachtung:

- Stehen bei Entscheidungen die eigenen Ziele oder die Ziele der Gruppe, der man sich zugehörig fühlt, im Vordergrund?
- Sind die persönliche Einstellung oder gesellschaftlich bestimmte Normen richtungsweisend für das eigene Verhalten?
- Finden Kontakt und Austausch vor allem aus rationalen Gründen statt, oder steht die Pflege von Beziehungen im Vordergrund?

Übung 6: Selbsteinschätzung zu Individualismus/Kollektivismus

Wie würden Sie sich selbst einschätzen? Welche der folgenden Aussagen würden Sie mit „ja" beantworten? Kreuzen Sie das leere Feld bei der entsprechenden Aussage an.

1. ☐ Ich möchte Erfolg durch persönliche Kompetenz erreichen.

2. ☐ Mir ist es sehr wichtig, ein interessantes und spannendes Leben zu führen.

3. ☐ Ich möchte im Denken und Handeln unabhängig sein.

4. ☐ Mir ist es sehr wichtig, Status und Prestige zu erreichen.

5. ☐ Ich möchte Spaß haben und aufregende Erfahrungen machen.

6. ☐ Ich halte mich selbst zurück, wenn ich anderen schaden könnte.

7. ☐ Mir ist Harmonie in meinen persönlichen Beziehungen sehr wichtig.

8. ☐ Ich kümmere mich sehr um das Wohlergehen anderer.

9. ☐ Das psychische Wohlbefinden und die materielle Sicherheit von Menschen, die mir wichtig sind, liegt mir sehr am Herzen.

10. ☐ Ich pflege kulturelle und religiöse Traditionen.

Wenn Sie die ersten 5 Fragen vorwiegend mit „ja" beantwortet haben, sind Sie eher individualistisch geprägt, wenn Sie die letzten 5 Fragen vorwiegend mit „ja" beantwortet haben, sind Sie eher kollektivistisch geprägt.

Ein Beispiel: Denken Sie noch einmal an den Filialleiter in Shanghai zu Beginn des Kapitels und lesen Sie den folgenden Dialog durch.

Fallbeispiel 1: Die freie Stelle

Herr Krüger:	„Haben Sie schon die Stellenanzeige geschrieben?"
Frau Chan:	„Noch nicht ganz."
Herr Krüger:	„Das sollte aber nicht so lange dauern. Die Besetzung der Stelle ist dringend."
Frau Chan:	„Das sehe ich auch so. Genau genommen wüsste ich einen möglichen Kandidaten."
Herr Krüger:	„Tatsächlich? Wen?"
Frau Chan:	„Mein jüngste Nichte, Marie. Sie ist ein sehr nettes Mädchen."
Herr Krüger:	„Schön. Dann soll sie sich bewerben."

Für Frau Chan, die kollektivistisch geprägt ist, ist es normal, jemandem aus ihrer Verwandtschaft zu einer Stelle zu verhelfen. Außerdem kann man diesen Personen mehr vertrauen. Herr Krüger möchte als Individualist aber auf alle Fälle, dass die Nichte dem ganz normalen Bewerbungsprozess folgt. Dieser gilt für alle, damit alle die gleiche Chance bekommen.

Die Ausprägungsform des Kollektivismus hängt von der Situation und der Zielgruppe ab: Ehepartner, Eltern, Arbeitskollegen, Freunde oder Nachbarn. Zum Beispiel gelten China und Japan als kollektivistisch, in China sind jedoch Familien das Netzwerk, das sich über Generationen aufgebaut hat, während in Japan die Organisation das Kollektiv bildet, dessen Ziele vorrangig sind. Für Außenstehende ist es deshalb zum Beispiel bei Verhandlungen mit Japanern sehr schwierig zu erkennen, wie der Entscheidungsprozess verläuft und wer der eigentliche Vorgesetzte oder mögliche Entscheidungsträger ist. Daran wird auch die hohe Bedeutung, das **Gesicht zu wahren**, deutlich, indem sich kein Mitglied der Gruppe – auch nicht der Vorgesetzte – positiv oder negativ vor den anderen, vor allem nicht vor Außenstehenden, hervortut.

Zwei Unternehmenskulturen

In diesem Zusammenhang stellt *Edgar Schein* (1990) exemplarisch zwei verschiedene Unternehmenskulturen vor: Die „action company" steht für typische US-amerikanische Unternehmen, während die „multi company" mitunter deutsche Unternehmen beschreibt.

Die „action company", die hohe Werte in der Individualismus-Dimension aufweist, ist ein schnell wachsendes, junges Hightech-Unternehmen, das sich durch einen hohen Grad an Informalität, Konfrontation und wenig Statussymbole auszeichnet. Wichtig sind hohes Engagement und harte Arbeit, wobei jeder sein Maximum an Energie und Einsatz einbringt, um somit Innovationen und schnelle Lösungen, das Kapital des Unternehmens, zu gewährleisten. Dahinter steht die Annahme, dass das Indvduum im Mittelpunkt steht, Wahrheit durch Konflikt gefunden wird, man sich aber gegenseitig unterstützt. Somit ist in solch einem Unternehmen der Blick auf die Zukunft gerichtet, das schnelle Handeln und der Prozess stehen im Vordergrund, um den Kunden für sich zu gewinnen.

Die „multi company", die zur Kollektivismus-Dimenison tendiert, ist ein altes Unternehmen, das multidivisional, multifunktional und multinational agiert. Kennzeichnend sind ein hoher Grad an Formalität, Privatsphäre und Statussymbolen. Höflichkeit und Hierarchie prägen das Bild, wobei funktions- oder abteilungsübergreifende Besprechungen kaum stattfinden. Hier wird angenommen, dass Wahrheit durch mehr Bildung und Erfahrung gefunden wird und Forschung und Entwicklung das eigentliche Kapital eines Unternehmens ausmachen. Die ganze Firma ist eine Familie nach autoritärem, paternalistischem Prinzip mit vertikalem Informationsfluss. Es wird genug Zeit für Qualität eingeplant, da Akkuratheit vor Schnelligkeit geht. Folglich ist in solchen Unternehmen Technik und das qualitative, seriöse, langfristig gute Ergebnis sehr wichtig, basierend auf den Erfahrungen aus Vergangenheit und Tradition.

2.5 Die Ergebnisse von Hall

Bei der Frage, was Ihnen selbst bei der Arbeit wichtig ist (Übungen 1 und 2) und bei dem Versuch, zwei Ihnen bekannte Länder zu vergleichen (Übung 5), haben Sie sicherlich auch noch andere Oberbegriffe gefunden, um Kulturen zu beschreiben und gegenüber zu stellen.

Um Kulturen miteinander zu vergleichen, sei auch auf die Arbeiten von *Mildred Reed* und *Edward Hall* (1991) verwiesen. Die beiden Ethnologen haben sich zeit ihres Lebens mit Managementstrategien in verschiedenen Kulturen beschäftigt. Anhand von Interviews mit Führungskräften haben sie Grundmuster ermittelt, nach denen sie Verhaltensweisen einordnen. Als für das Arbeitsleben sinnvolle Kategorien nennen sie folgende: die Zeiteinteilung, die Dichte der Informationsnetze, das Kommunikationstempo, die Aktionsketten, den Raum, den Informationsfluss und die Beziehungen zwischen ausländischen Unternehmensteilen.

Als besonders wichtig erachten sie die Zeitdimension (*Hall/Hall*, 1984) und unterteilen Gesellschaften in poly- und monochrone Gesellschaften. **Polychron** sind Gesellschaften, in denen die Zeit zerteilt ist, so dass Handlungsabläufe einander überlagern; in **monochronen** Gesellschaften hingegen wird die Zeit so eingeteilt, dass eine Aktion nach der anderen durchgeführt wird. Außerdem unterscheiden die Autoren zwischen „**low context cultures**" und „**high context cultures**". In Gesellschaften mit einem hohen Anteil an gespeicherter Information und informellen Informationsnetzen ist der Kontext hoch; in Gesellschaften mit einem geringen Anteil an gespeicherter Information und wenig dichtem Informationsnetz ist der Kontext gering.

Ein Beispiel: Wenn Sie in Ihrer Arbeit das Gefühl haben, jeder weiß Bescheid über die nächsten Termine und dringlichsten Angelegenheiten, nur Sie nicht, dann könnte es sein, dass Sie sich in einer Kultur mit hoher Informationsdichte bewegen. In einer Kultur mit hoher Informationsdichte wird die Information informell und in vorwiegend mündlichen Gesprächen weitergegeben. Termine werden nicht – wie Sie es sonst gewohnt sind – automatisch schriftlich fest gehalten. Es gibt auch weniger Verteilerlisten, die – wie Sie es wahrscheinlich kennen – auf formellem Wege sicherstellen, dass jeder diese Informationen bekommen hat.

2.6 Weitere wichtige Unterschiede zwischen Kulturen

Neben den vier Kulturdimensionen nach *Hofstede* (1997) lassen sich zusammenfassend weitere zentrale Aspekte in der Zusammenarbeit nennen, in denen sich Kulturen wesentlich voneinander unterscheiden und die in Projekten aufeinander prallen können:

Direkter versus indirekter Kommunikationsstil: Deutsche tendieren dazu, sehr direkt ihre Meinung und Kritik zu äußern, während in vielen anderen Ländern ein Nein ausführlich umschrieben und meist positiv verpackt wird. Für ein deutsches „Nein" gibt es zehn verschiedene japanische Formen von „Ja".

Gesicht wahren: In manchen Ländern zum Beispiel Südostasiens ist es sehr wichtig, nicht das Gesicht vor anderen zu verlieren. In Thailand wird man eher in irgendein Stockwerk geschickt, als dass der Kaufhaus-Mitarbeiter zugeben würde, nicht zu wissen, wo sich die gewünschte Abteilung befindet, in der man Moskitonetze kaufen kann.

Hohe versus niedrige Informationsdichte: Eine Informationsdichte ist hoch, wenn man das Gefühl hat, jeder weiß, wie etwas funktioniert. Beispielsweise scheint jeder zu wissen, welcher Bus auf einem Busbahnhof in Guatemala wann wohin fährt, ohne dass dies schriftlich fixiert oder Außenstehenden deutlich mitgeteilt worden wäre. Bei einer niedrigen Informationsdichte, wie in den meisten westlichen Kulturen, muss jede Information oder Regel schriftlich festgehalten und immer wieder an alle weitergegeben werden – deutlich zu erkennen an zahlreichen Beschilderungen oder Rundmails, die man täglich erhält.

Polychrone versus monochrone Zeitorientierung: Die meisten Südeuropäer tun viele Dinge gleichzeitig und spontan, also polychron, und verbinden Privates mit Geschäftlichem. In Deutschland hingegen wird eher eins nach dem anderen – monochron – erledigt. Feste Terminabsprachen und Pünktlichkeit sind besonders wichtig.

Vergangenheits-, Gegenwarts- oder Zukunftsorientierung: In Zentraleuropa, wie in Deutschland und Frankreich, wird auf Bewährtem aufgebaut, und Traditionen werden gepflegt, während zum Beispiel US-Amerikaner nach vorne schauen, egal was gestern war.

Raumorientierung: Nähe oder Distanz drücken sich in kulturspezifischen Begrüßungsformen, geschlossenen und offenen Bürotüren oder in dem unterschiedlichen Bedürfnis an Raum und Platz um sich herum aus.

Sach- versus Beziehungsorientierung: In vielen Kulturen (wie zum Beispiel Mexiko oder Japan) steht ein harmonischer Umgang miteinander an erster Stelle, während in Deutschland vorwiegend die Sache diskutiert wird. Streit in der Sache hat meist keinen entscheidenden Einfluss auf den privaten Umgang von Kollegen untereinander.

Handlungs- versus Ergebnisorientierung: Bei Amerikanern steht zum Beispiel „action" im Vordergrund, während Deutsche mehr Wert auf abgesicherte Ergebnisse legen.

Problemlöseprozess: Man kann ein Problem in viele kleine Teile teilen und diese nacheinander bearbeiten oder versuchen, ein Gesamtkonzept sukzessive zu entwickeln – ein Vorgehen, das den deutschen Arbeitsstil entscheidend prägt. Man kann aber auch einen eher holistischen Ansatz wie in fernöstlichen Kulturen wählen.

Übung 7: Einordnung von Kulturen
Versuchen Sie anhand von Abbildung 1.6 Ihre eigene Kultur einzuordnen.
Wie würden Sie die fremde Kultur, mit der Sie gerade besonders zu tun haben, anhand dieser Tabelle einschätzen?
Diskutieren Sie Ihre Einschätzung mit einem Kollegen, der aus dieser anderen Kultur stammt.

In Abbildung 1.6 werden die wichtigsten Unterschiede zwischen Kulturen, die für das Arbeitsleben relevant sind, und deren Ausprägungsmöglichkeiten zusammengefasst.

I. Arbeitseinstellungen:			
1. Machtdistanz	hoch	↔	niedrig
2. Unsicherheitsvermeidung	risikobereit	↔	skeptisch
3. Arbeitseinstellung	Leistung	↔	Lebensqualität
4. Schlüssel zur Produktivität	Ergebnisse	↔	Harmonie
5. Problemlösestil	Ergebnisse		Handlung
II. Soziale Beziehungen:			
1. Soziale Beziehungen	weniger wichtig	↔	sehr wichtig
2. Bedeutung der Gruppe	niedrig	↔	hoch
III. Zeitorientierung:			
1. Zeitkonzept	monochron	↔	polychron
2. Zeit und andere Leute	eins nach dem anderen	↔	viele Dinge auf einmal
3. zeitlicher Bezug	Vergangenheit	↔	Zukunft
IV. Kommunikation:			
1. Direktheit	direkt	↔	indirekt
2. Kontext	niedrig	↔	hoch
3. Gesicht wahren	weniger wichtig	↔	sehr wichtig

Abb. 1.6: Wichtige Kulturdimensionen

3 Übungen zu Kulturdimensionen

Kulturelles Wissen, also das Wissen über zentrale Kulturstandards und kulturspezifische Werte, Normen, Regeln und Verhaltensweisen, ist zentral für die Zusammenarbeit. Die beschriebenen Kulturdimensionen sind hilfreich für das Verständnis anderer Kulturen. Versuchen Sie bitte zum Abschluss des Kapitels folgende Beispiele nach den dahinter stehenden Dimensionen zu untersuchen. *Am Ende des Kapitels finden Sie die vorgeschlagenen Lösungen.*

Übung 8: Kulturdimensionen I

Lesen Sie folgenden Dialog durch. Versuchen Sie, eine zentrale Kulturdimension zu finden, die Alexanders und Frau Schuberts Verhalten erklärt.

Fallbeispiel 2: Im Laden an der Theke:

Alexander: „Frau Schubert, wie schön, Sie zu sehen."
Frau Schubert: „Wie geht es Ihnen, Alexander?"
Alexander: „Gut, gut. Was kann ich für Sie tun?"
Frau Schubert: „Nun, als Erstes bräuchte ich ein Dutzend Eier."
Alexander: „Okay."
Frau Schubert: „Und dann hätte ich gerne Butter."
Alexander: „Okay. Oh, hallo Dimitri! Schön dich zu sehen, wie geht es dir?"

Dimitri:	„Gut, danke. Und dir?"
Alexander:	„Gut. Wie kann ich dir helfen?"
Dimitri:	„Ich brauche Bananen."
Alexander:	„Natürlich. Kassandra! Wie geht es dir? Ich habe dich ja lange nicht mehr gesehen. Wie geht es denn deinem kleinen Jungen?"
Kassandra:	„Oh, ihm geht es sehr gut."
Alexander:	„Was kann ich für dich tun?"
Frau Schubert:	„Alexander! Ich dachte, Sie helfen mir."
Alexander:	„Aber das tue ich doch, Frau Schubert."

Übung 9: Kulturdimensionen II

Versuchen Sie anhand der folgenden Beispiele, zentrale Kulturdimensionen zu ermitteln. Schreiben Sie Ihren Vorschlag in die freie Zeile.

1. Spaß haben und aufregende Erfahrungen machen

2. Bei Problemen ruhig bleiben

3. Titel an den Bürotüren

4. Eins nach dem anderen tun

5. Detaillierte und umfangreiche Verteilerlisten

6. Mitarbeiter ziehen klare Instruktionen von ihrem Vorgesetzten vor

7. Als Schüler nicht den Lehrer hinterfragen

8. Offene Türen

9. Vorwiegend schriftliche Kommunikation

10. Viele Dinge gleichzeitig tun

11. Ablaufpläne, an die sich gehalten wird

12. Sich um das Wohlergehen anderer kümmern

13. Im Denken und Handeln unabhängig sein

14. Protokolle von jeder Sitzung an alle Mitarbeiter

15. Nicht laut werden

16. Informelle Beziehungen zwischen Vorgesetztem und Mitarbeitern

17. Harmonie in meinen persönlichen Beziehungen

18. Großraumbüros

19. Verträge, die alle Eventualitäten einschließen

20. Demokratischer Managementstil

21. Erfolg durch persönliche Kompetenz erreichen

22. Viele Interaktionen in den Kaffeepausen

23. Großen Wert auf Pünktlichkeit legen

24. Mich selbst zurückhalten, wenn ich anderen schaden könnte

25. Privatleben vom Beruflichen trennen

26. Sich leicht ablenken lassen

27. Die oberen Führungskräfte haben besondere Privilegien

Ein paar Tipps zur grundlegenden Orientierung

In der interkulturellen Zusammenarbeit wird man immer wieder in Situationen geraten, die nicht so laufen wie erwartet. Die Gründe dafür sind häufig nicht sofort ersichtlich und verständlich. Nutzen Sie diese interkulturellen Erfahrungen! Analysieren Sie die Situation, besprechen Sie sie mit Kollegen oder Freunden, lernen Sie daraus und nutzen Sie Ihre Erfahrungen für die Zukunft!

Dabei können Sie sich zum Beispiel Folgendes überlegen:

• Denken Sie an eine interkulturelle Situation mit einem ausländischen Kollegen, in der Sie sich unwohl gefühlt oder geärgert haben: Inwieweit hatten Sie und Ihr Kollege unterschiedliche Vorstellungen und Erwartungen zum Vorgehen? Suchen Sie eine oder mehrere der oben genannten Kulturdimensionen aus, die diese Situation erklären könnten.

• Denken Sie an Situationen mit Menschen aus anderen Kulturen, die Ihnen als ungewöhnlich oder unklar in Erinnerung sind, und versuchen Sie diese mit den möglichen Unterschieden zwischen Kulturen zu erklären.

Wie häufig wundert man sich über das Verhalten eines Mitarbeiters, eines Kollegen oder eines Vorgesetzten. Es ist von großer Hilfe, sich zu überlegen, inwieweit das Verhalten mit dem kulturellen Hintergrund dieser Person zu tun hat:

• Welche Regeln im Arbeitsleben gelten in dem Land, wo der Kollege herkommt?

• Wie ist diese Person aufgewachsen?

• Was ist Ihrem Gesprächspartner wichtig und inwieweit trifft dies für viele seiner Landsleute zu?

• Welche geografischen und klimatischen Bedingungen ist der Kollege gewohnt?

Bei der Auseinandersetzung mit anderen Kulturen ist es hilfreich, deren Kulturstandards kennen zu lernen und zu verstehen. Eine Voraussetzung dafür ist, sich seiner eigenen kulturellen Prägungen bewusst zu sein und sich klar zu machen, welche Werte einem selber vermittelt wurden. Erst dann können Sie erkennen, weshalb Sie von Ihrem Gesprächspartner nicht verstanden wurden und was Ihr Gegenüber anders sieht.

Besondere Literaturempfehlungen für Kapitel 1

Apfelthaler, G., 1999: Interkulturelles Management, Wien: Manz-Verlag

Hall, E., Hall, M., 1991: Understanding cultural differences: Germans, French and Americans (3 Aufl.), Yarmouth: Intercultural Press

Hofstede, G.H., 1997: Lokales Denken, globales Handeln: Kulturen, Zusammenarbeit und Management, München: Beck

Storti, C., 1999: Figuring foreigners out: A practical guide, Yarmouth: Intercultural Press

---

Lösungsvorschläge

Werte und Verhalten (Übung 3): 1h, 2f, 3b, 4i, 5a, 6e, 7d, 8j, 9g, 10c

Was ist Kultur nicht (Übung 4): 1p, 2u, 3k, 4k, 5k, 6u, 7k, 8p, 9u, 10k, 11p, 12k, 13u, 14u, 15k, 16p

Kulturdimensionen I (Übung 8):

Polychrone versus monochrone Zeitorientierung: Alexander macht mehrere Dinge gleichzeitig und pflegt die Beziehungen zu seinen Kunden, um niemanden vor den Kopf zu stoßen. Frau Schubert ist monochrones Verhalten gewöhnt und möchte eins nach dem anderen erledigt haben, wenn sie an der Reihe ist.

Kulturdimensionen II (Übung 9):

1. Individualismus, 2. Gesicht wahren, 3. Starke Unsicherheitsvermeidung, 4. Monochrones Verhalten, 5. Geringe Informationsdichte, 6. Hohe Machtdistanz, 7. Hohe Machtdistanz, 8. Geringe Unsicherheitsvermeidung und geringe Machtdistanz, 9. Starke Unsicherheitsvermeidung und geringe Informationsdichte, 10. Polychrones Verhalten, 11. Starke Unsicherheitsvermeidung und monochrones Verhalten, 12. Kollektivismus und Beziehungsorientierung, 13. Individualismus, 14. Geringe Informationsdichte und starke Unsicherheitsvermeidung, 15. Gesicht wahren und indirekter Kommunikationsstil, 16. Geringe Machtdistanz, 17. Kollektivismus und Beziehungsorientierung, 18. Geringe Unsicherheitsvermeidung und Raumorientierung, 19. Geringe Informationsdichte und starke Unsicherheitsvermeidung, 20. Geringe Machtdistanz, 21. Individualismus, 22. Hohe Informationsdichte, 23. Monochrones Verhalten, 24. Kollektivismus, 25. Monochrones Verhalten und Individualismus, 26. Polychrones Verhalten, 27. Hohe Machtdistanz.

Kapitel 2
Interkulturelle Kommunikation und
Zusammenarbeit

Unternehmensmitarbeiter arbeiten immer häufiger weltweit fernab ihres Heimatlandes, sei es kurzfristig oder langfristig. Geschäftsreisen und internationale Geschäftskommunikation nehmen zu. Aber auch am einheimischen Arbeitsplatz arbeiten Menschen verstärkt zusammen, die sich auf Grund des jeweiligen kulturellen Hintergrundes hinsichtlich ihrer Normen, Wertvorstellungen, Einstellungen und Verhaltensmuster unterscheiden. Wenn Verhaltensunterschiede zwischen Mitarbeitern eines Unternehmens auf Grund ihres kulturellen Hintergrundes bestehen, stellt sich die Frage, wie sich diese auf den Kontakt mit Kollegen, Vorgesetzten, Zulieferern oder Kunden aus einem anderen, fremden Kulturraum auswirken: Was bedeutet die kulturelle Prägung zweier Personen für deren Kommunikation?

In der interkulturellen Zusammenarbeit hat die Kommunikation eine herausragende Rolle, die besondere Risiken in sich birgt. Gerade die Prozesse dieser **interkulturellen Kommunikation** stellen hohe Ansprüche an einen Mitarbeiter, dessen Ziel es ist, die ihm gestellte Aufgabe möglichst erfolgreich zu erfüllen. In diesem Kapitel erfahren Sie die spezifischen Herausforderungen der interkulturellen Kommunikation und bekommen Empfehlungen zur Überwindung potenzieller Schwierigkeiten in der Zusammenarbeit. Die Erklärungen zu Kommunikation, Wahrnehmung, Kognition und Emotion helfen zu verstehen, warum die Wahrscheinlichkeit von Missverständnissen in der interkulturellen Kommunikation besonders groß ist. Übungen und Beispiele dienen dazu, typische Fallen in der interkulturellen Zusammenarbeit zu erkennen und Alternativen zu entwickeln.

1 Bedeutung und Barrieren von Kommunikation

Ein wichtiger Aspekt von Zusammenarbeit im Allgemeinen und der interkulturellen Zusammenarbeit im Besonderen ist der hohe Stellenwert von Kommunikation: „Wir können nicht nicht kommunizieren" (*Watzlawick/Beavin*, 1969). Alle Formen der internationalen Zusammenarbeit setzen Gespräche mit ausländischen Partnern voraus. *Edward Hall* (1958) geht sogar so weit, Kultur mit Kommunikation gleichzusetzen: „Kultur ist Kommunikation." Kommunikation erfolgt in schriftlicher und mündlicher Form, die bei Sichtkontakt durch Gesten und Mimik ergänzt wird, so dass sowohl verbale als auch non-verbale Elemente als Kommunikationsmittel eingesetzt werden. *Watzlawick* und *Beavin* (1969) betonen weiterhin die Bedeutung einer Sach- und einer Beziehungsebene für die

Kommunikation. Dass es dabei kulturspezifische Unterschiede gibt, wurde schon in Kapitel 1 (Abschnitt 2.6) bezüglich zentraler Kulturdimensionen deutlich.

Kommunikation stellt ganz allgemein hohe Anforderungen an die Wahrnehmung und die Interpretation einer Nachricht sowohl für den, der eine Nachricht sendet, als auch für den, der sie empfängt. Es setzt schon für Menschen gleichen kulturellen Hintergrundes eine gewisse Kompetenz voraus, eine Nachricht richtig zu interpretieren. Nach *Schulz von Thun* (1991, S. 31) gibt es vier Seiten einer Nachricht, die gesendet und empfangen werden können.

Die vier Seiten einer Nachricht:	
Beispiel:	„Du, da vorne ist grün."
1. Sachinhalt:	→ Worüber informiere ich?
	„Die Ampel ist grün."
2. Selbstoffenbarung:	→ Was gebe ich von mir selbst kund?
	„Ich habe es eilig."
3. Beziehung:	→ Was ich von dir halte und wie wir zueinander stehen?
	„Du brauchst meine Hilfestellung."
4. Appell:	→ Wozu ich dich veranlassen möchte?
	„Gib Gas!"

Entsprechend den Wertvorstellungen, nach denen sich Kulturen voneinander unterscheiden, werden die vier verschiedenen Seiten einer Nachricht erstens nicht den gleichen Stellenwert haben und zweitens sich inhaltlich unterscheiden. Nehmen wir zum Beispiel den Beziehungsaspekt: Dieser spielt eine besonders herausragende Rolle in kollektivistischen und polychronen Kulturen. Da die Selbstoffenbarung zum Erhalt und zur Bestätigung der Beziehung dient, wird auch diese einen bedeutenden Anteil in der Kommunikation bei beziehungsorientierten Kulturen haben. In Kulturen mit hoher Machtdistanz müssen besonders die Hierarchieverhältnisse zwischen Sender und Empfänger gewahrt bleiben: Wer darf an wen einen Appell richten, in welcher Form wird die Beziehung zwischen Sender und Empfänger bestätigt etc.? Wenn ein Außenstehender von zentralen Kulturstandards und den Kulturdimensionen weiß, hat er die Chance, mehr über die Beziehung der Personen zueinander oder zu sich selbst zu verstehen, und kann mit diesem kulturellen Wissen eine Aussage gemäß der vier wichtigen Seiten interpretieren.

1.1   Non-verbale Kommunikation

Die gesprochene und geschriebene Sprache ist nicht unbedingt das wichtigste Kommunikationsinstrument: Laut *Edward Hall* (1990) werden bis zu 90 Prozent aller Informationen mit anderen Mitteln übertragen. Nach dem Psychologen *Albert Merhabian* (*Storti*, 1999) setzt sich das Verständnis gesprochener Worte folgendermaßen zusammen: 7% werden aus der aktuellen Bedeutung der gesprochenen Worte abgeleitet, 38% aus der Art, wie etwas gesagt wird (Lautstärke, Betonung etc.) und 55% aus dem Gesichtsausdruck und anderen nonverbalen Kommunikationsmitteln.

Einige Beispiele: Bei Amerikanern wurden 33 verschiedene Gesichtsausdrücke festgestellt, die für die Kommunikation genutzt werden. Lächeln bedeutet nicht überall das Gleiche – in Asien kann es Verlegenheit oder Enttäuschung überdecken. Mit den Fingern von eins bis zehn zu zählen, ist auch nicht universell. In Indien kommt der Zählende pro Hand auf 12: Es werden die Fingerspitzen und alle Gelenke gezählt. Dabei werden der Daumen, der zählt, und die Knöchel nicht gerechnet.

In der non-verbalen Kommunikation können kulturelle Unterschiede besonders deutlich hervortreten. Wie würden Sie die beiden folgenden Aufgaben beantworten? *Lösungsvorschläge finden Sie am Ende dieses Kapitels.*

Übung 10: Augenkontakt

Versuchen Sie zu erraten, wieviel Zeit (in Prozent) zwei Verhandlungspartner aus den folgenden Ländern Augenkontakt während einer typischen Verhandlung haben.

a) Zwei Japaner: _____ %

b) Zwei Amerikaner: _____ %

c) Zwei Brasilianer: _____ %

Übung 11: Berührungen

Was meinen Sie, wie oft sich ein typisches Paar innerhalb einer Stunde in einem Café in den folgenden Städten berührt.

a) San Juan: _____

b) Paris: _____

c) London: _____

1.2 Kommunikationsstile

In Anbetracht des hohen Stellenwertes von verbaler und non-verbaler Kommunikation für die Interaktion, besonders auch im kulturellen Kontext, ist es wahrscheinlich, dass nicht die Reaktionen ausgelöst werden, die man beim Senden seiner Botschaft vom eigenen kulturellen Hintergrund aus erwartet hätte (s.a. *Gudykunst*, 1997; *Ting-Toomey*, 1988). Unterschiedliche Kommunikationsstile führen innerhalb einzelner Länder immer wieder zu Missverständnissen. Um wie viel größer die Gefahr in internationalen Beziehungen ist, sich nicht zu verstehen, aneinander vorbeizureden, sich gegenseitig zu brüskieren, haben viele erfahren, die sich gegenüber Angehörigen fremder Kulturbereiche unmissverständlich auszudrücken versuchten.

Fallbeispiel 3: Kritik äußern

US-Amerikaner berichten zum Beispiel häufig, dass sie ihre deutschen Kollegen für ziemlich unhöflich halten. Deutsche wundern sich hingegen immer wieder, wenn ihr amerikanischer Kollege im Verlauf eines Gespräches deutlich anderer Meinung ist, wo sie doch anfänglich dachten, er hätte ihnen zugestimmt. In der deutsch-amerikanischen Kommunikation zeigt sich das typische Problem, wenn ein direkter auf einen indirekten Kommunikationsstil trifft. Deutsche, denen es wichtig ist, Fakten auszutauschen und über die Sache zu diskutieren, kommunizieren äußerst direkt. Wenn sie Kritik an einem Punkt üben, so sagen sie dies auch. Das heißt nicht, dass ein Vorschlag unbedingt abgelehnt werden würde; oft bedeutet diese direkte Kritik vielmehr, dass sich die Person mit dem Vorschlag besonders auseinander gesetzt hat, da sie ihn interessant und für „kritikwürdig" hält. US-Amerikaner hingegen versuchen erst einmal, eine positive Beziehung herzustellen, wie dies auch im so genannten „Smalltalk" zum Ausdruck kommt. Der direkte Einstieg in die Sache von Seiten deutscher Kollegen wird deshalb häufig als starke Zurückweisung empfunden und stellt einen ungünstigen Start für ein Gespräch mit US-Amerikanern dar. Denn US-Amerikaner tendieren dazu, ihre Aussagen in „Watte einzupacken" – das so genannte „padding": „I agree with you, **but** ......" Mit diesem „aber" wird – nach einer positiven Bestätigung – ein Einwand eingeführt. Da der deutsche Gesprächspartner aber mehr auf den Anfang der Aussage geachtet hat, geht er vorerst von einer Zustimmung seitens des amerikanischen Kollegen aus.

In ihrer Autobiografie „Jenseits von Afrika" beschreibt *Karen Blixen* alias *Isak Dinesen* ein sehr anschauliches **Beispiel** eines indirekten Kommunikationsstiles und dessen emotionale Wirkung auf Personen, die es gewohnt sind, direkt zu kommunizieren.

„Until you knew a Native well, it was almost impossible to get a straight answer from him. To a direct question as to how many cows he had, he had an eluding reply, - ,As many as I told you yesterday.' It goes against the feelings of Europeans to be answered in such a manner, it very likely goes against the feelings of the Natives to be questioned in this way."

„Out of Africa" von *Isak Dinesen* (1985, S. 19)

Probieren Sie bitte bei folgender Übung die verschiedenen Möglichkeiten aus, sowohl indirekt als auch direkt zu kommunizieren, Ihren Stil also zu wechseln.

Übung 12: Stilwechsel

Bei dieser Übung sollen Sie versuchen, zwischen verschiedenen Kommunikationsstilen zu wechseln und sowohl direkte als auch indirekte Ausdrucksmöglichkeiten auszuprobieren. *Am Ende des Kapitels finden Sie Lösungsmöglichkeiten.*

A) Wenn Sie eher **direkt** kommunizieren:

Folgende Bemerkungen sind eher typisch für Personen, die **direkt** kommunizieren. Versuchen Sie jede der Bemerkungen auf eine indirekte, verständige Art umzuformulieren.

1. „Das ist nicht der Punkt."

Indirekt: _____

2. „Ich denke, wir sollten ....."

Indirekt: _____

3. „Dem kann ich nicht zustimmen."

Indirekt: _____

4. „Was denken Sie, Herr Fan?"

Indirekt: _____

B) Wenn Sie eher **indirekt** kommunizieren:

Folgende Bemerkungen sind eher typisch für Personen, die **indirekt** kommunizieren. Versuchen Sie jede der Bemerkungen auf eine direktere Art umzuformulieren.

1. „Das ist ein sehr interessanter Gesichtspunkt."

Direkt: _____

2. „Ihre Idee könnte funktionieren."

Direkt: _____

3. „Wir verstehen ihren Vorschlag sehr gut."

Direkt: _____

4. „Können wir zum nächsten Punkt übergehen?"

Direkt: _____

2   Emotionale Folgen in der interkulturellen Zusammenarbeit

Bei Begegnungen von Menschen aus verschiedenen Kulturen kommt es zu einer **interkulturellen Überschneidungssituation**, in der eine Person zur gleichen Zeit mit zwei Kulturen konfrontiert wird: der eigenen und der fremden (*Breitenbach*, 1983; *Thomas*, 1993). Falls das eigene interne Modell der Umwelt nicht mit dem Modell des Interaktionspartners übereinstimmt, können Konflikte zunächst nicht erklärt werden. Dies führt zu Irritationen, Fehlinterpretationen, Missverständnissen und letztendlich Frustrationen, die eine enorme Belastung für die Mitarbeiter darstellen und zum mangelnden Erfolg der Zusammenarbeit führen können.

Als höchste Stufe der Irritation entsteht ein **Kulturschock**, der Aggressivität, Anspannung, Verwirrung oder Apathie als Folge haben kann (*Furnham/ Bochner*, 1986; *Marx*, 1999). Von einem Kulturschock ist die Rede, wenn die vertrauten und bekannten psychologischen Erklärungsmuster, die dem Individuum helfen, in der Gesellschaft zu funktionieren, plötzlich entzogen und durch fremde unverständliche ersetzt werden.

Besonders bei Auslandsaufenthalten wird von verschiedenen emotionalen Phasen ausgegangen, die jemand durchlebt (siehe Abbildung 2.1). Ein typischer Verlauf wäre die so genannte U-Kurve (nach *Oberg*, 1960): Nach einer ersten Phase (I.) der Euphorie über dieses „Abenteuer" und das Neue, das es zu entdecken gilt („Honeymoon"), folgt eine Krise (II.). Schwierigkeiten mit Sprache, Werten und Symbolen treten nun deutlicher hervor und die entsandte Person wird sich bewusst, dass die Dauer des Aufenthaltes über die ersten oberflächlichen Kontakte hinausreichen wird. Frustration, Ärger und Selbstzweifel können die Folge sein – der so genannte Kulturschock. Wenn sich die Person im Laufe der Zeit besser in der fremden Kultur zurechtfindet, kommt es zu einer Erholung (III.) und einer positiveren Einstellung der anderen Kultur und dem Aufenthalt gegenüber. Wenn sich jemand in einer Gastkultur wohl fühlt und dort zufrieden stellend leben und arbeiten kann, spricht man von der letzten Phase, der Anpassung (IV.).

Wichtig zu berücksichtigen ist, dass ein Kulturschock nicht unbedingt zwingend notwendig ist oder sogar erst bei der Rückkehr eintreten kann (V.). Bei einem derartigen „Rückkehrschock" wurden die eigenen psychologischen Erklärungsmuster von den Erfahrungen in einer fremden Kultur mitgeprägt, die Relativität von Verhalten und das Schätzen anderer Verhaltensmöglichkeiten werden nach der Rückkehr besonders deutlich. Nach derartigen Erfahrungen wird der eigene kulturelle Hintergrund häufig anders gesehen; vieles wird nicht mehr als so selbstverständlich betrachtet, wie dies die alte „neue" Umgebung tut. Die eigene Kultur wird besonders kritisch beurteilt.

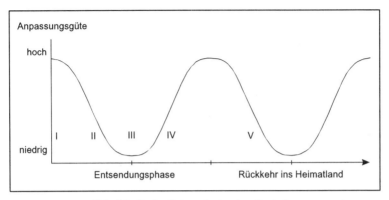

Abb. 2.1: Verlauf eines Auslandsaufenthaltes

Wenn man sich in derartigen interkulturellen Überschneidungssituationen, sei es während eines Auslandsaufenthaltes oder nach der Rückkehr, gerade besonders unwohl und ineffektiv fühlt, ist es vor allem wichtig zu akzeptieren, dass derartige Gefühle ganz normal sind und meistens nur eine Phase auf dem Weg zu einer Anpassung an die veränderte Situation darstellen.

> Wenn Sie sich in interkulturellen Situationen gerade äußerst unwohl fühlen, ist es hilfreich, nach Vertrautem und nach Unterstützung zu suchen. Bei einem Austausch mit Kollegen, auch aus einem anderen Land, wird man schnell feststellen, dass viele von ähnlichen Erfahrungen berichten.

3 Wahrnehmung und Kognition in der Zusammenarbeit

Schon wenn man die grundlegenden Elemente von Kultur betrachtet, wird deutlich, dass Schwierigkeiten in der interkulturellen Kommunikation und Interaktion wahrscheinlich sind. Ausgehend von der Definition in Kapitel 1 treffen bei interkulturellen Begegnungen Menschen mit verschiedenen Verhaltensmustern und Werten zusammen, die die Welt unterschiedlich interpretieren.

Die interkulturelle Interaktion bedeutet vor allem auch am Arbeitsplatz für alle Beteiligten eine besondere Herausforderung (siehe z.B. *Moosmüller*, 1997). Wenn man davon ausgeht, dass Mitglieder einer Nation eine gemeinsame Kultur tragen, beeinflusst diese auch ihr Verhalten am Arbeitsplatz und unterscheidet sie mehr oder minder von denen aus einem anderen Kulturraum. Menschen mit unterschiedlichem nationalen Hintergrund haben verschiedene Erwartungen in Bezug auf die formalen Strukturen eines Unternehmens und die informellen Muster, in denen die Arbeit erledigt wird. Diese Erwartungen färben die Art, wie Menschen auf unbekanntes und unerwartetes Verhalten reagieren, wenn sie mit Menschen aus einem anderen Land arbeiten, verhandeln und Geschäfte machen.

Daraus können drei kulturimmanente Problembereiche für die interkulturelle Zusammenarbeit abgeleitet werden:

Fallstrick 1: Unterschiedliches kulturelles Verhalten

Kultur beeinflusst das menschliche Verhalten so, dass Menschen aus verschiedenen Kulturen gemeinsame Situationen unterschiedlich wahrnehmen und sich in der gleichen Situation anders verhalten.

Fallstrick 2: Das Unbewusste an unseren kulturellen Prägungen

Wertvorstellungen und Basisannahmen sind größtenteils unbewusst, so dass die Handelnden nicht wissen, wieso sich der andere so verhält und wieso man selbst damit Probleme hat, bzw. man sieht es sogar als selbstverständlich an, dass der andere sich „falsch" verhält.

Fallstrick 3: Fehlinterpretationen und Ethnozentrismus

Das Handeln und Tun des anderen wird auf Basis der eigenen fundamentalen Wertvorstellungen beurteilt, die unter Umständen gänzlich unterschiedlich sind.

3.1   Fallstrick 1: Unterschiedliches kulturelles Verhalten

Fachleute, die im Bereich des interkulturellen Managements tätig sind, sind sich einig, dass Persönlichkeitsunterschiede in interkulturellen Begegnungen hinter kulturell bedingten Verhaltensunterschieden zurücktreten. Nach *Geert Hofstede* (1997) ist unsere kulturelle Prägung so bedeutsam, dass bis zu 50% unserer Verhaltens- und Einstellungsunterschiede durch unseren kulturellen Hintergrund erklärt werden können. Da Kultur ein stabiles System darstellt, das – erworben in der primären Sozialisation – zur Sicherung des Überlebens dient und zum Großteil als selbstverständlich angenommen wird, sind derartige Verhaltensunterschiede relativ konstant.

In einer Studie von *Laurent* (1983) zu arbeitsbezogenem Verhalten und **Führungsstilen** hatte die Landeskultur einen starken Einfluss auf die Ideologie der befragten Manager und demzufolge auf ihr betriebliches Verhalten (s.a. *Keller*, 1987).

So unterschied sich die Auffassung über die Rolle einer Führungskraft stark zwischen den Kulturen:

• Japanische, indonesische, italienische oder französische Führungskräfte gehen davon aus, dass ein Manager genaue Antworten parat haben muss, wenn seine Mitarbeiter Fragen haben. Ebenso sind hierarchische Strukturen wichtig, damit jeder weiß, wer über wen gestellt und mit Befugnissen ausgestattet ist.
• Schwedische, holländische, US-amerikanische oder britische Führungskräfte hingegen halten es für wesentlich wichtiger, dass die Führungskraft delegiert, Fragen demokratisch diskutiert und auch einmal Hierarchien überspringt.

Interessanterweise zeigte sich innerhalb eines Unternehmens nicht eine Angleichung der Managementkonzepte, sondern das Gegenteil: Kulturelle Unterschiede traten noch deutlicher hervor. Es scheint, als ob in einem multinationa-

len Unternehmen durch den Druck der verschiedenen Kulturen eine starke Aus-
richtung auf die eigene kulturelle Herkunft und stärkere Abgrenzung von
anderen Kulturen erfolgt. Derartige Abgrenzungen sind in Interaktionen zwischen Angehörigen verschiedener Gruppen häufiger zu beobachten. Die Ver-
stärkung von Unterschieden hilft, ein positives und konsistentes Selbstbild aufrechtzuerhalten und sich eindeutig einer Gruppe, die eben zum Beispiel aus
anderen Mitgliedern der eigenen Kultur besteht, zugehörig zu fühlen.

In Abbildung 2.2 (nach *Apfelthaler*, 1999, S. 53) wird veranschaulicht, wie
unterschiedlich die Unternehmenshierarchien in verschiedenen Kulturen aufgebaut sein können.

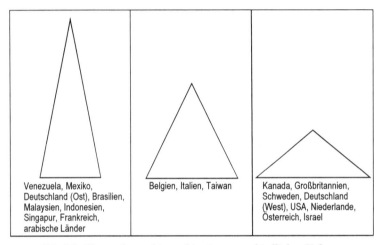

| Venezuela, Mexiko, Deutschland (Ost), Brasilien, Malaysien, Indonesien, Singapur, Frankreich, arabische Länder | Belgien, Italien, Taiwan | Kanada, Großbritannien, Schweden, Deutschland (West), USA, Niederlande, Österreich, Israel |

Abb. 2.2: Unternehmenshierarchien in unterschiedlichen Kulturen

Fehlendes Wissen über derartige Unterschiede zwischen Kulturen führt äußerst
leicht zu Missverständnissen mit mehr oder weniger schwer wiegenden Folgen.
Wenn Sie nicht wissen, dass das leichte Kopfschütteln zur Seite eines griechi-
schen Händlers „Ja" bedeutet, werden Sie sich wundern, warum er ihre Frage,
ob er Orangen hat, mit einem (für Sie verneinenden) Kopfschütteln quittiert und
sie dann später die Orangenkisten entdecken. Etwas problematischer war wohl
die Entscheidung eines Automobilkonzerns, sein neuestes Modell, das auch für
den Vertrieb in Südamerika bestimmt war, „Nova" zu nennen – wo „no va" im
Spanischen doch „es geht nicht" heißt.

Für eine erfolgreiche Kommunikation zwischen Angehörigen verschiedener
Kulturen ist zweierlei entscheidend:

a) das **kulturübergreifendes Wissen** um die Bedeutung von Kultur für das
   eigene und das fremde Verhalten und

b) das **kulturspezifische Wissen** über eigene und fremde Kulturstandards
   und Kulturdimensionen.

3.2   Fallstrick 2: Das Unbewusste an unseren kulturellen Prägungen

In der interkulturellen Zusammenarbeit treffen Personen aufeinander, die auf Grund unterschiedlicher Wertvorstellungen ein anderes Verständnis bezüglich bestimmter Arbeitsprozesse haben und sich in einigen Situationen anders als erwartet oder als selbstverständlich angenommen verhalten. Allerdings sind diese oft wichtigen und für das gegenseitige Verständnis hilfreichen Aspekte über die eigene Kultur und die des anderen unbewusst. Häufig wird zudem unbewusst angenommen, dass die Unterschiede vernachlässigbar sind.

Unsere eigene kulturelle Prägung wird uns am ehesten bewusst, wenn wir Kontakt haben mit Menschen aus einer anderen Kultur.

Übung 13: Kontakt mit anderen Kulturen

Denken Sie an Erfahrungen zurück, die Sie im Ausland gemacht haben. Häufig berichten Personen, die gerade im Ausland waren, dass sie sich noch nie so „deutsch" gefühlt hätten.

• Wie ging es Ihnen?

• Welche Bezugsgruppe war für Sie selbst von besonderer Bedeutung?

• Wie wurden Sie von anderen gesehen?

Mit dem fehlenden Bewusstsein für kulturspezifische Verhaltensweisen – in diesem Fall im Bereich der non-verbalen Kommunikation – ist wohl auch folgendes Beispiel zu erklären: Nach der Eröffnung der ersten McDonald's Filiale in Moskau war ein Großteil der russischen Kunden äußerst unzufrieden. Die Leitlinie für guten Kundenservice dieses US-amerikanischen Konzerns musste geändert werden. Das Lächeln der Bedienung führte nicht dazu, dass sich die Kunden wohl fühlten, sondern eher dazu, dass sie dachten, sie würden nicht ernst genommen.

Machen Sie sich Ihre eigenen kulturellen Prägungen und die der anderen bewusst. Nehmen Sie es nicht als selbstverständlich, dass jemand eine Situation genauso interpretiert wie Sie. Und ziehen Sie in Erwägung, dass auch Ihr Gesprächspartner seine Wahrnehmung der Welt als selbstverständlich ansieht und Ihr Verhalten als nicht korrekt einschätzt.

3.3   Fallstrick 3: Fehlinterpretationen und Ethnozentrismus

Neben unzureichenden Kenntnissen der eigenen und fremden Verhaltensmuster lassen sich die meisten Konflikte in Geschäftsbeziehungen zwischen verschiedenen Kulturräumen auf eine ablehnende Haltung zurückführen. Häufig nimmt auch eine Partei zum Beispiel bei einem Jointventure oder innerhalb von multinationalen Arbeitsgruppen die dominierende Position in einer Abhängigkeitsbeziehung ein. Asymmetrische Machtverhältnisse und der Versuch der **Dominanz** erschweren die interkulturelle Kommunikation beträchtlich.

Die Welt nur mit den eigenen Augen zu sehen und aus der eigenen Perspektive zu interpretieren, wird als **ethnozentrisches Denken** bezeichnet. Dabei gilt Ethnozentrismus als kontraproduktiv für die interkulturelle Verständigung. Nationale Kulturen tragen zur Strukturierung der gesamten Lebenswirklichkeit eines Menschen und somit zur Konstituierung dessen bei, was als „selbstverständlich" und „normal" gilt. Da die Kulturbedingtheit dieser Normalität weitgehend verborgen bleibt, denken und handeln Menschen häufig ethnozentrisch. Wenn kulturell unterschiedlich programmierte, ethnozentrisch eingestellte Personen zusammenarbeiten, werden auftretende kulturbedingte Differenzen nicht als Andersartigkeiten gesehen, die eine eigene Berechtigung haben, sondern als Abweichungen von der „Normalität".

Zu einer möglicherweise ethnozentrischen und dominanten Haltung kommt erschwerend hinzu, dass Menschen gemäß der **Attributionstheorie** nach Ursachen suchen, um das Verhalten anderer zu verstehen, zu beurteilen und zu erklären. Diese Attributionen unterliegen auch kulturellen Faktoren. Das heißt, dass den Motiven und Bedeutungen von Verhaltensweisen anderer Personen falsche Ursachen zugeschrieben werden können, wenn die Ursachen auf den eigenen kulturellen Normen und dem eigenen Weltbild basieren und gemäß diesem erklärt und interpretiert werden. Zum Beispiel wird in Deutschland ein offener Blick mit Glaubwürdigkeit in Verbindung gebracht, während es in anderen Kulturräumen verpönt ist, seinem Gegenüber direkt in die Augen zu sehen, was von uns leicht als „ausweichender" Blick fehlinterpretiert werden kann.

Hier ist es hilfreich, das Verhalten einer anderen Person zuerst zu beschreiben und nicht gleich zu interpretieren und Beurteilungen – und im Extremfall sogar Verurteilungen – auf Basis der eigenen Wertvorstellungen zu vermeiden. In folgender Übung finden Sie Verhaltensweisen, die entweder beschreibend oder interpretierend formuliert sind. Der erste Schritt ist zu erkennen, wann man beschreibt und wann man interpretiert. Im zweiten Schritt steht man dann vor der Herausforderung, selbst Personen und Situationen ohne Wertung zu beschreiben.

Übung 14: Beschreibung oder Interpretation

Überlegen Sie sich bei den folgenden Aussagen, ob es sich um die Beschreibung (B) oder die Interpretation (I) eines Verhaltens handelt. *Am Ende des Kapitels finden Sie die vorgeschlagenen Lösungen.*

1. Dieser Mann spricht sehr laut. _____

2. Mein Chef traut seinen Mitarbeitern nicht. _____

3. Dieser Mann widerspricht nie seinem Chef in der Öffentlichkeit. _____

4. Sie hat mir nicht zugehört. _____

5. Mein Chef delegiert keine verantwortungsvollen Aufgaben. _____

6. Dieser Mann hat Angst vor seinem Chef. _____

7. Sie hat mir nicht in die Augen geschaut, als ich mit ihr gesprochen habe. _____

8. Dieser Mann ist äußerst ärgerlich. _____

Bei der Interpretation eines Verhaltens können wir auch dem so genannten **fundamentalen Attributionsfehler** unterliegen: Die Ursache für das Verhalten anderer wird in der Person an sich gesucht, die Situation, wie zum Beispiel der kulturelle Hintergrund, wird nicht berücksichtigt. Dies ist nahe liegend, da das eigene Verhalten als persönliche, eigene, von sich selbst entwickelte Art empfunden wird, auch wenn diese mit einem allgemeinen Verhaltensmuster der eigenen Kultur zusammenhängt.

Fallbeispiel 4: Sind Deutsche unhöflich?

Mister Jones aus den USA, der sich zum ersten Mal mit einem Vertreter des neuen deutschen Geschäftspartners trifft, wird vielleicht sagen, Herr Ritter sei unhöflich. Erst durch den Besuch im deutschen Unternehmen vor Ort wird er merken, dass sich auch andere Mitarbeiter des Unternehmens ähnlich verhalten. Es liegt also nicht unbedingt an der Person von Herrn Ritter, wie dieser sich verhält, sondern dass dies „typisch für Deutsche" ist.

Bei diesem Beispiel kann es nun aber passieren, dass sich Mister Jones nicht bewusst macht, dass er das Verhalten seines Gegenübers nicht nur beschreibt („Die deutschen Mitarbeiter leiten die Begrüßung meistens nicht mit der Frage ein, wie es mir geht"), sondern interpretiert („Meine deutschen Kollegen sind nicht an mir interessiert.") und dies auf Basis dessen, was er gelernt hat, was gut und was schlecht ist („Personen, die sich nicht für mich interessieren, sind unhöflich."). Dann besteht die Gefahr, dass Mister Jones seine Erfahrungen verallgemeinert und nun überzeugt davon ist, dass alle Deutschen äußerst unhöflich sind. Es kommt also zur **Stereotypisierung**, bei der Vorurteile aufgebaut und im Folgenden immer wieder bestätigt werden können. Bei neuen Begegnungen werden dann einzelne Personen nur noch als Vertreter einer Gruppe beurteilt und nicht als eigene Persönlichkeit. Ein Teufelskreis!

Wenn jedoch das Verhalten der deutschen Kollegen mit dem in Deutschland üblichen, wesentlich direkteren Kommunikationsstil in Verbindung gebracht werden kann, ist es möglich, nicht auf die Qualität der eigenen Beziehung zu schließen und dies nicht als mangelnde Wertschätzung seiner selbst zu interpretieren, sondern es eventuell sogar zu schätzen, dass man schnell weiß, worum es dem deutschen Gesprächspartner geht.

Wenn Sie das Verhalten Ihres Gesprächspartners auf Basis seiner Wertvorstellungen beurteilen können, beugen Sie Missverständnissen in der interkulturellen Kommunikation vor. Versuchen Sie zuerst, Situationen zu beschreiben. Wenn Sie dann nach Gründen für das zunächst unverständliche Verhalten Ihres Gegenübers suchen, berücksichtigen Sie dessen kulturellen Hintergrund.

Vermeiden Sie eine ethnozentrische, dominante Haltung und vorschnelle, bewertende Verallgemeinerungen!

3.4   Potenzielle Konflikte: Eine Zusammenfassung

Unter psychologischen Gesichtspunkten erklären folgende Aspekte potenzielle Konflikte in der interkulturellen Kommunikation.

1. Fehlende Kenntnisse von der Relevanz kultureller Unterschiede

Wenn Sie sich nicht bewusst sind, wie sehr unser Verhalten kulturell bedingt ist und wie relevant kulturelle Unterschiede sein können, werden Sie immer wieder in Situationen geraten, die unerklärbar erscheinen. Wenn sich zum Beispiel ein koreanischer Gastprofessor zum Einstieg seines Vortrages vielmals für die schlechte Qualität seiner Folien entschuldigt, wird man als deutscher Zuhörer überrascht über die Einleitung sein und seine Erwartungen an den Vortrag wahrscheinlich senken. Umso erstaunter wird das Publikum sein, wenn die Art der koreanischen Präsentation seine ursprünglichen Erwartungen bei weitem übertrifft. Doch wenn Sie wissen, wie wichtig es in der koreanischen Kultur ist, sein Gesicht zu wahren und sich nicht zu sehr von der Gruppe (auch im positiven) abzuheben, können Sie dies als eine kulturspezifisch angemessene Form verstehen, sich vor einem Publikum einzuführen.

2. Fehlende kulturspezifische Kenntnisse

Je weniger Sie über die Kultur ihres Gegenübers wissen, desto leichter kann es zu Missverständnissen und konflikthaften Situationen kommen. Schon allein fehlende Sprachkenntnisse können zu verheerenden Fehlern führen. Wenn man weiß, dass in arabischen Ländern die linke Hand als unrein gilt, ist dieses Wissen ziemlich einfach im Umgang miteinander anzuwenden. Ohne dieses Wissen jedoch entstehen für den arabischen Geschäftspartner leicht unangenehme Situationen.

3. Falsche Ursachenzuschreibungen

Menschen suchen nach Ursachen, um das Verhalten anderer zu erklären. Wenn nun aber den Motiven und Beweggründen anderer Menschen die eigenen kulturellen Normen und das eigene Weltbild zugrundegelegt wird, kann es zu falschen Ursachenzuschreibungen kommen. Zum Beispiel ist in Deutschland ein offener Blick, also direkter Augenkontakt, ein Zeichen für Ehrlichkeit und Vertrauenswürdigkeit. Im Großteil der asiatischen Ländern gilt aber direkter Blickkontakt, besonders in einer ersten Begegnung und bei Hierarchieunterschieden, als unhöflich und aggressiv. So kann es leicht passieren, dass ein deutscher Mitarbeiter seinen taiwanesischen Verhandlungspartner, der – in seinen Augen – seinem Blick ausweicht, erst einmal für unglaubwürdig hält. Als Ursache für das Verhalten des anderen – er weicht dem Blick aus – wird mangelnde Ehrlichkeit angenommen, so wie es in der eigenen Kultur interpretiert werden würde.

4. Personale Ursachenzuschreibungen

Ein weiterer Fehler, der einem beim Kontakt mit Kollegen aus anderen Kulturen unterlaufen kann, ist der fundamentale Attributionsfehler. Das heißt, die Ursachen des Verhaltens anderer werden eher in der Person als im kulturellen Hintergrund gesucht. Für Amerikaner ist der so genannte „Smalltalk" ein wesentliches Element eines Gespräches, das häufig mit der Frage „How are you?" oder „How is your family?" eingeleitet wird. Wenn nun ein Deutscher im Gespräch gleich zur Sache kommt, wird dieser leicht als unhöflich empfunden. Die Person kann auf den Amerikaner so schnell unsymphatisch wirken, auch wenn dieses Verhalten nicht an seiner Person liegt, sondern ganz typisch für die Kommunikation im deutschen Arbeitsalltag ist. Erst durch die Begegnung mit mehreren Deutschen in verschiedenen Situationen wird der amerikanische Gesprächspartner erkennen können, dass in Deutschland andere Regeln der Gesprächsführung gelten.

5. Dominanzansprüche

Oft halten Menschen die in ihrem Land übliche Art zu arbeiten für besser und überlegen. Sie nehmen es als selbstverständlich, dass andere genauso arbeiten bzw. die eigene Methode ungefragt übernehmen. Derartiges ethnozentrisches Denken wird die Zusammenarbeit sehr erschweren, vor allem da dies dem Kollegen aus einer anderen Kultur genauso gehen kann. Die Chancen, die verschiedene Blickwinkel und Arbeitsstile für die Lösung eines Problems bringen können, werden so nicht genutzt.

> Wenn Sie sich dieser Ursachen für interkulturelle Konflikte bewusst sind, ist ein erster Schritt zu deren Vermeidung getan.

4   Mit den interkulturellen Anforderungen erfolgreich umgehen

4.1   Anforderungen an die Mitarbeiter

Die potenziellen Konflikte und ihre emotionalen Folgen in der interkulturellen Zusammenarbeit hängen eng mit den neuen und spezifischen Anforderungen zusammen, die an jeden einzelnen Mitarbeiter durch die Internationalisierung gestellt werden.

Die interkulturellen Anforderungen sind vielfältig:

* Sie muss typischerweise mehr Aufgaben erledigen, die heterogener sind.
* Der Verantwortungsbereich ist breiter.
* Eine höhere Entscheidungskompetenz ist erforderlich.
* Es gibt eine größere Anzahl an Einflussgrössen auf die Aufgabenerfüllung.
* Die berufliche Tätigkeit ist geprägt von einem höheren Grad an Differenziertheit und Unsicherheit.
* Besonders in der Auslandtätigkeit besteht eine stärkere Einmischung in das Privatleben der Mitarbeiter bzw. ein stärkerer Einfluss des Privatlebens auf die Aufgabenerfüllung.

Diese Situation lässt die Anforderungen an den einzelnen Mitarbeiter steigen. Er ist mit einer höheren Aufgabenkomplexität, einer größeren Anzahl potenzieller Einflussgrößen und einem stärkeren Grad an Unsicherheit konfrontiert. Mitarbeiter müssen lernen, mit Unterschiedlichkeit und kultureller Vielfalt umzugehen.

Übung 15: Ihr interkultureller Arbeitsplatz

Überlegen Sie sich, inwieweit Ihr eigener Arbeitsplatz und Aufgabenbereich durch die interkulturelle Zusammenarbeit geprägt ist.

• Was hat sich dadurch verändert?

• Welche zusätzlichen Herausforderungen bedeutet das für Sie?

Vom Mitarbeiter wird eine enorme Anpassungsleistung verlangt: Jede interkulturelle Überschneidungssituation erfordert vom Mitarbeiter eine **Akkulturation**, das heißt „ein allmähliches Hineinwachsen in und Anpassen an eine fremde Kultur" (*Ward*, 1996).[2] Nach *Berry* (1994) bestehen vier Gruppen von Anforderungen, an die sich der im Ausland Tätige anpassen muss:

1. Anpassung an berufliche Veränderungen
2. Anpassung an Veränderungen der Umwelt
3. Anpassung an soziale und kulturelle Veränderungen und
4. Anpassung an psychologische Belastungen.

Erschwerend kommt hinzu, dass diese Anpassungsleistungen in einer Situation verlangt werden, in der man sich gerade besonders der eigenen kulturellen Gruppenzugehörigkeit bewusst wird. Denn erst durch die Konfrontation mit einer anderen Kultur treten die eigenen Orientierungsmuster und Prägungen besonders deutlich hervor. Die kultureigenen Regeln werden umso deutlicher wahrgenommen, je fremder der Partner und je größer seine Andersartigkeit ist.

Insgesamt kann durch derartige grenzüberschreitende Tätigkeiten von einer erhöhten **Komplexität** der Arbeitssituation mit vermehrten Unsicherheitsfaktoren bezüglich der erfolgreichen Aufgabenerfüllung und einer größeren psychischen Belastung gesprochen werden. Die affektiven Konsequenzen sind nicht zu vernachlässigen: Unsicherheit, Angst vor Fremdem und Überforderung durch die Komplexität und die Zweideutigkeit der Situation können die Folge sein. Dies zu akzeptieren und als nichts Ungewöhnliches zu sehen, kann helfen, momentane Irritationen gelassener anzugehen und nicht die Freude an der Tätigkeit zu verlieren.

4.2 Umgang mit potenziellen Konflikten

Wie mit potenziellen Konflikten in der interkulturellen Zusammenarbeit umgegangen wird, hängt von drei Faktoren ab:

1. **Wissen:** Wie viel weiß der Einzelne sowohl über die Dynamik der interkulturellen Kommunikation als auch über die eigene und fremde Kultur?
2. **Einstellung:** Welche Einstellung bringt jemand gegenüber der interkulturellen Zusammenarbeit mit?
3. **Motivation:** Wie motiviert ist der Mitarbeiter, sich mit interkulturellen Fragestellungen auseinander zu setzen?

---

[2] Um Akkulturation besser verstehen zu können, finden Sie in Kapitel 4, Abschnitt 3, Übungen, um geeignete Akkulturationsstrategien zu erkennen.

Die interkulturelle Überschneidungssituation an sich macht ethnozentrische Denk- und Handlungsmuster, Fehlurteile über fremdkulturelle Personen und Verwendung von Stereotypen wahrscheinlich. Hervorzuheben ist, dass Konflikte nicht nur durch eine mangelnde Auseinandersetzung, fehlendes Bewusstsein und fehlende Kenntnis der anderen Kultur entstehen, sondern auch durch dementsprechende Lücken bezüglich der eigenen Kultur. Ein erfolgreicher Verhandlungsverlauf kann nicht nur durch mangelnde Kenntnis der Kultur des Verhandlungspartners sondern auch durch fehlendes Bewusstsein über das eigenkulturelle Verhalten behindert werden. In einer eigenen Studie (*Podsiadlowski*, 1994; *Podsiadlowski/Spieß*, 1996) konnte gezeigt werden, dass Mitarbeiter, die an einem interkulturellen Training teilgenommen hatten, erfolgreicher ein interkulturelles Verhandlungs-Fallbeispiel bearbeiten konnten, weil sie sich durch die Trainings ihres eigenkulturellen Verhaltens besonders bewusst wurden.

Der Kontakt mit anderen Kulturen ist eine notwendige Voraussetzung, um sich in einem interkulturellen Umfeld kompetent zu verhalten. Wohl erst durch häufigen Kontakt mit Vertretern der anderen Kultur kann erkannt werden, dass nicht nur das Individuum durch eine ihm besondere Eigenart auffällt, sondern dass diese häufig auf Wertorientierungen einer größeren Gruppe beruht. So kann eine Einsicht in kulturelle Prägungen entstehen und eine Distanz zur eigenen Kultur aufgebaut werden, so dass eine Reflexion der eigenen und fremdkulturellen Prägung möglich ist. Dieser Prozess, aus dem Kontakt mit Angehörigen fremder Kulturen zu lernen, kann in dem relativ sicheren Umfeld eines interkulturellen (Interaktions-)Trainings (siehe Kapitel 8) genutzt werden.

Folgendes ist zu berücksichtigen:

1. Mitarbeiter sind kulturell geprägt. Damit die geschäftliche Kommunikation im internationalen Bereich erfolgreich ist, müssen die Einflüsse der unterschiedlichen Kultursysteme auf das Verhalten der in ihnen lebenden Menschen berücksichtigt werden.

2. Die Internationalisierung von Unternehmen hat Folgen für das Personalmanagement und stellt an die Mitarbeiter des internationalen Unternehmens spezifische Anforderungen (siehe Kapitel 7 zum internationalen Personalmanagement).

3. Die persönliche Fähigkeit der Mitarbeiter, sich mit fremden Kulturen auseinander setzen zu können, rückt ins Blickfeld. Für den geschäftlichen Erfolg im Ausland ist die Grundhaltung von entscheidender Bedeutung (siehe Kapitel 3 zur interkulturellen Kompetenz).

Es ist zu empfehlen:

• sich eigene und fremde kulturelle Prägungen bewusst zu machen
• implizites kulturelles Wissen explizit zu machen
• über Kulturstandards und Kulturdimensionen zu lernen
• das Verhalten anderer auf Basis ihrer kulturellen Prägung zu sehen
• sich der besonderen Herausforderungen interkultureller Situationen bewusst zu sein und
• aus interkulturellen Erfahrungen zu lernen.

Sein Bewusstsein für und Wissen über die Fallstricke der interkulturellen Kommunikation zu erhöhen, reicht allein aber nicht. Die Kenntnisse müssen in das Handeln integriert und auf das eigene Verhalten abgestimmt werden (siehe Kapitel 5)!

4.3 Was kann ich tun?

Es stellt sich die Frage, wie Sie sich auf die interkulturelle Zusammenarbeit vorbereiten können: Was müssen Sie beispielsweise bei der konkreten Planung einer Auslandsreise beachten?

Was müssen Sie bei der interkulturellen Zusammenarbeit berücksichtigen?

- Beachten Sie Missverständnisse, die sich allein aus mangelnden Sprachkenntnissen ergeben können!

- Klimatisch unterschiedliche Bedingungen können eine hohe körperliche Belastung darstellen.

- Jetlag schränkt die Leistungsfähigkeit ein. Berücksichtigen Sie die negativen Auswirkungen des Jetlags bei der Reiseplanung!

- Seien Sie auf ungewohnte Situationen und Verhaltensweisen in der interkulturellen Zusammenarbeit gefasst!

- Die interkulturelle Überschneidungssituation bedeutet eine hohe Unsicherheit für alle Beteiligten. Es bestehen Unklarheiten darüber, wie man sich zu verhalten hat, was man von seinem Gegenüber erwarten kann und was dieser von einem selber erwartet.

- Missverständnisse können häufig vorkommen und liegen in der Natur der Sache.

- Sie werden kulturelle Unterschiede in der Wahl der Arbeitsmittel, im Arbeits- und Kommunikationsstil sowie in der Art und Weise, wie Entscheidungen getroffen und Probleme gelöst werden, feststellen.

Nehmen Sie also nichts für selbstverständlich und gehen Sie davon aus, dass Ihre Kollegen andere Arbeitsformen gewohnt sind!

Überlegen Sie: Wo können Sie einen Kompromiss bei ihren Arbeitsweisen, zum Beispiel innerhalb multinationaler Teams, finden? Wo können Sie sogar auf den jeweiligen Stärken aufbauen, damit Sie und Ihre Kollegen von der interkulturellen Zusammenarbeit profitieren können.

Wie können Sie sich auf die interkulturelle Zusammenarbeit vorbereiten?

Um sich selber auf die interkulturelle Zusammenarbeit vorzubereiten, sei es als Führungskraft oder Mitarbeiter, sollten Sie sich folgende Fragen stellen:

- Was ist Ihnen persönlich für die Zusammenarbeit wichtig?
- Welche Bedingungen müssen Ihrer Ansicht nach erfüllt sein, damit Sie erfolgreich arbeiten können?
- Welche Aspekte hängen stark damit zusammen, wie Sie es von Ihrer kulturellen Herkunft (sei es Landes- und/oder Unternehmenskultur) her gewohnt sind?
- Erkundigen Sie sich über den kulturellen Hintergrund Ihrer Kollegen, sei es über Bücher, einen Kurs und/oder persönliche Gespräche. Nutzen Sie informelle Treffen, auch außerhalb der Arbeitszeit!
- Lernen sie etwas über die anderen Kulturen, fragen Sie nach und zeigen Sie Interesse!
- Hinterfragen Sie Ihre Erwartungen an die Aufgabe mit Blick auf den kulturellen Hintergrund Ihrer Kollegen: Worin könnten sich deren Erwartungen von den Ihrigen unterscheiden?
- Suchen Sie nach Stärken, die Sie und Ihre Kollegen aufgrund des jeweiligen kulturellen Hintergrundes mitbringen! Finden Sie Kompromisse!

Machen Sie sich eigene und fremde kulturelle Prägungen bewusst!

Erweitern Sie Ihr Wissen über die eigene und die fremde Kultur!

Üben Sie sich darin, sich kulturadäquat zu verhalten!

Besondere Literaturempfehlungen für Kapitel 2

Adler, N., 1991: International dimensions of organizational behavior (2 Aufl.), Boston: Kent Publishers

Gudykunst, W.B., 1997: Communicating with strangers: An approach to intercultural communication, New York: The McGraw-Hill Companies

Maletzke, G., 1996: Interkulturelle Kommunikation, Opladen

Thomas, A. (Hrsg.), 1993: Kulturvergleichende Psychologie, Göttingen: Hogrefe

---

Lösungsvorschläge

Augenkontakt (Übung 10): a) 13%, b) 33%, c) 56% (*Storti*, 1999).

Berührung (Übung 11): a) 180, b) 110, c) 0 (*Storti*, 1999).

Stilwechsel (Übung 12):

A) Von direkt zu indirekt:

1. Wir könnten diesen Punkt später besprechen. / Das ist ein anderer guter Punkt.

2. Was halten Sie von der Idee? / Hat irgendjemand daran gedacht, es auf diese Art und Weise zu tun?

3. Das ist eine gute Idee, aber ich hätte noch eine andere. / Was halten Sie denn von dieser Idee? / Könnte ich einen kleinen Vorschlag machen?

4. Haben wir alle Meinungen gehört? / Hat noch jemand einen Vorschlag? / Möchte noch jemand etwas sagen?

B) Von indirekt zu direkt:

1. Dem kann ich nicht ganz zustimmen. / Darüber müssen wir noch mehr sprechen. / Ich sehe da die Dinge ganz anders.

2. Dieser Vorschlag muss noch überarbeitet werden. / Wir stimmen nicht mit allen Punkten dieses Vorschlages überein.

3. Wir haben bei Ihrem Vorschlag einige Bedenken. / Wir möchten gerne einige Änderungen mit Ihnen besprechen.

4. Lassen Sie uns das später diskutieren. / Wir brauchen noch mehr Information, bevor wir darüber sprechen können.

Beschreibung oder Interpretation (Übung 14): 1. B (als Beschreibung für 8), 2. I (als Interpretation von 5) 3. B (als Beschreibung für 6), 4. I (als Interpretation von 7), 5. B (als Beschreibung für 2), 6. I (als Interpretation von 3), 7. B (als Beschreibung für 4), 8. I (als Interpretation von 1)

Kapitel 3
Interkulturelle Kompetenz

Mitarbeiter in einem internationalen Unternehmen sind in einer Situation, die neue, arbeitsplatzübergreifende Anforderungen an sie stellt. Die Wahrscheinlichkeit von Konflikten in der interkulturellen Kommunikation ist erhöht. Für eine erfolgreiche Zusammenarbeit ist es wichtig, sich mit der eigenen und fremden Kultur auseinander zu setzen, Verständnis für andere Sichtweisen zu entwickeln und in das eigene Handeln zu integrieren. Es geht um einen kognitive Umorientierung und flexibles Verhalten. Zur Umschreibung derartiger sozialer Fähigkeiten ist der Begriff der interkulturellen Kompetenz besonders geeignet.

In diesem Kapitel steht die interkulturelle Kompetenz im Mittelpunkt. Sie ist notwendig, um interkulturell erfolgreich tätig zu sein. Als Erstes geht es darum, woran der Erfolg internationaler Tätigkeiten überhaupt zu erkennen ist, um dann zu klären, welche Voraussetzungen für eine erfolgreiche Zusammenarbeit nötig sind, welche Merkmale zentral für die interkulturelle Kompetenz sind und wie diese gemessen werden können. Während seiner Tätigkeit befindet sich der Mitarbeiter in einem permanenten Lernprozess, dessen verschiedene Stufen vorgestellt werden. Abschließend können Sie sich anhand der Analyse eines Fallbeispiels Möglichkeiten interkulturell kompetenten Verhaltens überlegen.

1 Was ist interkulturelle Kompetenz?

1.1 Erfolgreiche internationale Tätigkeiten

Es stellt sich die Frage, was eine erfolgreiche interkulturelle Kommunikation und Zusammenarbeit ausmacht und welche Voraussetzungen dafür gegeben sein sollten (s.a. *Dinges/Baldwin*, 1996; *Mendenhall*, 2000). **Erfolg** in der internationalen Tätigkeit lässt sich anhand von drei Bereichen erkennen:

1. **Der Beruf an sich**: Der Mitarbeiter erfüllt die ihm gestellte Aufgabe möglichst effektiv und ist mit seiner Arbeit zufrieden.

2. **Die internationale Tätigkeit:** Trotz der besonderen Herausforderungen internationaler Tätigkeiten zeigt der Mitarbeiter keine deutlich höhere Stressbelastung und eine klare Motivation für diese interkulturelle Tätigkeit. Er wirkt sprachlich und kulturell sicher im Umgang mit Kollegen aus anderen Kulturräumen.

3. **Soziokulturelle Anpassung:** Jemand hat ein deutliches Wissen über die andere Kultur, kann privat und beruflich effektiv kommunizieren. Zusätzlich unterhält er regelmäßige Kontakte und positive Beziehungen zu Vertretern der fremden Kultur.

1.2 Voraussetzungen

Um derartige Erfolgskriterien zu erfüllen, sind bestimmte Voraussetzungen erforderlich, die ein Mitarbeiter für die Zusammenarbeit mitbringen bzw. entwickeln sollte. Entsprechend den drei wichtigen Bereichen internationaler Tätigkeiten sind folgende Voraussetzungen günstig für eine erfolgreiche interkulturelle Zusammenarbeit (*Bittner/Reisch*, 1997; *Brüch/Podsiadlowski/ Spieß*, 1997; *Kiechl*, 1997).

1. **Berufsbezogene Voraussetzungen:** Fachliche Qualifikationen wie technische Kompetenz und Fachwissen, allgemeine Management- und Führungsfähigkeiten, allgemeine Arbeitsmotivation, gute Stressbewältigung, Berufserfahrung und Leistungsorientierung, Grad der Einstellung zum Unternehmen wie Loyalität gegenüber dem Unternehmen und Kenntnisse der Unternehmenskultur.

2. **Spezifische Bedingungen im internationalen Kontext:** Sichere familiäre Situation, Bezug zum Zielland, spezifische Motivation für den Auslandsaufenthalt, Sprachkenntnisse, Vorerfahrungen in der interkulturellen Zusammenarbeit, realistische Erwartungen, Organisationstalent und ein Gespür für politische Zusammenhänge. Initiative, Aufgeschlossenheit, Geselligkeit und ein positives Selbstbild sind zusätzlich hilfreich.

3. **Interkulturelle Kompetenzen:** Psychische Belastbarkeit, Ambiguitätstoleranz, Empathie, Sensibilität für kulturelle Unterschiede, geringer Ethnozentrismus, Toleranz, Respekt, Anpassungsfähigkeit, Flexibilität und Kommunikationskompetenz. Offenheit, Initiative, die Fähigkeit, stabile soziale Beziehungen aufzubauen, Langzeitorientierung und eine hohe Frustrationstoleranz gelten weiterhin als günstig.

Unter **Ambiguitätstoleranz** wird die Fähigkeit verstanden, zweideutige und unsichere Situationen auszuhalten. **Empathie** zeigt jemand, der gut den Blickwinkel wechseln und sich leicht in andere Personen hineinversetzen kann.

Bei diesen aufgelisteten Eigenschaften muss berücksichtigt werden, dass je nach situativen und regionalen Bedingungen bestimmte Kriterien besonders wichtig sind. Der interkulturell tätige Mitarbeiter befindet sich in einer Bandbreite von Situationen (Verhandlungen, Repräsentationsauftritte, Gästebetreuung u.a.), in verschiedenen Ländern mit unterschiedlichen Arbeits- und Lebensbedingungen, in Kontakt mit Vertretern verschiedener Kulturräume. Es macht einen Unterschied, wie ein international tätiges Unternehmen strukturiert ist und mit welcher Aufgabe und in welchem Land der Mitarbeiter arbeitet. Zum Beispiel sind Offenheit und Initiative vorwiegend wichtig in egalitären Ländern wie den USA. Langzeitorientierung und Ausdauer sind besonders in kollektivistisch geprägten Kulturen wie der chinesischen günstige Verhaltensmuster.

Die Frage nach geeigneten Voraussetzungen für eine erfolgreiche interkulturelle Tätigkeit ist eine besondere Herausforderung der internationalen Personalauswahl und –entwicklung (siehe Kapitel 7). Sach- und Methodenkompetenzen sowie soziale Kompetenzen gilt es zu erkennen und zu entwickeln. Dabei ist davon auszugehen, dass die für die interkulturelle Tätigkeit besonders wichtigen Kompetenzen erlernbar sind und in Trainings entwickelt und vertieft werden können!

1.3 Zusammenfassung: Merkmale interkultureller Kompetenz

Für eine erfolgreiche Zusammenarbeit sind unter anderem hohe Einsatz- und Gesprächsbereitschaft, Sozial- und Kommunikationskompetenzen, unvoreingenommene Wahrnehmung, Auseinandersetzung mit der eigenen Kultur sowie Verständnis für die Situation nötig. Für derartige soziale Kompetenzen, die sich speziell auf die interkulturelle Zusammenarbeit beziehen, wird der Begriff der interkulturellen Kompetenz verwandt (*Dinges/Baldwin*, 1996; *Kealey*, 1996).

Interkulturelle Kompetenz bedeutet

- Einfühlungsvermögen
- Hochachtung vor der Fremdkultur
- Interesse an der Kultur des Gastlandes
- Beweglichkeit
- Toleranz
- gegenseitiges Verstehen und
- Solidarität.

Analog wird interkulturelle Kompetenz durch Folgendes beeinträchtigt:

- Vorurteile
- interkulturelle Informationsdefizite
- Dominanz - und Überlegenheitsintentionen
- Bedrohungsängste
- destruktive nationale und kulturelle Stereotypisierungen
- Fremdenfeindlichkeit und
- die Angst gegenüber Fremdkulturellem.

2 Fragebögen zur Erfassung interkultureller Kompetenz

Fragebögen sollen helfen, die interkulturelle Kompetenz einer Person einzuschätzen. Sie können zur Vorbereitung für eine Tätigkeit, Mitarbeiterbeurteilung, Personalauswahl und Evaluation eines interkulturellen Trainings sowie zur Selbsteinschätzung verwendet werden. In Übung 16 finden Sie Aussagen (Items), anhand derer Sie ermitteln können, wie ausgeprägt Ihr Wissen über verschiedene fremde Kulturen ist[3]. Die Aussagen in Übung 17 stehen für besondere Offenheit und Flexibilität. Interkulturelle Überschneidungssituationen lassen sich leichter bewältigen, wenn man sich in verschiedenen Situationen unterschiedlich verhalten und flexibel auf Unvohergesehenes reagieren kann[4].

Übung 16: Allgemeines kulturelles Wissen

Folgende Items sind Vorschläge, allgemeines kulturelles Wissen abzufragen:

• Ich verstehe die Unterschiede in der Beziehung zwischen Vorgesetztem und Mitarbeiter in zwei Ländern (neben meinem eigenen Herkunftsland).

• Ich kenne unterschiedliche Verhandlungsstile in mindestens zwei weiteren Ländern.

• Ich kenne für mindestens drei Länder die Regeln, wie und welche Geschenke übergeben werden.

• Ich verstehe, wie Individualismus und Kollektivismus Geschäftspraktiken in verschiedenen Kulturen beeinflussen.

• Ich verstehe, wie Kommunikationsstile in bestimmten Ländern Einfluss auf Geschäftspraktiken nehmen.

• Ich weiß, in welchen Ländern ich meinen Vornamen bei Geschäftspartnern verwenden darf.

• Ich verstehe die Kultur und die Arbeitsstile in den meisten Ländern, in denen meine Organisation tätig ist.

• Ich beschäftige mich regelmäßig mit Nachrichten und Informationen aus den Ländern, in denen wir tätig sind.

• Ich stehe im regelmäßigen Informationsaustausch mit den jeweiligen Niederlassungen.

Schreiben Sie Ihr Wissen möglichst konkret auf!

Suchen Sie nach Möglichkeiten, Ihre Lücken zu schließen!

Übung 17: Flexibilität und Offenheit

Folgende Aussagen stellen Indikatoren für Flexibilität und Offenheit dar. Geben Sie auf einer Skala von 1 (trifft sehr zu) bis 5 (trifft gar nicht zu) an, inwieweit die folgenden Aussagen für Sie zutreffen oder nicht.

_____ Ich habe nicht gerne unangekündigten Besuch.

_____ Ich mag es nicht, wenn Zollbeamte am Flughafen in meinen Koffern herumwühlen.

---

[3] Die Items wurden von der Autorin aus der „Cross-Cultural Awareness Scale" von *Brislin* und *Yoshida* (1994) ins Deutsche übersetzt und für den deutschen Kulturraum angepasst.
[4] Die Items wurden von der Autorin nach dem „Intercultural Sensitivity Inventory" von *Bhawuk* und *Brislin* (1992) ins Deutsche übersetzt und für den deutschen Kulturraum angepasst.

_____ Wir haben alle das Recht, unterschiedliche Vorstellungen von Gott und Religion zu haben.

_____ Es ist ungewöhnlich, wenn Menschen Hunde essen.

_____ Mein Zuhause habe ich mit zahlreichen Mitbringseln aus meinen Einsatzländern dekoriert.

_____ Ich würde nicht den Neffen eines Mitarbeiters einstellen, wenn jemand anderes besser geeignet ist. Derjenige, der am besten für den Job geeignet ist, muss auf alle Fälle eingestellt werden.

_____ Wenn ich im Ausland bin, verbringe ich den Großteil meiner Zeit mit Landsleuten.

In welchen Situationen könnten Sie am ehesten über den eigenen Schatten springen?

Wo Ihnen das nicht möglich ist, überlegen Sie sich, wie Sie sonst am besten mit der Situation umgehen können.

Bitte beantworten Sie die Aussagen in Übung 18 für zwei verschiedene Länder, dem eigenen Herkunftsland und dem Land, mit dem Sie am meisten geschäftlich zu tun haben. Die Aussagen basieren auf der Individualismus-Kollektivismus Dimension und geben Auskunft darüber, inwieweit Sie in der Lage sind, Ihr Verhalten verschiedenen Kulturen anzupassen[5].

Übung 18: Flexibilität und Sensibilität

Schritt 1: Überlegen Sie sich zuerst, welche der folgenden Aussagen Sie in Ihrem Herkunftsland mit „ja" beantworten würden.

Schritt 2: Denken Sie im zweiten Schritt an ein Land, das Sie kennen und das Sie als eher kollektivistisch oder eher individualistisch einschätzen würden. Wie würden Sie sich in diesem Land bezüglich dieser Aussagen verhalten? *Am Ende des Kapitels wird angegeben, welche der folgenden Aussagen für Individualismus und welche für Kollektivismus stehen.*

1. Wenn ich mit der Gruppe nicht übereinstimme, halte ich ohne Probleme den Konflikt aus und tue dies lieber als meinen eigenen Standpunkt zu wichtigen Themen zu ändern.

2. Ich würde meinem Vorgesetzten meinen Sitzplatz im Bus anbieten.

3. Ich ziehe es vor, geradeheraus mit den Leuten zu reden.

4. Ich baue gerne langfristige Beziehungen mit Arbeitskollegen auf.

5. Ich bin sehr bescheiden, wenn ich von meinen Leistungen spreche.

6. Wenn ich Menschen etwas schenke, von denen ich etwas für meine Arbeit brauche, habe ich das Gefühl, mich nicht korrekt zu verhalten.

---

[5] Die Items wurden von der Autorin nach dem Fragebogen: „Your Individualism-Collectivism Orientation" von *Brislin* und *Yoshida* (1994) ins Deutsche übersetzt und für den deutschen Kulturraum angepasst.

Besprechen Sie Ihre Antworten mit jemandem, dem die andere Kultur besonders vertraut ist.

Beantworten Sie für sich folgende Fragen:

* Inwieweit ist es Ihnen möglich, sich in den beiden Ländern unterschiedlich, also flexibel, zu verhalten?

* Sind Sie sensibel für die Unterschiede zwischen diesen beiden Ländern? Was können Sie noch dazulernen?

3   Interkulturelles Lernen

3.1   Interkulturelles Lernen

Die individuelle Fähigkeit und Bereitschaft zur kulturellen Anpassung spielen bei der interkulturellen Kommunikation eine enorme Rolle. Diese persönliche Fähigkeit kann durch interkulturelles Lernen verstärkt und ausgebaut werden. Über **interkulturelles Lernen** werden **interkulturelle Kompetenzen** entwickelt, um interkulturelle Überschneidungssituationen erfolgreich zu bewältigen.

Definition von interkulturellem Lernen:

„Interkulturelles Lernen findet statt, wenn eine Person bereit ist, im Umgang mit Menschen einer anderen Kultur deren spezifisches Orientierungssystem der Wahrnehmung, des Denkens, Wertens und Handelns zu verstehen, es in das eigenkulturelle Orientierungssystem zu integrieren und auf ihr Denken und Handeln im fremdkulturellen Handlungsfeld anzuwenden. Interkulturelles Lernen bedingt neben dem Verstehen fremdkultureller Orientierungssysteme eine Reflexion des eigenkulturellen Orientierungssystems (Normen, Einstellungen, Überzeugungen und Werthaltungen). Interkulturelles Lernen provoziert das Gewahrwerden sowohl fremdkultureller Merkmale (fremde Kulturstandards) als auch das Bewusstwerden eigenkultureller Merkmale (eigene Kulturstandards)."

(*Thomas*, 1993, S. 383)

Der Mitarbeiter mit arbeitsbedingtem Kontakt zu einer fremdkulturellen Person befindet sich in einem permanenten Prozess des interkulturellen Lernens und Handelns, der sicherlich nicht immer als Belastung, sondern auch als große Herausforderung empfunden wird.

Sich interkulturelles Wissen anzueignen, kann als eine deutliche persönliche und berufliche Bereicherung empfunden werden.

Nutzen Sie diese positive Lernerfahrung!

3.2 Interkulturelles Wissen

Man kann von vier Stufen interkulturellen Wissens sprechen.

1. **Unbewusstes Nicht-Wissen:** Man hat ein nur geringes Wissen über die Kultur des anderen und ist sich dessen Bedeutung nicht bewusst.

2. **Bewusstes Nicht-Wissen:** Man ist sich bewusst, dass kulturelle Prägungen das Verhalten von Gesprächspartnern beeinflussen, kennt diese aber nicht.

3. **Bewusstes Wissen:** Man ist sich des Einflusses von Kultur auf das Verhalten bewusst und eignet sich Wissen über eigene und fremde kulturelle Orientierungssysteme an.

4. **Unbewusstes Wissen:** Man kann das Wissen über kulturelle Prägungen in das eigene Handeln integrieren und verhält sich kulturangemessen, ohne dieses Wissen in jeder Situation bewusst abrufen zu müssen.

In folgender Übung können Sie ermitteln, auf welcher Stufe Sie sich selbst befinden und Ihr interkulturelles Wissen einschätzen.

Übung 19: Stufen interkulturellen Wissens

Denken Sie an aktuelle Erfahrungen in der Zusammenarbeit mit Kollegen aus einer anderen Kultur.

Überlegen Sie sich bitte als Erstes, welche der folgenden Aussagen am ehesten auf Sie zutreffen, und kreuzen Sie das entsprechende Kästchen an.

Versuchen Sie dann, die Aussagen in die vier Stufen interkulturellen Wissens einzuordnen, und schreiben Sie 1, 2, 3 oder 4 für die entsprechende Stufe auf das freie Feld. *Am Ende des Kapitels finden Sie die vorgeschlagenen Lösungen.*

a) ☐ Ich verstehe weniger als ich dachte. ____

b) ☐ Diese Leute sind gar nicht so anders. ____

c) ☐ Ich werde diese Leute nie verstehen. ____

d) ☐ Ich fühle mich sehr entspannt, wenn ich mit diesen Leuten zusammenarbeite. ____

e) ☐ Mit diesen Leuten zu arbeiten, ist wie auf Eierschalen zu gehen. ____

f) ☐ Es ist möglich, über diese Leute zu lernen, wenn man mit ihnen arbeitet. ____

g) ☐ Warum sagen die Leute immer, es wäre so schwer, mit Fremden zu arbeiten? ____

h) ☐ Es ist schön, mit diesen Leuten zusammenzuarbeiten. ____

Welche Stufe interkulturellen Wissens passt für Sie am besten?

Lernerfordernisse für Stufe 1: Suchen Sie den Kontakt und Austausch mit Menschen aus anderen Kulturräumen! Setzen Sie sich mit dem Einfluss, den Kultur auf unser Verhalten hat, auseinander!

⇒ In Kapitel 4 finden Sie weitere Anregungen.

Lernerfordernisse für Stufe 2: Eignen Sie sich konkretes Wissen über ihre eigenen und fremde Kulturstandards an!

⇒ In Kapitel 4 finden Sie Übungen, mit denen Sie Ihr kulturspezifisches Wissen ausbauen können.

Lernerfordernisse für Stufe 3: Probieren Sie verschiedene Verhaltensmöglichkeiten aus! Versuchen Sie, Ihr Wissen in Handeln umzusetzen!

⇒ Übungsvorschläge gibt es speziell in Kapitel 5.

Lernerfordernisse für Stufe 4: Überlegen Sie sich, wie Sie andere mit Ihrem Wissen unterstützen könnten!

⇒ Kapitel 4 und 5 bieten Übungsmaterial für Coaching und Training.

Als ideales Ergebnis der Zusammenarbeit interkulturell arbeitender Personen wird die **kulturelle Synergie** angesehen, unter der das Zusammenfügen kulturell unterschiedlich ausgeprägter Elemente wie Orientierungsmuster, Werte, Normen und Verhaltensweisen verstanden wird, so dass das Gesamtresultat dann qualitativ höherwertig ist als jedes Einzelelement oder die Summe der Elemente.

In Abbildung 3.1 (nach *Clackworthy*, 1994, S. 14) ist zu sehen, welche Phasen ein interkulturell Lernender durchläuft, bis er sich in der interkulturellen Zusammenarbeit gut zurechtfinden und auch andere unterstützen kann.

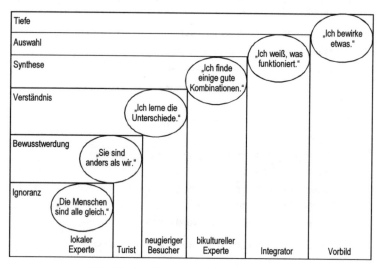

Abb. 3.1: Die Kurve interkulturellen Lernens

Für eine erfolgreiche Zusammenarbeit gilt es, nach Gemeinsamkeiten und Unterschieden zwischen den Kulturen zu suchen:

- Durch Betonung der Gemeinsamkeiten entsteht ein Zusammengehörigkeitsgefühl und Intimität.
- Durch Tolerieren der Unterschiede wird die individuelle Identität geachtet und auf die Andersartigkeit und die damit verbundenen Probleme eingegangen. Dies ermöglicht Konfliktlösung und die Entdeckung von Möglichkeiten gegenseitiger Ergänzung und schafft Synergiepotenzial.

3.3 Ziele interkulturellen Lernens

Nicht jeder weiß von Anfang an, wie er sich in einer interkulturellen Überschneidungssituation verhalten soll. Durch den Prozess des interkulturellen Lernens, der durch Trainings (siehe Kapitel 8) besonders unterstützt wird, ist ein qualitativ höheres Niveau an interkultureller Handlungskompetenz möglich.

Ziel interkulturellen Lernens:

Ziel interkulturellen Lernens ist die effektive Interaktion mit Kollegen, Vorgesetzten und Mitarbeitern aus anderen Kulturräumen, so dass für alle ein zufrieden stellendes Ergebnis und eine positive, erfolgreiche Zusammenarbeit erreicht werden kann.

Es lassen sich drei Arten von Lernzielen identifizieren:

1. **Kognitive Lernziele**: Wissen und Kenntnisse über die fremde Kultur inklusive Landeskunde und praktisches, organisatorisches Wissen, Wissen über die eigene Kultur sowie Wissen über Prozesse in der interkulturellen Kommunikation
2. **Affektive Lernziele**: Sensibilisierung für kulturelle Besonderheiten, Entwicklung von Interesse und Verständnis für andere Kulturen sowie einer positiven Einstellung gegenüber der fremden Kultur, Wertschätzung und Anpassungsvermögen
3. **Verhaltensziele**: Aneignung von Verhaltensmustern wie kulturspezifische Problemlöse- und Entscheidungstechniken, flexibles, kulturadäquates (also für den Kulturraum angemessenes) Verhalten, Entdecken von Handlungsoptionen.

Um interkulturell effektiv zu sein, ist es wichtig, die eigenen beruflichen und persönlichen Ziele zu erreichen und Stress zu reduzieren. Vergessen Sie nicht: Die Arbeit soll Ihnen auch Spaß machen!

Zur Erfüllung der gestellten Aufgabe und zum Aufbau positiver persönlicher Beziehungen lassen sich im Detail mehrere Ziele ableiten.

1. Für die Aufgabenerfüllung sind nötig:

- Realistische Erwartungen in Bezug auf die eigene Rolle
- Bewältigung interkultureller zwischenmenschlicher Probleme und Situationen, die Leistung und Zufriedenheit beeinflussen

- Berufsspezifisches Wissen sowie Kenntnisse zur Unternehmenskultur und Arbeitssituation.

2. Positive persönliche Beziehungen werden unterstützt durch:

- Kulturelles Wissen: realistische Erwartungen in Bezug auf die Zielkultur und angemessene Verhaltensinterpretationen
- Interkulturelles Wissen: Rahmenmodell, wie man lernen kann, andere Kulturen zu verstehen
- Interkulturelle Kompetenzen: entsprechend den kulturellen Normen der anderen Kulturen interagieren oder eine Drittkultur entwickeln, die Elemente der eigenen und der fremden Kultur beinhaltet
- Zwischenmenschliche Kompetenzen: Kommunikations- und Teamfähigkeit, Konfliktlösungs- und Verhandlungssstrategien, Fähigkeit zur Selbstreflexion und Perspektivenübernahme (Empathie).

In Kapitel 4 und 5 werden Übungen vorgestellt, die interkulturelles Lernen unterstützen und alle drei Ebenen der Verhaltensänderung – das Denken, Fühlen und Handeln – ansprechen. Die Übungen dienen Ihnen zur Selbstreflexion und als Selbsttests, bieten Anregungen für den Austausch mit Kollegen und können innerhalb von Arbeitsgruppen und Trainings (Kapitel 7) durchgeführt werden.

Denken Sie daran: Die interkulturelle Zusammenarbeit bietet Ihnen auf einem sehr breit gefächerten Gebiet die Möglichkeit zur persönlichen Weiterentwicklung.

In der interkulturellen Zusammenarbeit befinden wir uns in einem permanenten Prozess des Lernens!

---

4 Ein Fallbeispiel

Lesen Sie folgendes Fallbeispiel durch. Versuchen Sie anzuwenden, was Sie über den Einfluss von Kultur auf unser Verhalten und über Unterschiede zwischen Kulturen gelernt haben. Überlegen Sie sich, wie dieser Fall interkulturell kompetent zu lösen ist und was die Beteiligten aus dem Beispiel lernen können.

Fallbeispiel 5: Besprechungstermin in Madrid

Frau Kerner hat als Textildesignerin in ihrer Firma die Aufgabe übertragen bekommen, die Produktionsprozesse an den spanischen Standorten zu überprüfen. Da dies große Koordination erfordert, möchte sie den Ablauf und die nötigen Vorbereitungen mit dem spanischen Produktionsleiter, Senor Gonzalez, im Vorfeld abstimmen. Auf ihre E-Mails kommen nur relativ unkonkrete Vorschläge, so dass sie beschließt, trotz zahlreicher anderer Termine für ein eintägiges Vorgespräch nach Madrid zu fliegen.

Senor Gonzalez und Frau Kerner haben für 11.00h ein Treffen vereinbart. Es klappt alles, und Frau Kerner ist bereits um 10.30h am Madrider Standort, wo sie von der Sekretärin begrüßt und gebeten wird, Platz zu nehmen. Die Tür zu Senor Gonzalez Zimmer ist offen und Senor Gonzalez winkt ihr zu, während er gerade telefoniert. Als er fertig ist, kommt er aus dem Büro und begrüßt sie herzlich, um dann von einem spanischen Mitarbeiter angesprochen zu werden, mit dem er weggeht. Da er um 11.15h noch nicht zurück ist, fragt Frau Kerner bei der Sekretärin nach, wo er sei. Er komme bestimmt gleich, antwortet diese. Als Senor Gonzalez um 11.35h zurückkommt, begleiten ihn drei Männer, die er mit ihr zusammen in sein Zimmer bittet. Frau Kerner hat nicht den Eindruck, dass diese Mitarbeiter etwas mit der Besprechung zu tun haben, und wird immer irritierter, da Senor Gonzalez mit allen vier Gästen Gespräche führt. Zwischendurch kommen Telefonate, zwei der Männer gehen, eine Frau kommt hinzu. Frau Kerner merkt, dass Senor Gonzalez über ein Geburtstagsgeschenk für jemanden aus der Familie spricht. Gegen 13.00h bittet Herr Gonzalez sie, mit ihm und anderen Mitarbeitern essen zu gehen. Sie fahren in ein Restaurant außerhalb des Werksgeländes, das Essen zieht sich über zwei Stunden hin.

Frau Kerner bekommt langsam den Eindruck, dass ihr Flug völlig umsonst war. Bislang hat sie kaum über den Ablauf ihres geplanten Besuches gesprochen, die Papiere, die sie mitgebracht hat, hat Senor Gonzalez zwar angeschaut, aber nicht im Detail besprochen. Außerdem ist in einer Stunde ihr Rückflug, da sie drei Stunden für absolut ausreichend für eine derartige Besprechung gehalten hat. Am Ende des Tages hat sie zwar über einen Großteil der Themen, die ihr wichtig waren, mit Senor Gonzalez gesprochen, doch ärgert sie sich, dass sie so viel Zeit verloren hat, und hat das Gefühl, dass das Ergebnis hätte besser sein können. Außerdem hat sie nun größte Befürchtungen, wie die eine Woche, die sie für den Besuch der Produktionsstätten eingeplant hat, ablaufen soll. Es ist schon später Abend, als sie nach Deutschland zurückkommt.

Übung 20: Analyse von Fallbeispiel 5

Stellen Sie sich bitte folgende Fragen:

- Was läuft zwischen Senor Gonzalez und Frau Kerner schief?
- Womit sind die unterschiedlichen Vorgehensweisen der beiden Mitarbeiter zu erklären?
- Welche Handlungsalternativen hat Frau Kerner?
- Wie kann sich Frau Kerner in dieser Situation interkulturell kompetent verhalten und dem Ziel ihres Besuches näher kommen?

Was läuft in dem Treffen zwischen Frau Kerner und Senor Gonzalez schief?

In diesem Fallbeispiel treffen gänzlich unterschiedliche Zeitkonzepte aufeinander: Während Senor Gonzalez polychronisch arbeitet, erwartet Frau Kerner monochronisches Verhalten. Dabei sind für sie gut strukturierte Abläufe, detaillierte Absprachen, längerfristige Vorausplanung und das Einhalten eines Zeitplanes sowie Pünktlichkeit wichtig. Senor Gonzalez arbeitet gleichzeitig an verschiedenen Themen, die Zeit ist nicht in bestimmte Einheiten einzuteilen, so wie dies auch die fließenden Uhren des spanischen Malers *Salvador Dali* veranschaulichen. Es gibt keine klare Trennung zwischen Beruflichem und Privatem –

die Beziehungspflege steht im Vordergrund. In engem Zusammenhang damit stehen unterschiedliche Auffassungen und Ziele von Besprechungen sowie das Erarbeiten von Konzepten (ein beliebtes deutsches Wort). Senor Gonzalez arbeitet im Vergleich zu Frau Kerner wesentlich mehr auf einer Beziehungsebene: Für ihn ist es wichtig, Beziehungen zu pflegen und aufzubauen, letztendlich sind alle Personen irgendwie miteinander verbunden (im Sinne einer kollektivistischen Kultur). Der deutsche Arbeitsstil hingegen ist stark von hoher Unsicherheitsvermeidung geprägt, bei dem klar strukturierte Abläufe wesentlich sind.

Wie kann sich Frau Kerner interkulturell kompetent verhalten?

Wenn sich Frau Kerner als interkulturell kompetente Mitarbeiterin derartiger kultureller Unterschiede bewusst ist und über deren Auswirkungen auf das Arbeitsverhalten weiß, kann sie ihr Projekt von Anfang an kulturadäquat angehen und Ärger vermeiden. Um ihre Ziele zu erreichen und eine gute Basis für die Zusammenarbeit aufzubauen, sollte sie diese Unterschiede so akzeptieren und sich darauf einstellen. Als Handlungsalternativen könnte sie zum Beispiel selbst Telefonate erledigen und andere Arbeitsunterlagen mitnehmen, um eventuelle Wartezeiten zu überbrücken. Damit Sie abends ein für sich zufrieden stellendes Ergebnis erreicht hat, sollte sie die Zeit selbst nutzen und Beziehungen aufbauen, die für ihren zukünftigen Aufenthalt noch wichtig werden können. Sie hätte genügend Gelegenheiten gehabt, mit Leuten zu sprechen und diese kennen zu lernen. Senor Gonzalez wird sich wahrscheinlich wundern, wieso sie diese nicht genutzt hat. Auf alle Fälle sollte sie mehr als eine Woche Zeit für ihren Aufenthalt einplanen.

Literaturempfehlungen für Kapitel 3

Dinges, N., Baldwin, K., 1996: Intercultural competence: A research perspective, in: *D. Landis, R.S. Bhagat* (Hrsg.), Handbook of Intercultural Training (2 Aufl., S. 106-123), Thousand Oaks: Sage

Kealey, D., 1996: The challenge of international personnel selection criteria, issues and methods, in: *D. Landis, R.S. Bhagat* (Hrsg.), Handbook of Intercultural Training (2 Aufl., S. 81-105) Thousand Oaks: Sage

Kiechl, R., 1997: Interkulturelle Kompetenz, in: *E. Kopper, R. Kiechl* (Hrsg.), Globalisierung: Von der Vision zur Praxis, S. 11-30, Zürich: Versus

Mendenhall, M., 2000: New perspectives on expatriate adjustment and its relationship to global leadership development, in: *M. Mendenhall, T. Kühlmann, G. Stahl* (Hrsg.), Developing global leaders, Westport: Quorum Books

---

Lösungsvorschläge

Flexibilität und Sensibilität (Übung 18): 1. Individualismus, 2. Kollektivismus, 3. Individualismus, 4. Kollektivismus, 5. Kollektivismus, 6. Individualismus

Stufen interkulturellen Wissens (Übung 19): a) 2 oder 3, b) 1, c) 2 d) 4 e) 2 oder 3 f) 3 g) 1 h) 4

Kapitel 4
Interkulturelle Kommunikation verstehen

Um ein erhöhtes Verständnis für die Dynamik der interkulturellen Kommunikation zu entwickeln, lernen Sie in diesem Kapitel Übungen kennen, die Sie für sich alleine und in Gruppen durchführen können[6]. Es geht um Fragen wie den Einfluss von Kultur auf unser Verhalten und Unterschiede zwischen Kulturen. Weiterhin werden Themen der Akkulturation, also der Anpassung an fremde Kulturen, und der Ethik behandelt. Sie bekommen einen Einblick in bewährte Methoden interkulturellen Lernens und zahlreiche Anregungen zur eigenen Verwendung und Reflexion. Nachdem der Zweck, der Ablauf und die Instruktion vorgestellt werden, finden Sie im Abschnitt zur Nachbesprechung (Debriefing) wichtige Fragen und Aspekte, die nach der Übung behandelt werden sollten. Entsprechend kognitiver Lernziele (siehe Kapitel 3, Abschnitt 3) werden in diesem Kapitel Instrumente vorgestellt, die vorwiegend Verstehens- und Bewusstmachungsprozesse auslösen, also die Stufe bewussten Wissens erreichen sollen.

1   Sich den Einfluss von Kultur bewusst machen

1.1   Kognitionsorientierte Instrumente

Kognitionsorientierte Instrumente sollen für den Einfluss von Kultur auf unsere Wertvorstellungen und unser Verhalten sensibilisieren und das Verständnis für fremde und eigene kulturelle Prägungen erhöhen, um den drei typischen Fallstricken der interkulturellen Kommunikation entgegenzuwirken (Kapitel 2, Abschnitt 3). Dies wird durch Vorträge, Diskussionen, schriftliche Texte, Übungen und Bildmaterial erreicht. Denkprozesse sollen ausgelöst und die Reflexion eigener Erfahrungen unterstützt werden, um implizites Wissen explizit zu machen. Ziel ist die Aneignung **kulturellen Wissens** als Wissen über eigene und fremde Kulturen (siehe Kapitel 1) und **interkulturellen Wissens** als Wissen über Interaktionsprozesse beim Kontakt mit Mitgliedern fremder Kulturen (siehe Kapitel 2). Kulturspezifisches Wissen beinhaltet neben Orientierungswissen in fremden Kulturen, wie Sprachkenntnisse und Landeskunde, das Kennenlernen wichtiger Kulturdimensionen und deren Anwendung auf spezifische kulturelle

---

[6] Einige der Instrumente finden ihr Vorbild in Vorschlägen US-amerikanischer Autoren, so dass manche Instruktionen und Skalen für den deutschsprachigen Kulturraum angepasst und in die deutsche Sprache übersetzt wurden. Für die englischen Versionen sind die entsprechenden Quellen angegeben. Die Vorschläge zu Ablauf, Auflösung und Variationen sind Vorschläge der Autorin, die sich für bestimmte Zielgruppen bewährt haben und Anregungen für eigene Weiterführungen und Adaptionen bieten.

Prägungen. Dies kann durch die Vermittlung von atttributionsorientiertem Wissen, wie zum Beispiel mit Hilfe des so genannten Cultural Assimilators, erfolgen, um falschen Ursachenzuschreibungen und dem fundamentalen Attributionsfehler entgegenzuwirken. Ziel des Cultural Assimilators (**Kulturassimilator**) ist es, kulturspezifische Attributionen, also Ursachenerklärungen für fremdes Verhalten, kennen zu lernen, nachzuvollziehen und zu verstehen, um diese dann auf eigene vergangene und zukünftige Erfahrungen anwenden zu können. Kognitionsorientierte Instrumente werden vorwiegend in informations- und verstehensorientierten Trainings eingesetzt (siehe Kapitel 8), um die Toleranz für kulturelle Unterschiede, Empathie und Respekt gegenüber fremden Kulturen, also interkulturelle Kompetenz, zu verstärken.

Verhalten aus einer fremdkulturellen Perspektive verstehen zu lernen, ist ein herausfordernder Prozess, der nicht nur auf kognitiver Ebene zu unterstützen ist. So ist zum Beispiel zu empfehlen, Cultural Assimilators oder kritische Ereignisse zusätzlich in Form von Rollenspielen durchzuführen, um kognitionsorientierte Instrumente mit affektiven und verhaltensorientierten Methoden zu kombinieren. Prinzipiell löst ein Großteil der Übungen Wahrnehmungs- und Bewusstwerdungsprozesse aus, die die Teilnehmer emotional beschäftigen. Dies wird in den anschließenden Gruppendiskussionen deutlich, die zu enormen Spannungen führen können, aber auch sinnvolle Lernprozesse mittels Beobachtungslernen auslösen werden. Hier sind besonders die Erfahrungen und das didaktische Geschick der Trainer gefragt. Die Interaktionen innerhalb der Gruppe sollen so aufgegriffen, analysiert und besprochen werden, dass ein besseres gegenseitiges Verständnis entwickelt, Handlungsalternativen kennen gelernt und im Umgang miteinander ausprobiert werden.

1.2   Kultur in Namen und Sprichwörtern

The Name Game

Zu Beginn einer Zusammenarbeit, eines Projektes, eines Workshops oder eines Trainings sollten sich die Teilnehmer kennen lernen. Neben den üblichen Methoden, wie der gegenseitige Austausch zu Hintergrund und Erwartungen und das anschließende Vorstellen des Gesprächspartners, können Sie schon hier mit dem besonderen kulturellen Hintergrund, den Ihre Kollegen oder Teilnehmer mitbringen, arbeiten. Auch wenn diese nicht aus verschiedenen Kulturräumen stammen, bietet diese Art der Einführung die Möglichkeit, sich den Einfluss von Kultur auf etwas so Alltägliches wie unsere Namen bewusst zu machen. Durch dieses Wissen können schon zu Beginn der Zusammenarbeit Situationen vermieden werden, die von einem Teil der Teilnehmer als unhöflich oder sogar brüskierend empfunden werden.

Zweck der Übung:

Gegenseitiges Vorstellen und Kennenlernen der anderen Teilnehmer, Lernen über andere Kulturen und den Einfluss von Kultur auf den eigenen und den fremden Namen, Bewusstwerden eigener kultureller Prägungen.

Ablauf:

Geben Sie Ihren Teilnehmern ungefähr zehn Minuten Zeit, sich mit einem ihrer Nachbarn zu unterhalten, indem sie sich an den folgenden Fragenkatalog halten. Anschließend stellen die Teilnehmer ihren Gesprächspartner allen anderen Teilnehmern vor und berichten, was sie über dessen Namen gelernt haben.

Instruktion:

Übung 21: The Name Game

Ziel dieser Übung ist es, sich gegenseitig vorzustellen und in kleinen Gruppen herauszufinden, wie Kultur etwas so Grundlegendes wie unsere Namen formt.

Fragen, die Sie sich gegenseitig oder sich selbst stellen können:

• Wie ist Ihr Name?

• Wie viele Bestandteile hat Ihr Name?

• Hat Ihr Vorname eine besondere Bedeutung? Haben Sie einen zweiten Vornamen, der eine besondere Bedeutung hat? Gehört er immer zum ersten Vornamen?

• Hat Ihr Nachname eine besondere Bedeutung?

• Wissen Sie, wie Ihre Eltern auf Ihren Namen gekommen sind?

• Sind Sie nach jemandem innerhalb Ihrer Familie benannt?

• Wie stellen Sie sich normalerweise vor?

• Wie würden Sie gerne vorgestellt werden? Welche Bedeutung haben Titel für Sie?

Nachbesprechung (Debriefing):

Nachdem sich die Teilnehmer gegenseitig vorgestellt haben, können folgende Fragen die Diskussion unterstützen: Wo gibt es Unterschiede? Wie ist der Kontext? Wie ist der Einfluss von Religion, Familie oder Generation? Welche übergeordneten Themen erkennen Sie? Welche Kulturdimensionen (z.B. Kollektivismus oder Machtdistanz) lassen sich finden? Was sind wichtige Anhängsel? Worauf muss man bei der Anrede seines Gegenübers achten? Hier sollten von Seiten der Teilnehmer oder Ihrerseits Themen und Beispiele genannt werden, wie das höfliche Anhängen von –san im Japanischen oder –ka bzw. –kap im Thailändischen, Begrüßungsformen, die Dos und Don't's in verschiedenen Kulturen, Fettnäpfchen, die vermieden werden können, oder die Bedeutung von „Sie" und „Du". Wenn Sie derartige Aspekte in der Kommunikation berücksichtigen, zeigen Sie Respekt gegenüber Ihren Kollegen.

Kultur in Sprichwörtern

Jede Kultur hat eine Reihe von interessanten Artefakten, die sich hervorragend zur Erklärung ihrer zentralen Werte eignen. Dies können Managementlehrbücher, Kunstwerke, Kinderlieder o.ä. sein. Vor allem stellen Sprichwörter eine Grundlage dar, kulturellen Spezifika auf den Grund zu gehen. Ein Sprichwort aus den USA lautet zum Beispiel: „Every dog has its day." Dieses Sprichwort drückt den Wert der Chancengleichheit, der hinter dem „American Dream" steht, aus: Eines Tages bekommt jeder seine Chance, auch wenn er heute noch ganz unten ist.

Übung 22: Kultur in Sprichwörtern

Versuchen Sie, für sich allein oder zusammen mit Kollegen typische Sprichwörter für ihre Kultur zu sammeln.

Entdecken und diskutieren Sie dann zentrale Werte und Kulturdimensionen, die dahinter stehen.

Oder: Nutzen Sie die multikulturelle Zusammensetzung in Ihrem Arbeitsumfeld! Lassen Sie jeden für sich typische Sprichwörter seiner Kultur sammeln und diese dann in einer Kleingruppe vorstellen. Es werden sich interessante Variationen ergeben, wie diese Sprichwörter unterschiedlich oder aber auch ähnlich von Angehörigen aus verschiedenen Kulturräumen interpretiert werden.

Bilder zu malen, stellt eine weitere Möglichkeit dar, sich auf anschauliche Weise eigene und fremde kulturelle Prägungen bewusst zu machen. Malen Sie selbst ein Haus und bitten Sie einen Kollegen, dasselbe zu tun (**Übung 23: Male ein Haus**)! Sie werden überrascht sein, wie unterschiedlich diese aussehen und regionale und klimatische Unterschiede widerspiegeln. Diese Unterschiede haben starken Einfluss darauf, wie wir aufgewachsen und kulturell geprägt sind.

1.3   Bestandteile der eigenen Kultur herausfinden

Diese Übung ist gut zu Beginn der Zusammenarbeit oder eines Trainings geeignet, um sich relativ schnell über die eigene und fremde Kulturzugehörigkeit bewusst zu werden. Allgemein bietet die Übung einen Einstieg in das Kennenlernen von Kulturdimensionen und spezifisch kann – bei kulturell gemischter Teilnehmergruppe – erstes kulturelles Wissen über die anderen vertretenen Kulturen vermittelt werden.

Zweck:

Bewusstwerden eigener, kultureller Prägungen, Kennenlernen von kulturellen Gemeinsamkeiten und individuellen Unterschieden, Feststellen wichtiger Bestandteile von Kultur und deren Einfluss auf eigene Norm-, Regel- und Wertvorstellungen.

Ablauf:

Bilden Sie Gruppen mit drei Personen aus dem gleichen Kulturraum, von denen ein Mitglied eine Uhr mit Sekundenzeiger haben sollte. Die Gruppenmitglieder sollen sich nun einigen, ob sie den folgenden Aussagen (nach *Brislin*, 2001) zustimmen oder diese ablehnen. Durch diesen Abstimmungsprozess wird der Gruppe deutlich, welche Werte und Normen sie einheitlich geprägt haben. Anschließend stellen die Gruppen der Reihe nach ihr Gruppenergebnis vor. Die anderen Gruppen argumentieren, wenn sie nicht mit dem Ergebnis übereinstimmen.

Instruktion:

Übung 24: Sind dies Bestandteile Ihrer Kultur?

Beantworten Sie innerhalb Ihrer Gruppe jede der folgenden Aussagen mit einem Ja oder einem Nein. Ziel ist es, dass sich Ihre Gruppe zu jeder der folgenden Aussagen auf ein Ja oder Nein einigen soll. Messen Sie die Zeit, die Sie brauchen. Sind 90 Sekunden überschritten, gehen Sie zur nächsten Aussage über.

- Manufakturen haben zum Ziel, die bestmögliche Qualität zu produzieren.
- Menschen haben das Recht, Waffen zu besitzen.
- Frauen haben kein Problem damit, Männer anzusprechen und sich mit ihnen zu verabreden.
- Am Arbeitsplatz hören sich Vorgesetzte regelmäßig Vorschläge ihrer Mitarbeiter an.
- Jugendliche können sich ihre Freunde aussuchen, ohne sie ihren Eltern vorstellen zu müssen.
- Menschen haben ein Recht auf exzellente Gesundheitsversorgung durch die Regierung.
- Wenn jemand eine hoch qualifizierte Fertigkeit am Arbeitsplatz erlernt, wird von ihm erwartet, dass er diese Fertigkeit an andere weitergibt.
- Männer und Frauen, die sich voneinander getrennt haben, bleiben oft noch gute Freunde.
- Führungskräfte haben hohe Ansprüche an ihr privates und berufliches Leben.
- Frauen haben ein Recht auf Abtreibung in den ersten drei Monaten ihrer Schwangerschaft.
- Männer und Frauen beginnen oft eine Beziehung, nachdem sie sich am Arbeitsplatz als Kollegen kennen gelernt haben.
- Schülerinnen beschweren sich häufiger darüber, dass sie sich im Mathematikunterricht schwerer tun als Schüler.
- Eine einzelne Person arbeitet härter, wenn sie in einer Arbeitsgruppe arbeitet, als wenn sie allein arbeitet.
- Man sollte sich selbst nicht zu viel Aufmerksamkeit schenken.

Machen Sie eigene Vorschläge, was Teil Ihrer Kultur ist und was nicht.

Nachbesprechung (Debriefing):

Überlegen Sie sich Verhaltensweisen, die innerhalb ihrer Kultur mit individuellen Unterschieden zu erklären sind. Was wissen Sie über Länder, auf die bestimmte Bestandteile ihrer eigenen Kultur nicht zutreffen? Und in welchen Ländern sind oben genannte Beispiele kultureller Bestandteil, gehören aber nicht zu ihrer eigenen Kultur? Überlegen Sie sich, welche Kulturdimensionen hinter den Bestandteilen von Kultur stecken. Aspekte wie Machtdistanz, Beziehungsversus Sachorientierung, Kollektivismus versus Individualismus, Geschlechtsrollenverteilung, Ergebnis- versus Handlungsorientierung oder Zeitkonzept sollten genannt werden. Diese Übung bietet eine gute Gelegenheit zu reflektieren, inwieweit wir individuell unterschiedlich auf bestimmte Normen reagieren, wo wir kulturell geprägt sind und welche Anteile für den Großteil der Teilnehmer gültig, also universell, sind (siehe auch Übung 4 in Kapitel 1).

2   Kulturunterschiede erkennen

2.1   Zentrale Kulturdimensionen der eigenen Kultur

Ein wichtiges Ziel interkulturellen Lernens ist die Aneignung und Vermittlung zentraler Kulturdimensionen. Mit Hilfe der Kulturdimensionen (siehe Kapitel 1, Abschnitt 2) können Erfahrungen mit Vertretern aus anderen Kulturen eingeordnet, fremdes Verhalten kulturadäquat erklärt und verstanden sowie Missverständnisse durch Perspektivenwechsel vermieden werden. Folgende Übungen sollen sowohl für sich als auch für die Gesprächspartner angewendet werden können, um somit ein Verständnis für die besondere Problematik der interkulturellen Überschneidungssituation – der Konfrontation mit der eigenen und fremden Kultur – zu entwickeln.

Wie sehe ich mich selbst?

In Kapitel 1, Übung 2, hatten Sie die Aufgabe, sich selbst über Ihre eigenen, kulturellen Prägungen bewusst zu werden und sich zu fragen, wie Sie sich selbst sehen. Arbeiten Sie mit der **Metaplan-Technik**, indem Sie die Teilnehmer pro Moderationskarte einen Begriff aufschreiben lassen, mit dem Sie am besten ihre eigene Kultur beschreiben würden.

Zweck:

Bewusstwerden eigenkultureller Prägungen, Kennenlernen zentraler Kulturdimensionen.

Ablauf:

Die Teilnehmer sollen zuerst für sich allein Begriffe auf Karten aufschreiben, die ihre Kultur am besten beschreiben. Dann versuchen die Teilnehmer innerhalb ihrer Arbeitsgruppe diese Begriffe auf einem Flipchart zu ordnen, Übereinstimmungen und Häufungen festzustellen und Oberbegriffe für dahinter stehende Werte zu finden. Ihr Ergebnis präsentiert jede Arbeitsgruppe den anderen Teilnehmern und diskutiert mit ihnen Ähnlichkeiten und Unterschiede.

Instruktion:

Übung 25: Wie sehe ich mich selbst?

Wie würden Sie Ihre Kultur beschreiben? Schreiben Sie jeden Begriff, der Ihnen einfällt, auf eine Karte.

Versuchen Sie im Anschluss, die Begriffe und die Ihrer Kollegen zu ordnen. Finden Sie Oberbegriffe für diese Gruppen.

Nachbesprechung (Debriefing):

Diskutieren Sie die Übereinstimmungen bzw. Überschneidungen zwischen den Arbeitsgruppen, um zentrale Kulturstandards und grundlegende Werte eines Kulturraums herauszuarbeiten. Fragen Sie nach individuellen Abweichungen, nach der Bedeutung dieser Werte für die Person selbst. Nimmt diese Bedeutung eventuell beim Kontakt mit Vertretern fremder Kulturräume zu?

Variationen:

Nutzen Sie die gemischtkulturelle Zusammensetzung Ihrer Gruppe: Nehmen Vertreter verschiedener Kulturräume am Training teil oder sind Mitglieder der Arbeitsgruppe, können die Werte vergleichend diskutiert und die Oberbegriffe als zentrale Kulturstandards der jeweiligen Kulturen herausgearbeitet werden (zum Beispiel die Bedeutung von Genauigkeit und Pünktlichkeit für deutsche Teilnehmer, die Handlungsorientierung amerikanischer Teilnehmer oder die Rücksicht auf die Kollegen und die Gruppenorientierung bei japanischen Teilnehmern). Besonders interessant wird es sein, wenn bestimmte Oberbegriffe wie Problemlösestil, Zeitmanagement, Gruppenbezug oder Beziehungsorientierung trotz unterschiedlicher Ausprägungen (sachlich versus handlungsorientiert, hintereinander versus gleichzeitig, Ich-Bezug versus Betonung von Familie und Gruppe, Sachorientierung versus Harmoniebedürfnis) zwischen den Gruppen übereinstimmen. Dies ermöglicht eine gute Einführung in zentrale Kulturdimensionen und das Vorstellen wichtiger kulturvergleichender Studien. Außerdem können in gemischten Gruppen das Fremdbild durch die andere Kultur mit der Selbstwahrnehmung verglichen und Gemeinsamkeiten gefunden werden. Lassen Sie die Ergebnisse zum Beispiel auf Flipcharts sichtbar hängen, um sich immer wieder auf die Selbsteinschätzung der Teilnehmer beziehen zu können.

Wie sehe ich die deutsche Kultur?

Nachdem Sie zentrale Kulturdimensionen kennen gelernt haben, entwickeln Sie und Ihre Kollegen in Übung 26 eine Einschätzung der deutschen Kultur.

Zweck:

Bewusstwerden eigenkultureller Prägungen, Anwenden von Kulturdimensionen.

Ablauf:

Hängen Sie Flipcharts auf oder verwenden Sie Arbeitsblätter, auf denen Skalen mit zwei Polen abgebildet sind, die für die Kulturdimensionen stehen. Sie können zum Beispiel auch die Zusammenfassung wichtiger Kulturdimensionen, Abbildung 1.5 am Ende von Kapitel 1, dafür heranziehen.

Instruktion:

Übung 26: Einordnen der eigenen Kultur

Wie würden Sie Ihre Kultur beschreiben? Markieren Sie einen Punkt auf einer Skala von 1 bis 5. Finden Sie passende Oberbegriffe für die beiden Pole. *Lösungsvorschläge finden Sie am Ende dieses Kapitels.*

A) Arbeitseinstellungen

1. wenig Hierarchien ←   → hohe Machtunterschiede

□	□	□	□	□
1	2	3	4	5

2. Freude am Risiko ←   → unsichere Situationen vermeiden

□	□	□	□	□
1	2	3	4	5

3. Leistung ←   → Lebensqualität

□	□	□	□	□
1	2	3	4	5

4. Produktive Ergebnisse ←   → Harmonie

□	□	□	□	□
1	2	3	4	5

5. Ergebnisse ←   → Handlung

□	□	□	□	□
1	2	3	4	5

B) Soziale Beziehungen

1. Weniger wichtig ←   → sehr wichtig

□	□	□	□	□
1	2	3	4	5

2. Niedrige Bedeutung der Gruppe ← → hohe Bedeutung der Gruppe

□	□	□	□	□
1	2	3	4	5

C) Zeitorientierung

1. Monochron ←   → polychron

□	□	□	□	□
1	2	3	4	5

2. Eins nach dem anderen ←   → viele Dinge auf einmal

□	□	□	□	□
1	2	3	4	5

3. Auf Vergangenheit aufbauen ← → an die Zukunft denken

□	□	□	□	□
1	2	3	4	5

D) Kommunikation

1. Direkter Kommunikationsstil ← → indirekter Kommunikationsstil

□	□	□	□	□
1	2	3	4	5

2. Viel informelle Information← → wenig informelle Information

□	□	□	□	□
1	2	3	4	5

3. Sagen, was man denkt ←   → sich zurückhalten

□	□	□	□	□
1	2	3	4	5

Nachbesprechung (Debriefing):

Welche Kulturdimensionen stehen hinter diesen Ausprägungen? Diskutieren Sie, bei welchen Dimensionen starke Übereinstimmung der Teilnehmer herrscht und wo eine deutlichere Streuung ersichtlich wird. Wie würden die Teilnehmer andere Kulturen, mit denen sie Erfahrungen haben, einordnen? Wie können sich aus möglichen Unterschieden Missverständnisse in der Kommunikation und der Zusammenarbeit entwickeln?

Ziehen Sie die Ergebnisse von *Hofstede* (1997) und *Trompenaars* (1993) oder anderen kulturvergleichenden Studien heran, um diese mit der Einschätzung Ihrer Teilnehmer zu vergleichen. Wo gibt es Übereinstimmungen, wo Abweichungen? Inwieweit haben die Unterschiede möglicherweise mit zeitlichen Entwicklungen oder dem spezifischen Kontext der Untersuchungen und der Arbeit Ihrer Teilnehmer zu tun?

Variationen:

Arbeiten Sie mit der kulturell unterschiedlichen Zusammensetzung Ihrer Teilnehmer. Geben Sie zum Beispiel verschieden farbige Klebepunkte den jeweiligen Vertretern der unterschiedlichen Kulturräume. Wo zeigen sich die größten Differenzen?

Greifen Sie bereits bestehende Erfahrungen in der Zusammenarbeit oder im Training auf. Sind bereits Situationen entstanden, die für einen Teil der Gruppe unverständlich waren oder die sogar zu Spannungen geführt haben? Wo gab es bereits auffällige Unterschiede, z.B. in der Art der Vorstellung, der Kommunikation untereinander, der Kommentare etc.?

2.2 Zentrale Kulturdimensionen eigener und fremder Kulturen

Eine andere Möglichkeit, ein Profil zur Wahrnehmung der eigenen und fremden Kultur zu entwickeln, ist das so genannte **Polaritätenprofil**. Dieses können Sie entweder in Flipchart-Form oder als Arbeitsblatt für die einzelnen Teilnehmer verwenden und als Vorgesetzter, Projektleiter oder Trainer anonymisiert auswerten. Das Polaritätenprofil (nach *Osgood/Suci/Tannenbaum*, 1957) ist eine Methode zur Messung des emotionalen Gehalts von Begriffen in Form von Eigenschaftspaaren, so dass sich Fremd- und Eigenbilder gut abfragen lassen. Fragen wären zum Beispiel: Wie sehe ich die deutsche Kultur? Wie sehe ich die amerikanische Kultur? Diese kulturvergleichenden Fragen können Sie allen Teilnehmern stellen oder nur den Vertretern der jeweiligen Kultur. Erfassen Sie dafür die Mittelwerte für die einzelnen Eigenschaftsprofile aus den Angaben der Teilnehmer, die entweder durch Punkte auf den Flipcharts oder auf den Arbeitsblättern abgebildet sind. Melden Sie das Ergebnis an die Teilnehmer zurück. So können Sie Gemeinsamkeiten und Unterschiede zwischen den Teilnehmern herausarbeiten. Versuchen Sie mit den Teilnehmern nach Möglichkeiten zu suchen, kulturelle Unterschiede als spezifische Stärken der jeweiligen Kultur zu nutzen.

Sowohl bei den Skalen als auch bei dem Polaritätenprofil können Sie mit der **Selbst-** und **Fremdwahrnehmung** ein und derselben Kultur arbeiten. Häufig gibt es deutliche Unterschiede darin, wie die eigene Kultur von einem selbst und von Außenstehenden wahrgenommen wird. Fragemöglichkeiten wären auf individueller Ebene: „Wie sehe ich mich selbst?" versus „Wie sehen mich die anderen?" oder auf kultureller Ebene: „Wie schätze ich die deutsche Kultur ein?" versus „Wie wird die deutsche Kultur von den anderen eingeschätzt?". Derartige Gegenüberstellungen bieten sich vor allem in bikulturellen Gruppen an.

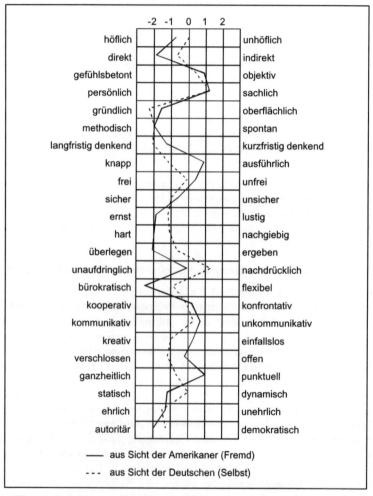

Abb. 4.1: Polaritätenprofil – Eigen- und Fremdwahrnehmung der deutschen Kultur

Das Polaritätenprofil in Abbildung 4.1 stellt ein Beispiel der Selbstwahrnehmung deutscher Trainingsteilnehmer und der Fremdwahrnehmung der deutschen Kultur durch die amerikanischen Trainingsteilnehmer dar (*Podsiadlowski*, 1994). Zum Beispiel halten sich die Deutschen für wesentlich weniger direkt und ausführlich als sie von den Amerikanern wahrgenommen werden. Dass Deutsche einen ganzheitlichen Lösungsstil bevorzugen, wird von amerikanischer Seite nicht gesehen. Dafür sind sich deutsche und amerikanische Befragte einig, dass Deutsche vorwiegend sachorientiert arbeiten.die oben genannten Übungsvorschläge bieten einen großen Spielraum für Ihre individuellen Erfahrungen.

Die Ziele der Übungen zu den Kulturdimensionen liegen darin

* sich eigener und fremder kultureller Prägungen bewusst zu werden
* zu verstehen, wie wir von Menschen aus einer anderen Kultur wahrgenommen werden
* zentrale Kulturdimensionen kennen zu lernen und diese anzuwenden
* ein Verständnis für kulturelle Differenzen und Wahrnehmungsunterschiede zu entwickeln und
* nachzuvollziehen, wie Missverständnisse und Unsicherheiten in der interkulturellen Kommunikation entstehen können.

Mit Hilfe derartiger Methoden können zum Beispiel in multinationalen Arbeitsgruppen die kulturspezifischen Stärken der Mitglieder herausgearbeitet werden. Aufbauend auf diesem konkreten Wissen können Aufgaben leichter verteilt und ein Konsens über die Arbeitsprozesse gefunden werden.

3 Mit fremden Kulturen umgehen

3.1 Akkulturationsstrategien

Besonders bei Auslandseinsätzen, aber auch im Kontakt mit Kollegen aus anderen Kulturen am einheimischen Arbeitsplatz oder in der Arbeit mit Migranten stellt sich die Frage der Anpassung und der **Akkulturation**. Unter Akkulturation wird das Hineinwachsen in eine andere Kultur verstanden (*Ward*, 1996; siehe auch Kapitel 2, Abschnitt 4.1).

Es gibt zahlreiche Filme, die die Kontakte zwischen Angehörigen verschiedener Kulturräume thematisieren, häufig indem sie eine einzelne Person versucht, innerhalb einer ihr fremden Umgebung zurechtzukommen. Denken Sie zum Beispiel an „Der mit dem Wolf tanzt" (1993), „Mein wunderbarer Waschsalon" (1987) oder – neueren Datums – „Crazy/Beautiful" (2001), „My Big Fat Greek Wedding" (2002) und ganz besonders „Lost in Translation" (2003).

Nach dem Modell zur kulturellen Anpassung (*Berry*, 1994, S. 132) wählen kulturelle Gruppen und Einzelpersonen verschiedene Akkulturationsstrategien, je nachdem, wie sie für sich selbst zwei grundlegende Fragen der kulturellen Anpassung beantworten:

1. Ist es wichtig, die eigene kulturelle Identität und eigenkulturelle Merkmale zu bewahren?
2. Sollen intensive Kontakte zur fremdkulturellen Gruppe aufgebaut werden?

Übung 27: Wie passe ich mich selbst an?

Stellen Sie sich eine bestimmte Situation vor, in der Sie sich in einer Ihnen fremden kulturellen Umgebung befunden haben (z.b. als Austauschschüler, Praktikant, Entsandter oder in der Arbeit mit Migranten).

Wie haben Sie in dieser Situation die beiden Fragen der kulturellen Anpassung für sich beantwortet?

Je nachdem, ob diese Fragen mit Ja oder Nein beantwortet werden, ergeben sich nach *Berry* (1994) vier Akkulturationsstrategien (siehe Abbildung 4.2):

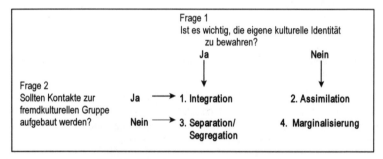

Abb.4.2: Die vier Akkulturationsstrategien

1. **Integration:** Aspekte der eigenen Kultur werden aufrechterhalten und zugleich besteht die Bereitschaft, mit der anderen Kultur in Kontakt zu treten und sich teilweise anzupassen.
2. **Assimilation:** Eine Gruppe bewahrt ihre eigene Kultur nicht und zugleich besteht die Bereitschaft, sich an die andere Kultur anzupassen.
3. **Separation/Segregation:** Gruppen legen einen hohen Wert auf die Beibehaltung der eigenen Kultur und lehnen gleichzeitig Kontakte mit der fremdkulturellen Gruppe weitgehend ab.
4. **Marginalisierung:** Es besteht weder die Möglichkeit noch das Interesse, die eigene Kultur aufrechtzuerhalten (oft durch Zwang), noch ist die Teilhabe an der fremden Kultur möglich (häufig aus Gründen des Ausgeschlossenseins und der Diskriminierung).

3.2   Akkulturationsstrategien erkennen

Wenn Sie mit Mitarbeitern aus anderen Ländern zusammenarbeiten, ist es sehr hilfreich zu erkennen, in welcher Form sich diese der ihnen fremden kulturellen Umgebung angepasst haben. Wenn es den Mitarbeitern wichtig ist, eigenkulturelle Traditionen zu bewahren, werden sie wünschen, an bestimmten Feiertagen frei zu nehmen. Berücksichtigen Sie, dass in vielen Kulturen kein Weihnachten gefeiert wird, dafür aber andere Festtage sehr wichtig sind und mit der gesamten Familie begangen werden! Umso mehr freut sich Ihr Mitarbeiter, wenn Sie ihm zum Beispiel zum chinesischen Neujahrsfest etwas schenken. Für die Integration und Unterstützung eines ausländischen Mitarbeiters am Arbeitsplatz (siehe auch Kapitel 7, Abschnitt 3 zu Diversity Management) ist es auch hilfreich zu wissen, ob sich dieser in einer marginalisierten Situation befindet: Warum ist er zum Beispiel nach Deutschland gekommen? Hat er privat Kontakt zu Menschen aus seiner eigenen Kultur und aus der neuen?

Befinden Sie sich selbst in einer fremden kulturellen Umgebung, zum Beispiel bei einem Auslandseinsatz, sollten Sie sich bewusst machen, wie wichtig Ihnen das Bewahren eigenkultureller Merkmale ist. Möchten Sie sich langfristig integriert und von den Kollegen anerkannt fühlen, müssen Sie sich klar machen, in welchen Bereichen Sie sich gut anpassen können (z.B. Essen, Kleidung, Ihr Verhalten Männern und Frauen gegenüber). Überlegen Sie sich, wie Sie am besten Kontakte aufbauen und ein Netzwerk schaffen können, das nicht nur aus Mitgliedern Ihrer eigenen Kultur besteht.

Übung 28: Beispiele für Akkulturationsstrategien

Suchen Sie nach Beispielen, die Sie den vier Akkulturationsstrategien zuordnen können.

- Überlegen Sie sich Situationen in einem fremdkulturellen Umfeld, in denen Sie sich eher integriert, eher assimiliert, eher separiert oder eher marginalisiert gefühlt haben. Wie haben Sie sich verhalten?
- In welchen Verhaltensweisen drücken sich diese Strategien aus?
- Denken Sie an verschiedene ethnische Gruppen (zum Beispiel Einwanderer in Deutschland oder in den USA). Welche Akkulturationsstrategie würde am ehesten auf die jeweilige Gruppe zutreffen?

Bei interkulturellen Begegnungen stellt sich immer die Frage, wer sich wem anpasst. Diese Frage wird häufig durch ungleiche Machtverhältnisse negativ beeinflusst. Sie sollten für sich selbst wissen, wo Ihre eigenen Grenzen liegen und wie anpassungsfähig und -willig Sie sind. Dabei ist auch immer zu berücksichtigen, dass sich Ihr Gegenüber genau dieselben beiden Fragen stellt: Welche Aspekte meiner eigenen kulturellen Identität möchte ich wahren? Wie viel Kontakt möchte ich mit Kollegen der anderen Kultur haben?

So kann es auch zu folgender Begegnung kommen, die *Alexander Thomas* (1996) als **Beispiel** beschreibt: Die deutschen Entsandten wussten, dass Chinesen gerne zusammen mit ihren Geschäftspartnern in die Sauna gehen und es in China nicht üblich ist, ein Handtuch mitzunehmen. Umso überraschter waren sie, als sie – selbst ohne Handtuch – ihren chinesischen Kollegen mit Handtüchern in der Sauna begegneten. Schließlich hatten die Chinesen gehört, dass es in Deutschland nun einmal unüblich wäre, ohne Handtuch in die Sauna zu gehen. Als guter Gastgeber wollten Sie Ihre Gäste nicht blamieren und passten sich den deutschen Gepflogenheiten an.

Akkulturationsstrategien in Filmen

Filmmaterial bietet eine gute Möglichkeit, die Wahrnehmung der verschiedenen möglichen Akkulturationsstrategien zu schärfen und eigene und fremde Verhaltensweisen dementsprechend einzuordnen und zu verstehen. *Kyle Smith* (1998) hat für zwei Filme („A Clash of Cultures", 1986, und „Return to Paradise", 1987) folgende Übung entwickelt: Anhand von Filmmaterial können Trainingsteilnehmer ihre Wahrnehmung darin schärfen, welche Handlungsalternativen es gibt, sich in einer fremden Umgebung zurechtzufinden, und in welchen Verhaltensweisen die vier möglichen Akkulturationsstrategien zum Ausdruck kommen.

Suchen Sie einen Film aus, den Sie besonders interessant finden und der vielleicht eine besondere Relevanz zu den für Ihre Veranstaltung und Zielgruppe zutreffenden Kulturen hat. Nach dem unten beschriebenen Muster können Sie anhand dieses Filmes selbst 16 Situationen heraussuchen und die Verhaltensweisen auf Karten, die die vier verschiedenen Akkulturationsstrategien repräsentieren, beschreiben.

Zweck:

Zuordnen von Verhaltensweisen zu Akkulturationsstrategien, Bewusstwerden möglicher Formen der Anpassung an fremde Kulturen.

Ablauf:

1. Schreiben Sie die vier Akkulturationsstrategien auf je eine Karte (z.B. in Form eines Kreises oder einer Wolke). 2. Geben Sie zu jeder der Akkulturationsstrategien vier Verhaltensbeispiele aus dem Film an und schreiben Sie je eine auf eine rechteckige Karte. 3. Mischen Sie die 16 Karten durch. 4. Kopieren Sie den Stapel mit insgesamt 20 Karten entsprechend der Anzahl der Arbeitsgruppen (3 bis 5 Personen) für diese Übung.

Halten Sie zuerst eine Einführung zu dem Konzept kultureller Anpassung und Akkulturationsstrategien. Zeigen Sie den Film und fordern Sie die Teilnehmer auf, nach Verhaltensweisen zu suchen, die eine bestimmte Akkulturationsstrategie ausdrücken mögen, und sich Notizen zu machen. Danach geben Sie den einzelnen Arbeitsgruppen je einen Stapel Karten.

Instruktion:

Übung 29: Akkulturationsstrategien in Filmen

Versuchen Sie die Verhaltensbeispiele, die Sie sich notiert haben, mit den Konzepten, die Ihnen vorgestellt wurden, zu vergleichen.

Jede Gruppe hat nun einen Kartenstapel: Vier davon beschreiben die Akkulturationsstrategien, der Rest der Karten beschreibt je eine Verhaltensweise. Jedes Verhalten kann auf bestimmte Weise als eine Reaktion auf die Anpassungsanforderungen innerhalb einer fremden Kultur angesehen werden. Jede Verhaltensweise trägt also zu **Assimilation**, **Integration**, **Separation** oder **Marginalisierung** bei.

Sortieren Sie nun bitte die Verhaltensweisen, Karte für Karte, zu den vier Kategorien, so dass Sie schließlich vier verschiedene Stapel für jede der vier Akkulturationsstrategien haben. Versuchen Sie sich in Ihrer Gruppe zu einigen.

Nachbesprechung (Debriefing):

Zum Abschluss der Übung stellt eine Gruppe ihre Entscheidung bezüglich einer Akkulturationsstrategie vor. Die anderen Gruppen sollen sich notieren, ob sie dem zustimmen oder nicht. Bei Abweichungen diskutieren Sie die Entscheidungen: Verhält sich die Person so, um ihre Rolle in ihrer ursprünglichen Kultur zu bewahren oder abzuschwächen? Passt sie sich anderen kulturellen Praktiken an oder weist sie diese zurück? Dann folgt die nächste Gruppe mit ihrer Präsentation.

Folgendes sind Beispielkarten aus dem Film „Clash of Cultures":

Assimilation: Viele afrikanische Kulturen haben westliche Standards weiblicher Schönheit angenommen und übernehmen das weiße Hochzeitskleid als Symbol für „Reinheit," obwohl Weiß ursprünglich eine Farbe der Trauer ist.

Integration: Eine Zeitung in Swahili veröffentlicht Nachrichten in Form traditioneller Gedichte.

Separation/Segregation: Eine 500 Jahre alte Universität in Kairo weist westliche Lehrpläne zurück und bezeichnet nicht muslimische Vorgänger als „ignorant".

Marginalisierung: Afrikaner wissen nicht mehr, ob Geschenke an den Chef als Zeichen für Anerkennung gutes oder korruptes Verhalten bedeuten.

4 Fragen der Ethik

4.1 Vier Möglichkeiten ethischen Handelns

Sich richtig in interkulturellen Überschneidungssituationen zu verhalten, ist nicht immer so einfach. Die Entscheidung, wie wir in einem bestimmten Kontext handeln, hängt stark von unseren eigenen ethischen Prinzipien ab – von dem, was wir für gut und richtig halten.

Es ist sinnvoll,

- sich selbst seiner ethischen Richtlinien bewusst zu werden
- zu reflektieren, welche Wirkung diese Prinzipien auf das eigene Handeln haben
- welche Reaktionen sie im interkulturellen Kontakt auslösen können und
- unter welchen Bedingungen Handlungsalternativen möglich sind.

Machen Sie sich anhand der folgenden Übungen klar, nach welchen impliziten ethischen Prinzipien Sie handeln und woran Sie die anderer Personen erkennen können, um letztendlich „das interkulturell Richtige" im Beruf zu tun.

Übung 30: Wie verhalte ich mich richtig?

Stellen Sie sich folgende Situationen vor:

Auf einer kleinen Insel in Belize hat Sie ein Fischer zu sich nach Hause eingeladen. Zur Begrüßung serviert er Ihnen einen Becher mit Cerviche, einem kalten Salat aus rohem Fisch und Meeresfrüchten. Was tun Sie?

_____

_____

_____

Sie sind in einem ecuadorianschen Dorf in den Anden zu einer indianischen Hochzeit eingeladen. Als Sie auf einem kleinen Bauernhof zu Beginn der Feierlichkeiten eintreffen, sitzen schon viele Gäste im Hof auf dem Boden und schlürfen Suppe. Sie bekommen auch eine Schale mit einer für Sie nicht angenehm riechenden Flüssigkeit, in der undefinierbare Knochen- und Fleischstückchen schwimmen. Sie wissen, dass in Ecuador Meerschweinchen als besondere Delikatesse gelten. Was machen Sie?

_____

_____

_____

Es gibt verschiedene Möglichkeiten, sich in solchen Situationen zu verhalten, die im Folgenden näher vorgestellt werden. Um aber ein Bild über Ihre eigenen ethischen Prinzipien zu bekommen, gehen Sie bitte zuerst die folgenden Aussagen in Übung 31 danach durch, wie stark Sie diesen zustimmen oder wie sehr Sie diese ablehnen.

Fragebogen: Doing the Right Thing

Um grundlegende Prinzipien Ihres Handelns zu verstehen, beantworten Sie bitte folgenden Fragebogen, dessen Grundlage die Frage nach „Doing the Right Thing" von *Pedersen* (1994) bildet.

Übung 31: Doing the Right Thing

Geben Sie auf einer Skala von 1 bis 7 an, inwieweit Sie den folgenden Aussagen eher zustimmen oder sie eher ablehnen.

1 = lehne ich stark ab   5 = stimme ich etwas zu

2 = lehne ich ab   6 = stimme ich zu

3 = stimme ich nicht ganz zu   7 = stimme ich stark zu

4 = lehne ich weder ab noch stimme ich zu

1. _____ Handlungen sollten danach beurteilt werden, ob die Folgen gut oder schlecht sind.

2. _____ Für jede Situation gibt es ein angemessenes Verhalten.

3. _____ Einige Entscheidungen müssen im Interesse der Gruppe auf Kosten des Einzelnen gehen.

4. ____ Regeln führen zu Konsequenzen, die sich von Situation zu Situation ändern
können.

5. ____ Entscheidungen werden dadurch getroffen, dass man gute und schlechte
Konsequenzen gegeneinander abwägt.

6. ____ Öffentliche Personen treffen ihre Entscheidungen nach den Konsequenzen
ihrer Handlungen.

7. ____ Es gibt grundlegende moralische Prinzipien, nach denen wir unsere
Entscheidungen ausrichten.

8. ____ Um das Verhalten einer Person beurteilen zu können, ist es wesentlich, von
den dahinter liegenden guten oder schlechten Absichten dieser Person zu
wissen.

9. ____ Menschen, die in gutem Glauben handeln, sind nicht für die Konsequenzen
ihrer Handlungen verantwortlich.

10. ____Die Lehre moralischer Prinzipien führt zu einer höheren Ebene ethischen
Verhaltens.

11. ____Moralische Entscheidungen hängen von Menschen ab, die in guter Absicht
zu Handlungen ermutigen.

12. ____Öffentliche Handlungen werden typischerweise verteidigt durch die hohe
moralische Absicht der Förderer.

13. ____Biologische Faktoren bestimmten wahrscheinlich das Verhalten einer
Person.

14. ____Kultur spielt nur eine eingeschränkte Rolle bei der Rechtfertigung von
Verhaltensunterschieden.

15. ____Ähnlichkeiten über verschiedene Bevölkerungsgruppen hinweg sind
wichtiger als Unterschiede zwischen diesen.

16. ____Kulturelle Unterschiede sind nicht wichtig.

17. ____Es ist möglich, Maßzahlen moralischer Entwicklung über Kulturen hinweg
zu vergleichen.

18. ____Ein guter Test wird in verschiedenen kulturellen Settings seine Gültigkeit
haben.

19. ____Verhaltensvariationen sind gewöhnlich das Ergebnis kultureller
Differenzen.

20. ____Scheinbare Ähnlichkeiten über Kulturen hinweg sind irreführend.

21. ____Jede Kultur beeinflusst ihre Mitglieder darin, sich auf ganz spezifische Art
zu verhalten.

22. ____Jede Kultur muss aus ihrer eigenen kulturellen Perspektive heraus
verstanden werden.

23. ____Gewöhnlich ist es nicht möglich, das Verhalten einer Person außerhalb ihres
kulturellen Kontextes zu verstehen.

24. ____Maßnahmen müssen immer so entwickelt und modifiziert werden, dass sie
auf den spezifischen kulturellen Kontext zugeschnitten sind.

Auswertung des Fragebogens

Summieren Sie ihre Werte jeweils getrennt für folgende Aussagen: 1 bis 6, 7 bis 12, 13 bis 18 und 19 bis 24, so dass Sie vier Summenwerte erhalten. Schauen Sie, für welche der vier Gruppen an Aussagen ihr Summenwert am höchsten ist.

Konsequenzen: Ist Ihr Summenwert für die Aussagen 1 bis 6 am höchsten, sind die Konsequenzen Ihres Handelns zentral für Ihre Entscheidungen: Die Folgen rechtfertigen sozusagen die Mittel. Ein hedonistischer Mensch strebt zum Beispiel Ziele an, die ihm Vergnügen bringen. Eine Handlung wird nach Nutzen, Vorteil oder Genuss ausgewählt. Es ist jedoch schwierig, die Konsequenzen seines Handelns zu antizipieren. So gibt es zahlreiche historische Beispiele, bei denen die Anwendung von Gewalt mit dem Ergebnis gerechtfertigt wurde.

Absichten: Haben Sie den höchsten Summenwert für die Aussagen 7 bis 12, so zählt bei Ihnen vor allem die gute Absicht, die hinter einer Handlung steckt. Diesen Maßstab zur Beurteilung menschlichen Verhaltens heranzuziehen, ist in der Kindererziehung recht häufig. Da gilt, dass das Kind, auch wenn Wasser daneben gegangen ist, in der guten Absicht gehandelt hat, seinem Freund etwas zum Trinken einzugießen. Problematisch wird es, wenn die Folgen von Nachteil sind, das Glas zum Beispiel zerbrochen ist.

Universalismus: Wenn Sie Ihren höchsten Summenwert bei den Aussagen 13 bis 18 haben, legen Sie universelle Maßstäbe an die Beurteilung von Verhalten. Sie gehen von gleichen, festen Entscheidungskriterien und grundlegenden universellen Werten aus. Gerade wenn es um die Frage nach Menschenrechten geht, wird dies wahrscheinlich auf viele Menschen zutreffen. Anders wird es zum Beispiel bei Essens- und Kleidungsgewohnheiten oder der Anpassungsfähigkeit an unterschiedliche klimatische Bedingungen sein.

Kulturalismus: Bei einem höchsten Summenwert für die Aussagen 19 bis 24 sind Sie von einem starken Relativismus geprägt: Es gibt kein ‚richtig' oder ‚falsch', Verhalten ist für Sie immer kontextabhängig und kulturspezifisch. Für eine erfolgreiche interkulturelle Kommunikation ist die Akzeptanz kulturspezifischer Prägungen und kulturangepassten Verhaltens eine wichtige Voraussetzung. Kritisch wird es, wenn bestimmte Länder bei der Frage nach Menschenrechten oder der Behandlung von Frauen für sich in Anspruch nehmen, eigene kulturelle Maßstäbe zu Grunde zu legen, unabhängig von internationalen Protesten oder Berichten von Amnesty International.

Die vier Möglichkeiten ethischen Handelns

Denken Sie noch einmal an die beiden Situationen beim Fischer und auf der Hochzeit am Anfang dieses Abschnitts. Wie würden Sie Ihre Antworten zu den vier grundlegenden Richtungen einordnen? Passen diese auch zu Ihrem Summenwert?

Es können vier unterschiedliche Gesichtspunkte hinter Ihren Reaktionen in den obigen Fällen stehen:

Konsequenzen: Sie wissen, dass auf der kleinen Fischerinsel bzw. dem ecuadorianischen Bauernhof die hygienischen Verhältnisse nicht denen entsprechen, die Sie gewohnt sind (z.B. unreines Wasser, Hunde in der Küche), und sind sich ziemlich sicher, dass Sie nach dem Verzehr des *Cerviche* und der Suppe krank werden. Um nicht diese Folgen ertragen zu müssen, lehnen Sie dankend ab oder – um nicht zu unhöflich zu wirken – versuchen, das Essen unauffällig verschwinden zu lassen.

Absicht: Auch wenn es Sie vielleicht beim Anblick der gekochten Meerschweinchen ekelt oder Sie prinzipiell keinen rohen Fisch essen, wollen Sie Ihren guten Willen und Ihre Freude über die Einladung zeigen und essen die Ihnen angebotenen Gerichte (und nehmen den möglichen Durchfall in Kauf).

Universalismus: Sie essen prinzipiell, egal wo Sie sind, Gerichte, die Ihnen zu fremd sind, nicht.

Kulturalismus: Sie wissen, dass es sehr ungewöhnliche Gerichte in den verschiedensten Kulturen gibt, und probieren diese gerne aus.

Um ethische Fragen zu beantworten, ist auch eine Synthese aus den vier Prinzipien möglich. Zum Beispiel ist das Bedürfnis nach Anerkennung universell, doch gibt es unterschiedliche Manifestationen. Die vier Möglichkeiten, ethische Fragen zu beantworten, werden sich von Mensch zu Mensch und von Kulturraum zu Kulturraum unterscheiden. Für sein eigenes interkulturelles Handeln ist es wichtig, sich seiner eigenen ethischen Einstellung bewusst zu sein und bei der Beurteilung des Verhaltens anderer diese vier Möglichkeiten vor Augen zu haben.

Ein Beispiel: Nur wenige werden sich wahrscheinlich so absichtsorientiert und kulturell angepasst verhalten, wie es die Anthropologin Anil anschaulich in „Anil's Ghost" von *Michael Ondaatje* (2000, S. 33) beschreibt:

„While Anil was working with the forensic team in Guatemala, she'd flown in to Miami to meet Cullis. She arrived exhausted, her face and body drawn out. Dysentery, hepatitis, dengue fever, they were all going around, She and her team were eating in the villages where they wer exhuming bodies, they had to eat the food they were given because it was the only way the villages could participate - by cooking for them. 'You pray for beans,' she murmured to Cullis [...]. You avoid the cerviche. If you have to eat it you throw up somewhere privately, as quick as you can. "

4.2 Ethisches Handeln in kritischen Situationen

Folgende Übungen können Sie für sich und/oder mit Ihren Kollegen durchführen, um sich auf mögliche kritische Situationen vorzubereiten und mit schwierigen Themen auseinander zu setzen:

Übung 32: Beispiele ethischen Handelns

Versuchen Sie, sich in einer Gruppe von 3 Personen Beispiele für die vier möglichen Formen ethischen Handelns einfallen zu lassen, die Sie selber erlebt haben. Diskutieren Sie diese mit Ihren Gruppenmitgliedern.

• Würden die anderen Gruppenmitglieder genauso handeln?

• Welche Handlungsalternativen gibt es?

Übung 33: Beispiele kritischer Situationen

In manchen Ländern können Sie mit sehr schwierigen Situationen konfrontiert werden. Überlegen Sie für sich bzw. diskutieren Sie mit Ihren Kollegen, wie Sie sich in folgenden Fällen verhalten könnten:

• Sie wissen, dass in dem betreffenden Land Beamte normalerweise Geld bekommen, um Vorgänge schnell oder überhaupt zu erledigen. Von Ihrer kulturellen Herkunft her ist dies klare Bestechung, die sowohl in Ihrem Herkunftsland als auch in Ihrer Firma verboten ist. Wie stellen Sie sich auf Fragen von Korruption ein?

• Sie sind Vorgesetzter einer Führungskraft, die einen neuen Mitarbeiter eingestellt hat. Sie wundern sich, dass dessen Ausbildung gar nicht auf das Profil der Stelle passt, und erfahren, dass er mit der Führungskraft verwandt ist. Wie gehen Sie mit dieser – aus Ihrer Sicht heraus – „Vetternwirtschaft" um?

• Sie besuchen an einem ausländischen Produktionsstandort einen wichtigen Zulieferer für Ihr Unternehmen und stellen fest, dass ein großer Anteil an Arbeitern äußerst jung ist. Wie verhalten Sie sich bei der Konfrontation mit Kinderarbeit?

Es gibt zahlreiche kritische Situationen, mit denen Sie bei einem Auslandseinsatz konfrontiert werden können:

• Wie steht es zum Beispiel mit Arbeitsschutz? Haben die Arbeiter mit giftigen Chemikalien zu tun, sind sie genug geschützt?
• Wie gehen Sie mit Alkoholkonsum bei Besprechungen um?
• Inwieweit wollen Sie auf bestehende Zustände unter den Bediensteten (wie geringe Bezahlung, zu lange Arbeitszeiten), die Sie als ungerecht empfinden, Einfluss nehmen und somit Unruhe in der Gemeinde stiften?

Es ist sinnvoll, sich schon vorher über die eigenen ethischen Maßstäbe und die des Unternehmens klar zu werden, um für entsprechende kritische Situationen kulturadäquate Handlungsalternativen und Befugnisse zur Verfügung zu haben.

5   Cultural Assimilators

5.1   Cultural Assimilators

Eine beliebte Übungsmethode in der interkulturellen Kommunikation sind die „Cultural Assimilators" oder **Kulturassimilatoren**, die in verschiedenen Formen angewendet werden können: als Selbstlektüre, innerhalb von Arbeitsgruppen oder auch als Rollenspiel. Sie sind somit eine Lehr- und Lernmethode, die die Benutzer auf den unterschiedlichen Ebenen der Kognition, der Emotion und des Verhaltens ansprechen.

Cultural Assimilators eignen sich zur Vermittlung

* kulturallgemeinen Wissens: Wie wirkt Kultur auf unser Verhalten? Wie beeinflusst sie unsere Wertvorstellungen? Was sind zentrale Kulturdimensionen?
* des Verständnisses interkultureller Phänomene: Phasen eines Auslandsaufenthaltes, Kulturschock, Verständnis von Teamarbeit etc.
* länderspezifischer Kulturstandards und kulturspezifischen Wissens.

Die Cultural Assimilators bauen auf *Flanagans* (1954; s.a. *Thomas*, 1990) Methode der kritischen Ereignisse auf. Es geht um irritierende interkulturelle Interaktionen mit Erklärungen, um daraus resultierende Missverständnisse zu vermeiden. Sie werden vorwiegend im Sinne der programmierten Unterweisung in Form strukturierten Materials als Selbstlernmethode angeboten. In der schriftlichen Form eines Cultural Assimilators gibt es vier Erklärungsmöglichkeiten für eine kritische Interaktionssituation. Aus diesen soll eine Antwort ausgewählt werden, die die Situation am besten erklären kann. Trifft die ausgewählte Erklärung nicht zu, soll der Leser seine Antwort noch einmal überdenken und nach einer Erklärungsalternative suchen. Für alle vier möglichen Antworten werden kuluradäquate Erklärungen gegeben, warum oder warum nicht diese Antwort zutrifft.

5.2 Beispiel für einen länderspezifischen Cultural Assimilator

Besonders hilfreich sind Cultural Assimilators, um über länderspezifische Kulturstandards zu lernen und sich kulturspezifisches Wissen anzueignen. Bei kulturspezifischen Cultural Assimilators wird eine kritische Interaktionssituation zwischen Vertretern aus zwei Kulturräumen beschrieben (oder vorgespielt), für die der Leser (bzw. der Zuschauer) nach möglichen Erklärungen suchen muss.

Folgendes Beispiel soll den Aufbau eines Cultural Assimilators veranschaulichen (aus *Stahl/Langeloh/Kühlmann*, 1999, S. 28-30). Es behandelt kulturspezifisches Wissen in der Interaktion von Deutschen und Amerikanern, veranschaulicht aber auch eine für andere Länder typische Situation – den ersten Tag an einem ausländischen Arbeitsplatz.

Fallbeispiel 6: Erster Arbeitstag in den USA

Katrin Neuberger tritt ihren ersten Arbeitstag in den USA an. Sie wartet in der Lobby des Gebäudes ihres neuen Arbeitgebers, eines großen Versicherungskonzerns, in dessen Zentrale sie für die nächsten drei Jahre tätig sein wird. Ihr neuer Vorgesetzter holt sie dort ab und begleitet sie an ihren zukünftigen Arbeitsplatz. Er begrüßt sie freundlich und erklärt ihr, wie sie die wichtigsten Vorgänge zu bearbeiten hat. Nach einer halben Stunde verabschiedet er sich mit dem Hinweis, dass sie jederzeit zu ihm kommen könne, wenn sie ein Problem habe.

Frau Neuberger macht sich an die Einarbeitung, fühlt sich insgesamt aber sehr unwohl, da sie keinem ihrer Kollegen vorgestellt wurde. Sie hat keinen Überblick über die Abteilung, deren Arbeitsweise und die Aufgaben der Kollegen. Von den anderen Mitarbeitern wird sie im Laufe der ersten Arbeitstage freundlich aufgenommen, aber außer oberflächlichem Smalltalk ergeben sich keine weiteren Kontakte.

Warum kümmert sich niemand um Frau Neuberger?

1. In den USA ist die Fluktuation so groß, dass es nicht als lohnenswert angesehen wird, neue Mitarbeiter detailliert einzuweisen. Es wird erst einmal eine gewisse Zeit abgewartet, ob der neue Mitarbeiter überhaupt in dem Unternehmen bleibt.

2. In den USA wird von Neueinsteigern ein hohes Maß an Eigeninitiative erwartet. Es ist nicht üblich, dass neue Mitarbeiter ausführlich eingearbeitet werden.

3. Es fühlt sich einfach niemand für Frau Neuberger verantwortlich.

4. Man möchte Frau Neuberger nicht gleich überfordern und lässt ihr deshalb erst einmal nur die wichtigsten Informationen zukommen.

Übung 34: Bearbeitung eines Cultural Assimilators

Überlegen Sie sich bitte, wie Sie das Verhalten der Amerikaner am besten erklären könnten.

Vergleichen Sie Ihre Überlegungen mit den vier vorgegebenen Antwortmöglichkeiten und wählen Sie die Alternative aus, die Ihren Überlegungen am nächsten kommt.

Lesen Sie die Rückmeldung zu der von Ihnen ausgewählten Antwort durch.

Wenn diese Rückmeldung nicht passt, denken Sie bitte noch einmal erneut über den Fall nach und wählen Sie eine andere Antwort, um so auf die richtige Erklärung zu stoßen.

Antwort 1 zum Beispiel widerspricht dem pragmatischen Handeln und der kurzfristigen Zeitorientierung von Amerikanern. Antworten 3 und 4 können eventuell in Einzelfällen zutreffen, drücken aber nicht eine für US-Amerikaner typische, kulturspezifische Erklärung aus. Antwort 2 ist die passendste.

Rückmeldung zu Antwort 2:

„Diese Antwort trifft den Sachverhalt am besten. In amerikanischen Unternehmen wird in der Einarbeitungsphase von neuen Mitarbeitern sehr viel Eigeninitiative erwartet. Die Beschaffung von Informationen wird als „Holschuld" betrachtet, die beim Mitarbeiter liegt. Die Kollegen sind in der Regel zu sehr mit ihren eigenen Aufgaben beschäftigt, als dass sie sich unaufgefordert um die Probleme anderer kümmern oder sich die Zeit nehmen würden, einem Neuling detailliert den Arbeitsbereich zu erklären. Außerdem herrscht die Einstellung vor, jemanden erst einmal anfangen zu lassen und dann zu sehen, wie er sich zurechtfindet. Gleichzeitig sind Amerikaner aber durchaus hilfsbereit, wenn man sich mit einem Problem an sie wendet. Man sollte dabei aber die Initiative ergreifen (*Stahl/Langeloh/Kühlmann*, 1999, S. 30)."

Diese Situation ist sehr typisch für einen ersten Arbeitstag in den USA. Während die deutsche Kultur von einer starken Bringschuld geprägt ist, lässt sich in den

USA eine deutliche Holschuld feststellen. Auf diese Unterschiede kann sich der Neuling einstellen und durch genaue Beobachtungen versuchen, Situationen aus dem kulturellen Kontext heraus zu erklären und sich dementsprechend zu verhalten. In diesem Falle hieße das, bei Fragen Kollegen anzusprechen und nicht deren Abwarten als Desinteresse zu interpretieren.

Variationen:

Es ist äußerst interessant zu erfahren, welche Antwort deutsche Führungskräfte und welche Antwort amerikanische Führungskräfte wählen würden. In diesem Fall würden 41% der amerikanischen Führungskräfte Antwort 2 als die passendste einschätzen, aber nur 12% der deutschen Manager. Es wird deutlich, dass sich Selbst- und Fremdwahrnehmung interkultureller Situationen stark voneinander unterscheiden können Der Großteil der befragten deutschen Führungskräfte würden mit 31% Antwort 4 wählen.

6 Zusammenfassung: Verstehen lernen

Kognitionsorientierte Instrumente, wie sie in diesem Kapitel vorgestellt wurden, sind besonders geeignet, interkulturelle Kompetenz zu verstehen und sich kulturspezifisches Wissen anzueignen. Auf der Erkenntnisebene wird sich der Lernende folgender Gegebenheiten bewusst:

- der Prägung durch Kultur (wie „Kultur in Namen und Sprichwörtern", „Bestandteile Deiner Kultur")
- der eigenen und fremden Kultur („Kulturdimensionen erkennen", „Polaritätenprofil")
- seiner Vorurteile („Cultural Assimilator")
- und Einstellungen („Akkulturationsstrategien erkennen", „Fragen der Ethik").

Durch Zuhören, Lesen und Schreiben werden die Selbstreflexion angeregt und kognitive Lernziele verfolgt. Dazu gehören das Wissen und Kenntnisse über fremde Kulturen inklusive Landeskunde und praktischem, organisatorischem Wissen sowie Wissen über die eigene Kultur und über Prozesse in der interkulturellen Kommunikation.

Interkulturelle Kommunikation verstehen lernen betrifft nicht nur Kognition sondern auch Emotion und Verhalten. Besonders durch die aktive Beteiligung an Gruppendiskussionen und die gemeinsame Auseinandersetzung mit einem Thema werden Gefühle angesprochen und Aha-Effekte ausgelöst. Besonders in gemischt kulturellen Gruppen können neue Verhaltensweisen ausprobiert werden. Das Verhalten von Kollegen und Trainern kann als Lernmodell herangezogen werden. Der Austausch von Erfahrungen bietet zahlreiche Anregungen.

Literaturempfehlungen zu Kapitel 4 und Cultural Assimilators

Berry, J.W., 1994: Acculturation and psychological adaptation: An overview, in: *A.M. Bouvy* (Hrsg.), Journey into cross-cultural psychology, S. 129-141, Lisse: Swets & Zeitlinger

Brüch, A., Thomas, A., 1995: Beruflich in Süd-Korea: Interkulturelles Orientierungstraining für Manager, Fach- und Führungskräfte, Heidelberg: Asanger

Schenk, E., 1994: Entwicklung eines interkulturellen Orientierungstrainings für China auf Basis des Culture Assimilators, in: Institut für Auslandsbeziehungen (Hrsg.), Interkulturelle Kommunikation und Interkulturelles Training: Materialien zum Internationalen Austausch, (Bd. 33, S. 78-85), Stuttgart: Institut für Auslandsbeziehungen

Stahl, G., Langeloh, C., Kühlmann, T., 1999: Geschäftlich in den USA. Ein interkulturelles Trainingshandbuch, Wien: Wirtschaftsverlag Ueberreuter

---

Lösungsvorschläge

Einordnen der eigenen Kultur (Übung 26):

A) 1. Machtdistanz, 2. Unsicherheitsvermeidung, 3. Femininität versus Maskulinität, 4. Sach- versus Beziehungsorientierung oder auch Femininität versus Maskulinität 5. Ergebnis- versus Handlungsorientierung

B) 1. Kollektivismus versus Individualismus oder auch Sach- versus Beziehungsorientierung oder Gesicht wahren, 2. Kollektivismus versus Individualismus

C) 1. Polychrone versus monochrone Zeitorientierung, 2. Polychrone versus monochrone Zeitorientierung, 3. Vergangenheits-, Gegenwarts- versus Zukunftsorientierung

D) 1. Direkter versus indirekter Kommunikationsstil, 2. Hohe versus niedrige Informationsdichte, 3. Bedeutung des Gesichtwahrens.

Kapitel 5
Interkulturelle Kommunikation erleben, erfahren und ausprobieren

In diesem Kapitel werden Ihnen weitere ausgewählte Instrumente interkulturellen Lernens vorgestellt. Der Schwerpunkt liegt hier auf der aktiven Beteiligung und dem Sammeln eigener Erfahrungen durch die Teilnehmer. Entsprechend der drei Lernziele (siehe Kapitel 3) werden in diesem Kapitel Instrumente vorgestellt, die verstärkt Emotionen ansprechen und auf das Erlernen neuer Verhaltensweisen und Handlungsoptionen abzielen, um in einem sicheren Umfeld die Grenzen der eigenen Frustrations- und Ambiguitätstoleranz zu erleben und auszubauen. Ziel ist es, die Stufe unbewussten Wissens zu erreichen. Durch aktives Experimentieren sollen Übungsteilnehmer Gemeinsamkeiten finden, um in der Zusammenarbeit auf gegenseitigen Stärken aufbauen zu können. Sie als Leser bekommen einen Einblick in bewährte Methoden – besonders Rollenspiele und Simulationen – und somit zahlreiche Anregungen zur eigenen Verwendung und Reflexion.

1 Interkulturelle Kompetenz trainieren

1.1 The Outside Experts

Wie kann interkulturelle Kommunikation in Übungen erfahren und interkulturelle Kompetenz trainiert werden? Zur Veranschaulichung soll eine kulturübergreifende Simulation näher beschrieben werden, deren Rollen und Aufgaben die Teilnehmer emotional einbinden und bei der sie Handlungsalternativen ausprobieren müssen. In den „Outside Experts" von *Pedersen* (2000) werden die Teilnehmer mit Kulturunterschieden und kulturspezifischen Regeln konfrontiert, die sie erfassen und auf die sie reagieren müssen.

Zweck:

Sensibilisierung für die Bedeutung von verbaler und non-verbaler Kommunikation, für verschiedene Umgangsformen und das Verhältnis der Geschlechter zueinander.

Ablauf:

Ein Teil der Gruppe (vier bis sechs Personen) verlässt den Raum und übernimmt die Rolle der Gäste, die als entsandte Experten eine fremde Kultur kennen lernen und Kontakte knüpfen wollen. Der restliche Teil der Gruppe übernimmt die Rolle der Gastgeber und bekommt die Instruktion. Es kommt zum Besuch (15 min): Die Gäste sollen sich unabhängig voneinander und frei unter den Gastgebern bewegen und so viel wie möglich über die andere Kultur herausfinden. Nach Abschluss des Besuches soll jeder Besucher einen kurzen Bericht darüber geben, was er gelernt hat, sowohl über die Gastgeberkultur als auch über das Fremdsein.

Instruktion:

Übung 35: The Outside Experts

Sie sind Gastgeber eines Kulturraumes und erwarten ausländische Experten, die etwas über Ihre Kultur lernen wollen.

Beachten Sie dabei die in Ihrer Kultur wichtigen grundlegenden Verhaltensmuster:

- Sie können nur Fragen mit Ja oder Nein beantworten. Werden Fragen an Sie gerichtet, die Sie nicht mit Ja oder Nein beantworten können, können Sie nach Ihren Kommunikationsregeln und –fähigkeiten nicht antworten.

- Männer dürfen nicht mit Frauen sprechen, Frauen nicht mit Männern; dies gilt als Zeichen von Freundlichkeit und Höflichkeit gegenüber dem Besucher.

- Wenn ein Gast das gleiche Geschlecht hat und lächelt, nehmen Sie an, dass dieser Zustimmung sucht und Sie antworten immer mit Ja, um ihn zu bestätigen – egal was der Gast gefragt hat oder wünscht.

Nachbesprechung (Debriefing):

Im Anschluss an diese Simulation geht es in der Diskussion um zwei Erfahrungsbereiche: Zum einen soll aus den unterschiedlichen Erfahrungen der Teilnehmer ein gemeinsames Bild der besuchten Kultur entwickelt werden, zum anderen sollen die verschiedenen Erfahrungen mit Fremdsein diskutiert werden.

Es zeigt sich häufig, dass die Rückmeldung der Besucher zu der Gastgeberkultur mehr über die eigenen kulturellen Werte aussagt als über die der fremden. Zum Beispiel werden einige Besucher die Gastgeber a) als unhöflich empfinden, da sie ihnen nicht auf ihre Fragen antworten, oder b) als ausweichend und unwissend, da sie immer mit Ja antworten. Erst wenn einem der Zusammenhang zu a) dem Verhalten zwischen den Geschlechtern bzw. b) der kulturspezifischen Beziehungspflege, in der die persönliche Bestätigung vor dem Inhalt steht, bewusst wird, kann ein Verständnis für die Regeln der anderen Kultur entwickelt werden. Es passiert äußerst leicht und kann anhand dieser Simulation gezeigt werden, dass non-verbale Elemente der anderen Kultur wie Lächeln und die Bedeutung des Geschlechts vernachlässigt werden. In der Abschlussrunde können folgende Fragen diskutiert werden: Wie ist das Verhältnis zwischen Gast und Gastgeber? Wie ist es, als „Experte" seiner Gruppe Bericht zu erstatten? Wer besucht wen: Gehe ich ins Ausland oder besuche ich eine mir fremde Gemeinschaft innerhalb meines Kulturraumes? Gibt es diesbezüglich unterschiedliche Erfahrungen?

1.2   Erfahrungen reflektieren

Neben dem Aneignen kulturellen und interkulturellen Wissens und einer Bewusstwerdung eigener und fremder kultureller Prägungen ist es in der interkulturellen Zusammenarbeit wichtig, eigene emotionale Reaktionen einzuschätzen und neue kulturadäquate Verhaltensweisen zu lernen.

Erfahrungsorientiertes Lernen hat zwei Ziele:

1. Emotionen anzusprechen und
2. Verhaltensoptionen auszuprobieren.

Interkulturelle Trainings bieten die Möglichkeit, in einem relativ sicheren Umfeld eigene emotionale Reaktionen zu erkennen, damit konstruktiv umzugehen und neue Verhaltensweisen wie kulturspezifische Problemlöse- und Entscheidungstechniken auszuprobieren. Erfahrungsorientierte Instrumente basieren auf den eigenen Reflexionen und denen der Gruppe sowie auf regelmäßigem Feedback durch den Trainer, die anderen Teilnehmer und Videoaufzeichnungen. Der Lernende ist eine wichtige Quelle an Information und Erfahrung, nimmt aktiv teil, evaluiert sein eigenes Verhalten und das der anderen. Strukturierte Übungen und Aktivitäten dienen als Referenzmaterial für Gruppendiskussionen, die Denkprozesse auslösen und zu erinnertem Lernen führen. In den Diskussionen werden die interkulturellen Prozesse innerhalb der Gruppe thematisiert. Der Trainer hat vorwiegend die Aufgabe, katalysatorisch Lernen zu erleichtern und die Entwicklung neuer Erkenntnisse zu unterstützen. Die Aufgabe des Trainers liegt darin, ein angemessenes, sicheres Lernumfeld zu schaffen, den gegenseitigen Austausch zu erleichtern und zum interkulturellen Lernen zu ermutigen. Ziel ist „Learning by doing" im „Hier und Jetzt." Erfahrungsorientiertes Lernen wird vorwiegend in Kultur- und Interaktionsorientierten Trainings eingesetzt (siehe Kapitel 8).

1.3   Emotionen ansprechen

Emotionsorientierte Instrumente haben zum Ziel, Gefühle auszulösen, die typischerweise in der interkulturellen Zusammenarbeit auftreten: das Erleben von Unsicherheit und Verwirrung, die Auseinandersetzung mit Missverständnissen und Konflikten, Verärgerung über nicht erfüllte Erwartungen etc. Durch die Konfrontation mit den eigenen, oft unerwünschten emotionalen Reaktionen soll das kulturelle Bewusstsein gesteigert und Verständnis für sich und andere entwickelt werden. Ziel ist ein erhöhtes Anpassungsvermögen an unerwartete und nicht vertraute Situationen, um mit Frustration, Ärger, Apathie oder dem Gefühl der Hilflosigkeit (zum Beispiel als Folge eines Kulturschocks), also den emotionalen Folgen der interkulturellen Zusammenarbeit, souveräner umzugehen.

Das Thema Essen bietet zum Beispiel eine gute Gelegenheit, vorwiegend affektive Lernziele anzusprechen. Ein gemeinsamer kulinarischer Abend, an dem jeder ein typisches Gericht aus seiner Kultur beisteuert, das man teilt und worüber man sich austauscht, kann das Interesse an und die Wertschätzung der anderen Kultur positiv unterstützen. Besonders für multinationale Arbeitsgruppen bildet dies einen Rahmen, sich besser kennen zu lernen und ein Gemeinschaftsgefühl aufzubauen.

Übung 36: Das fremde Gericht

Wesentlich konfrontativer und häufig mit Gefühlen des Widerwillens und des Sichüberwindens ist folgende Möglichkeit verbunden:

Bitten Sie eine Gruppe von Personen zu Tisch und setzen Sie ihnen ein Gericht vor, von dem Sie annehmen können, dass es Ihren Teilnehmern fremd ist und vor allem als unangenehm riechend und nicht schmackhaft aussehend wahrgenommen wird. Beispiele hierfür wären eine Lieblingsfrucht in Singapur, die Durian, oder Poi, ein nahrhafter, hawaiianischer Brei, der kalt serviert wird.

• Wie gehen die Teilnehmer mit der Situation um?
• Wie geht es ihnen dabei?
• Welche Erfolgs- oder Misserfolgserlebnisse haben sie (z.B. bei der Erfahrung, dass das Gericht letztendlich besser schmeckt, als es aussieht)?

Es gibt auch einige Filme, die starke emotionale Reaktionen auslösen und die Zuschauer meist nachhaltig beschäftigen. Ein schönes Beispiel hierfür ist der Film **„Das Fest des Huhns"** (1993). In diesem Film wird aus Sicht eines schwarzen Anthropologen die Begegnung mit dem „rätselhaften, unberührten Alpenvorland" erzählt, die das Vorgehen westlicher Anthropologen und typische Rituale ironisch zurückspiegelt. Bestimmte Sitten und Gebräuche (Schützenfest, Schuhplattler, Ententanz u.a.) erscheinen aus dieser Außensicht sehr unangenehm und nicht zivilisiert, dennoch kennt man sie und hat wohl auch schon selbst daran teilgenommen. Die Schlussfolgerungen des Anthropologen erscheinen einem völlig falsch, ertappen den Zuschauer jedoch bei dem Gedanken, dass er wahrscheinlich auch nur besondere Ausschnitte, die ihm besonders auffallen, wahrnehmen und vor allem seine eigenen Bilder bestätigen würde, wenn er nach Schwarzafrika reisen würde.

1.4   Verhaltensoptionen ausprobieren

Der Großteil emotionsorientierter Lehrmethoden ist eng mit verhaltensorientierten Instrumenten verknüpft, indem der Lernende in eine Situation gebracht wird, die er unter aktiver Beteiligung selber bewältigen muss. Verhaltensorientierte Instrumente haben zum Ziel, sich in einem sicheren Übungsfeld durch Ausprobieren und Rückmeldung (z.B. über Videoaufnahmen, die Reaktion anderer Teilnehmer und des Trainers) seines Verhaltens bewusst zu werden, dieses zu reflektieren, Verhaltensweisen zu riskieren und deren Folgen kennen zu lernen. Mit einem Minimum an negativen Konsequenzen sollen reale Konsequenzen erlebt und neue Handlungsstrategien eingeübt werden. Es geht um gewohnte Verhaltensmuster, die im eigenen Kulturraum erwünscht und akzeptiert sind, aber in einer anderen Kultur als offensiv gelten. Ein wichtiger Aspekt verhaltensorientierter Instrumente ist das Lernen am Modell. Über die Beobachtung eines Modells, zum Beispiel des Trainers oder der anderen Teilnehmer, können neue Verhaltensmöglichkeiten erlebt werden.

Der interkulturelle Lernprozess läuft nach *Hughes-Wiener* (1977) folgendermaßen ab: 1. Lernende handeln auf Basis ihrer impliziten Strategien und Prozeduren. 2. Lernende erfahren die Konsequenzen ihrer Handlungen, erhalten Feedback für ihr Verhalten und überprüfen und reflektieren ihre Erfahrungen. 3. Lernende organisieren ihre vorherigen und neuen Informationen und Erfahrungen in einer neuen Handlungsstrategie; die neuen Prozeduren und Strategien müssen für den Lernenden von Bedeutung sein; er muss ihnen gegenüber positiv eingestellt sein und glauben, dass die neuen Verhaltensweisen Erfolg versprechen. Typisch für verhaltensorientierte Instrumente sind Rollenspiele, Fallbeispiele und Simulationen.

2 Verhaltensorientierte Instrumente

2.1 Rollenspiele und Fallbeispiele

Rollenspiele bieten ein Übungsfeld sowohl für die Beobachter als auch die Darsteller. In unbekannten Situationen kann eigenes Verhalten reflektiert und ausprobiert werden. Neue Ideen und Ansätze können entwickelt werden. Kritische Ereignisse, Kulturassimilatoren und Fallstudien bieten die Grundlage für Rollenspiele. Material für Fallstudien und Rollenspiele kann besonders gut durch die Befragung von Auslandsentsandten, zum Beispiel nach ihrer Rückkehr, gewonnen werden. Diese Erfahrungen sollten in internationalen Unternehmen noch mehr genutzt werden. Fallbeispiele für den deutschsprachigen Kulturraum lassen sich bei *Herbrand* (2002) oder *Apfelthaler* (1999) finden. Das Rollenspiel „Contrast-American" **(Übung 37: Contrast-American)** ist zum Beispiel eine Methode zur Förderung der Selbstwahrnehmung eigenkultureller Prägungen. Ein Schauspieler spielt eine Situation, in der er sich genau der Kultur der Teilnehmer bzw. Zuschauer entgegengesetzt verhält. Nachdem sie dieses konstrastierende Verhalten beobachtet haben, sollen die Teilnehmer mit dem Modell, dem Schauspieler, interagieren. Die Rollenspiele werden per Video aufgezeichnet. Ziel dieser Übung ist es, eigene kulturelle Werte zu erkennen und Einblicke in interkulturelle Interaktionen zu bieten.

2.2 Kritische Ereignisse als Rollenspiel

Kritische Ereignisse sind realitätsnahe, typische, interkulturelle Interaktionssituationen, die konfliktgeladen sind. Sie eignen sich sehr gut als Rollenspiele, um über eigenes und fremdes kulturelles Verhalten zu lernen. Eine geeignete Quelle für kritische Ereignisse sind Kulturassimilatoren (siehe Kapitel 4), so dass auch mit dieser verstehensorientierten Trainingsmethode erfahrungsorientiertes Lernen möglich ist. Kulturassimilatoren, besonders kulturspezifische, sind sehr aufwendig in der Entwicklung. Durch ein Rollenspiel bieten sie zusätzlich die Möglichkeit, Handlungsstrategien einzuüben, mögliche Reaktionen ausprobieren und Alternativen „spielend" zu entwickeln. Eigene interkulturelle Erfahrungen eignen sich ebenfalls sehr gut als Übungsmaterial (nach *Clackworthy,* 1996). Wenn Sie genauer darüber nachdenken, fallen Ihnen sicherlich Situationen ein, die für Sie nicht so verliefen, wie Sie es erwartet hatten, oder die für Sie unangenehm waren. Nutzen Sie derartige „kritische Ereignisse", indem Sie sie strukturiert allein und mit anderen analysieren, um für zukünftige Fälle Lösungsstrategien zu entwickeln.

Zweck:

Aus eigenen interkulturellen Erfahrungen lernen, sie alleine und in Gruppen analysieren, sich den eigenen emotionalen Reaktionen und denen der Zuschauer stellen, die Rückmeldung der Zuschauer nutzen, nach Lösungen suchen und Handlungsoptionen ausprobieren.

Ablauf:

Als Erstes wählen Sie für sich ein kritisches Ereignis aus und analysieren es. Diskutieren Sie es in der Gruppe und stellen Sie es dann allen Teilnehmern vor.

Instruktion:

Übung 38: Kritische Ereignisse

Bilden Sie 3er-Gruppen, in denen Sie kritische Ereignisse analysieren, die Sie in einer interkultureller Situation erlebt haben. Überlegen Sie zuerst jeweils für sich individuell (=I) ein Beispiel, besprechen Sie dieses anschließend in der Gruppe (=G). Wählen Sie danach eines der drei Ereignisse aus, das Sie als Gruppe in einem Rollenspiel im Plenum (=P) vorstellen.

Ablauf:

1. Individuell (vor Treffen mit Gruppe):
- I: Geben Sie Ihrem kritischen Ereignis einen Titel!
- I: Beschreiben Sie die Situation!
- I: Bilden Sie Hypothesen zu deren Ursache und geben Sie mögliche Erklärungen!

2. Gruppe (Die Mitglieder stellen der Reihe nach Ihre Ereignisse innerhalb ihrer Gruppe vor):
- I: Nennen Sie Ihren Titel und beschreiben Sie die Situation!
- G: Die Gruppe stellt Fragen zum besseren Verständnis der Situation.
- G: Die Gruppe bildet Hypothesen zur Ursache und gibt mögliche Erklärungen.
- I/G: Diskutieren Sie die einzelnen Hypothesen der Gruppe und wägen Sie diese ab!
- I: Stellen Sie Ihre eigenen Hypothesen vor!
- G: Die Gruppe diskutiert die Hypothesen.

3. Plenum (alle Teilnehmer):
- G: Wählen Sie als Gruppe eines der kritischen Ereignisse aus!
- G: Geben Sie dem Ereignis einen Titel!
- G: Spielen Sie die Situation in einem Rollenspiel im Plenum vor!
- P: Das Plenum stellt Fragen zum besseren Verständnis der Situation.
- P: Das Plenum bildet Hypothesen zur Ursache und gibt mögliche Erklärungen.
- G/P: Die Gruppe wägt die einzelnen Hypothesen ab.
- G: Die Gruppe stellt die eigenen Hypothesen vor.
- P: Im Plenum werden Handlungsoptionen überlegt (und ausprobiert).

Nachbesprechung (Debriefing):

Achten Sie bei dieser Übung auf die Trennung zwischen Beschreibung einer Situation und deren Analyse! Nutzen Sie die Möglichkeit der Rückmeldung durch andere, indem immer zuerst die Zuhörer bzw. Zuschauer Hypothesen bilden und nach Ursachenerklärungen suchen.

2.3 Simulationen

In Simulationen wie den „Outside Experts", die man auch als aufwendigere Rollenspiele bezeichnen könnte, sollen eigene Gefühle und Verhaltensweisen identifiziert, artikuliert und analysiert werden, so dass sich der Lernende in Zukunft auf diese Erfahrungen beziehen und diese erinnern kann. Sie bieten erhöhte Selbstwahrnehmung für kulturell gelernte Muster und einen anderen Blickwinkel auf das eigene Verhalten. Durch Teilnahme und Beobachtung entsteht eine ständige Rückmeldungsschleife.

Es wird eine interkulturelle Arbeitssituation simuliert, die dem eigenen Erfahrungsfeld und Aufgabengebiet möglichst nahe kommen sollte. Der Teilnehmer nimmt eine konkrete (kulturelle) Rolle ein, die entweder sehr vertraut oder völlig fremd ist. Durch Zeitdruck und den eingebauten Konflikt in der Ausgangssituation wird ein Überraschungseffekt produziert, der eskalieren kann. Durch die anschließende Nachbesprechung können vor dem Hintergrund kultureller Unterschiede Störvariablen identifiziert und sowohl positive als auch negative Konsequenzen kennen gelernt werden.

Eine sehr beliebte und häufig verwandte Übung, besonders zu Beginn eines Trainings, ist das Kartenspiel „Barnga" (**Übung 39: Barnga**; *Thiagarajan/Steinwachs*, 1990).[7] Es stellt die kulturübergreifende Simulation eines typischen Problems in der interkulturellen Kommunikation dar: In verschiedenen Gruppen („Kulturen") gelten unterschiedliche Regeln, von denen die anderen Gruppen nichts wissen. Den anderen Gruppen ist noch nicht einmal bewusst, dass die (Spiel-)Regeln unterschiedlich sind (Fallstrick 2 in Kapitel 2).

Übung 40: BAFA BAFA von *Shirts* (1973) ist eine typische kulturübergreifende Simulation, die für die US-Navy entwickelt wurde und zwei hypothetische Kulturen abbildet, die Alphas und die Betas. Die Alpha-Kultur ist maskulin und kollektivistisch, während die Beta-Kultur für Femininität und Individualismus steht. Die Teilnehmer werden in zwei Gruppen aufgeteilt und lernen in einer Phase der Enkulturation (also dem Hineinwachsen in eine Kultur) die Regeln ihrer eigenen Kultur, um danach als Beobachter die andere Kultur zu besuchen. Die Beobachter sammeln Informationen und berichten ihrer Gruppe. Dann werden die Besucher ausgetauscht, damit alle Teilnehmer erleben, wie es ist, ein neues kulturelles Umfeld zu betreten. Nachdem jeder die andere Kultur besucht hat, werden die Erfahrungen diskutiert. **Übung 41: Die vier synthetischen**

---

[7] Die Spielregeln sind auf Englisch bei dem Verlag Intercultural Press zu beziehen, die deutsche Version beim Verlag für Interkulturelle Kommunikation.

Kulturen von *Pedersen* (2000)[8] erweitert BAFA BAFA auf vier Kulturen und erhöht somit die Komplexität kultureller Unterschiedlichkeit.

Neben „Barnga" (*Thiagarajan/Steinwachs*, 1990), „BAFA BAFA" (*Shirts*, 1973) und „Die 4 synthetischen Kulturen" (*Pedersen*, 2000) gibt es weitere bekannte kulturübergreifende Simulationen wie „Albatros" (*Gouchenour*, 1977) oder „The Outside Experts" (*Pedersen*, 2000). Namen kulturspezifischer Simulationen sind zum Beispiel „Bahama-Host Training" oder „Markhall Simulationen", bei denen es um Führungsstil, Arbeitsleben und Interaktionen am Arbeitsplatz in Japan und USA geht. Kulturspezifische Simulationen müssen speziell für die Herkunfts- und Zielkultur entwickelt werden.

Weiterhin bietet sich die Möglichkeit von **Übung 42: Feldsimulationen**, die in der Entwicklung und Durchführung noch aufwendiger, durch eine stärkere Realitätsnähe aber auch besonders effektiv ist. In einer realen, fremden Umgebung wird eine Teilnehmergruppe vor die Aufgabe gestellt, möglichst viel über die neue Kultur herauszufinden (siehe beispielsweise *Richards*, 1997). Um typische emotionale Begleiterscheinungen in interkulturellen Situationen zu simulieren, wird Stress induziert, indem zum Beispiel die Koffer der Teilnehmer verloren gehen, sie den Bus verpassen oder auf den gewohnten Komfort verzichten müssen.

Simulationen bauen auf den „Aha"-Effekten der Teilnehmer auf, die emotional einbezogen werden. Die Reflexion soll dem Affekt folgen, und Handlungsoptionen sollen vor dem Hintergrund spezifischer kultureller Prägung entwickelt und ausprobiert werden. Es ist zu empfehlen, kulturübergreifende Rahmenmodelle, wie in Kapitel 1 und 2 dargestellt, vorab einzuführen.

Literaturvorschläge für Kapitel 5

Gudykunst, W.B., Guzley, R.M., Hammer, M.R., 1996: Designing intercultural training, in: *D. Landis, R.S. Bhaghat* (Hrsg.), Handbook of Intercultural Training (2. Aufl., S. 118-154), New York: Pergamon Press

Pedersen, P., 2000: One in the eye is worth two in the ear, in: Simulation and Gaming, March, S. 100-107

---

[8] Englische Instruktionen über *Pedersen* (2000), Anlehnung an „Windmills": http://www.info.wau.nl/people/gertjan/Windmill.html

Kapitel 6
Interkulturelle Kommunikation in Teams

Sie haben in Ihrer Arbeit sicherlich schon häufig die Erfahrung gemacht, dass Ihre Teamkollegen aus den verschiedensten Ländern stammen. In dem Trainingscenter eines deutschen Unternehmens in Singapur kann es Ihnen passieren, dass von den 25 Mitarbeitern nur einer aus Deutschland kommt und insgesamt 20 Nationalitäten vertreten sind. Dieselbe multinationale Zusammensetzung gilt auch für die internationalen Trainees, die dort ausgebildet werden. In diesem Kapitel steht die interkulturelle Zusammenarbeit in Arbeitsgruppen und Teams im Vordergrund. Arbeitsgruppen sind häufig in einem internationalen Umfeld angesiedelt – sei es aufgrund unterschiedlicher Nationalität der Mitglieder und/oder der beteiligten Unternehmen. Menschen aus verschiedenen Ländern versuchen über zum Teil weite Entfernungen gemeinsam Ziele zu erreichen.

Politische Gründe und organisatorische Erwägungen unterstützen die Existenz zahlreicher multinationaler Arbeitsgruppen. Nicht nur in den Medien, sondern auch in der Fachliteratur wird betont, dass durch die heterogene Zusammensetzung von Arbeitsgruppen eine größere Bandbreite an Fähigkeiten, Erfahrungen, Zugangsmöglichkeiten und Herangehensweisen dem Unternehmen zur Verfügung steht. Wenn Zusammenarbeit gelingt und diese Ressourcen genutzt werden, bedeuten multinationale Arbeitsgruppen einen enormen Gewinn hinsichtlich Innovation, Kreativität und Entscheidungsqualität.

Im folgenden Kapitel werden wir uns mit der besonderen Komplexität multinationaler Arbeitsgruppen und Teams auseinander setzen, die Chancen und Risiken birgt. Übungen helfen, die Wirkung kultureller Unterschiede auf die Arbeit in Gruppen zu verstehen. Damit die Zusammenarbeit in multinationalen Arbeitsgruppen und Teams auch wirklich gelingt, werden Empfehlungen gegeben, wie internationale Teamarbeit durch den Einzelnen, die Gruppe, den Vorgesetzten und die Organisation zu unterstützen ist. Anhand der Bearbeitung beispielhafter Fälle können Sie Ihre eigenen Teamkompetenzen schulen.

1 Internationale Teamarbeit

1.1 Multinationale Arbeitsgruppen und Teams

Heutzutage wird ein Großteil der Aufgaben in Organisationen von Arbeitsgruppen und Teams erledigt. Diese kommen häufig temporär zusammen, um die unterschiedlichsten Projekte zu bearbeiten, und lösen sich wieder auf, sobald das Projekt erledigt ist. Hinter der wachsenden Popularität teamorientierter Organisationsstrukturen steckt die allgemein geteilte Annahme, dass Gruppenarbeit potenziell Ergebnisse erreichen kann, die nicht von isoliert arbeitenden Individuen allein erreicht werden (*West*, 1996).

Arbeitsgruppen und **Teams** bestehen aus mehr als 2 Personen, die miteinander interagieren, um ein gemeinsames Ziel zu erreichen oder einen gemeinsamen Zweck zu erfüllen. Sie bearbeiten Aufgaben zusammen, zeigen emotionale Bindung und Wir-Gefühl und weisen eine relativ stabile Struktur auf (*Rosenstiel*, 2000). Arbeitsgruppen und Teams zeichnen sich zunehmend nicht nur aufgrund multidisziplinärer Zusammensetzung durch Heterogenität aus, sondern auch immer mehr durch die kulturell unterschiedliche Zugehörigkeit ihrer Mitglieder.

Da Teamarbeit im Vordergrund steht und Unternehmenszusammenschlüsse und Kooperationen länderübergreifend stattfinden, nimmt die Anzahl internationaler Projekte zu. Es findet verstärkt Kontakt mit Personen statt, die aufgrund ihrer kulturellen Prägung unterschiedlich sind (*Tung*, 1997). Diese **multinationalen Arbeitsgruppen** und **Teams** setzen sich aus Mitgliedern zusammen, die verschiedenen nationalen Kulturen angehören oder die in verschiedenen nationalen Kulturen sozialisiert wurden. Sie reichen vom Top-Management bis zu selbstorganisierten Arbeitsgruppen in Dienstleistung und Produktion.

Entwicklung, Produktion, Marketing und Vertrieb eines neuen Erfrischungsgetränkes finden beispielsweise an verschiedenen Standorten statt, und das Produkt soll auf dem globalen Markt verkauft werden. Insbesondere Forschungsteams sind multinational zusammengesetzt und weisen an ein und demselben Standort starke kulturelle Vielfalt auf.

> Die multikulturelle Zusammensetzung von Arbeitsgruppen und Teams, sei sie bi- oder multinational, kann derzeit als eine der größten Herausforderungen im internationalen Wettbewerb angesehen werden.

1.2 Die besonderen Herausforderungen an multinationale Teams

Multinationale Arbeitsgruppen und Teams stehen vor besonderen Herausforderungen (siehe Abbildung 6.1). Sie machen internationale Teamarbeit aufwendiger und können sogar die Zusammenarbeit erschweren.

Die Neuartigkeit eines internationalen Projektes kann sehr motivierend auf die Gruppe wirken, birgt aber auch vermehrt Risiken, da die multikulturelle Zusammensetzung zusätzliches Neuland bedeutet. Die typischen Merkmale von Projektgruppen und Teams wie Zielorientierung, begrenzter Zeitraum und Budget, Einmaligkeit und Komplexität erhalten unter interkulturellen Gesichtspunkten noch einmal eine besondere Bedeutung.

Die besondere **Komplexität** multinationaler Arbeitsgruppen und Teams lässt sich an folgenden Punkten erkennen:

• Nicht nur Unterschiede zwischen Personen, Abteilungen, Berufsgruppen und Unternehmensbereichen, sondern auch zwischen Kulturen werden in multinationalen Arbeitsgruppen relevant und müssen abgestimmt werden.

- Die in Arbeitsgruppen erforderliche Arbeitsteilung bedeutet in der internationalen Teamarbeit einen noch höheren Koordinationsaufwand.
- Die Doppelrolle der Mitglieder – bedingt durch ihre Zugehörigkeit zur Arbeitsgruppe und zum Unternehmen – wird durch ihre unterschiedlichen Herkunftsländer verstärkt.
- Der häufig interdisziplinäre Charakter von Arbeitsgruppen wird noch erhöht, indem nicht nur verschiedene organisatorische Einheiten und Abteilungen beteiligt sind, sondern die Spezialisten aus mehreren Ländern kommen.
- In der Zusammenarbeit muss eine größere Anzahl von Einflussgrößen aufgrund der besonderen Herausforderungen an multinationale Arbeitsgruppen und Teams berücksichtigt werden.
- Die hohe Bedeutung von globalen Projekten hat einen noch größeren Wirkungsbereich.

Sprache: Die Gruppenmitglieder sprechen verschiedene Sprachen und unterscheiden sich in ihren Sprachkenntnissen, insbesondere der Geschäftssprache.

Technologien und **Kommunikationsmittel:** Technologien und Software sind nicht immer kompatibel. Es werden verschiedene Kommunikationsformen (Brief, Telefon, Fax, E-Mail) bevorzugt und genutzt. Auch die Art der Verwendung kann sich unterscheiden.

Währungen und **Maßeinheiten**: Verschiedene Währungen und Maßeinheiten machen Umrechnungsprozesse notwendig und können zu Ungenauigkeiten führen.

Zeitzonen: Teammitglieder arbeiten häufig in verschiedenen Zeitzonen. Dies hat entscheidenden Einfluss auf Erreichbarkeit, Terminabsprachen, Fitness und Ausmaß des Jetlags.

Räumliche Entfernungen: Große räumliche Entfernungen müssen überwunden werden und erschweren Häufigkeit, Organisation und Ablauf von Meetings und persönlichen Gesprächen.

Regionale Besonderheiten: Die Kollegen müssen sich an klimatische Unterschiede gewöhnen. Die Landespolitik und geografische Lage der beteiligten Länder hat Einfluss auf Machbarkeit und Durchführbarkeit von Projekten. Oft bergen geschichtliche Hintergründe Konfliktpotenzial.

Geschäftspraktiken: In den verschiedenen Ländern und Unternehmen(sbereichen) bestehen unterschiedliche Geschäftspraktiken und Unternehmenskulturen.

Abb. 6.1: Herausforderungen an multinationale Arbeitsgruppen und Teams

Trotz all dieser Herausforderungen und der erhöhten Komplexität multinationaler Arbeitsgruppen und Teams ist ein effektives Funktionieren geografisch zerstreuter, kulturell gemischter Arbeitsgruppen entscheidend für den Geschäftserfolg eines Unternehmens.

2   Chancen und Risiken in multinationalen Teams

2.1   Vor- und Nachteile internationaler Teamarbeit

Auch wenn Sie in Ihrer Arbeitsgruppe an einer gemeinsamen Aufgabe arbeiten und die beteiligten Unternehmen stark westlich geprägt sind, so bringt doch jedes Teammitglied seinen eigenen kulturellen Hintergrund mit ein. Dies kann von Vor- und Nachteil sein.

Verschiedene Studien weisen darauf hin, dass multikulturelle Arbeitsgruppen im Vergleich zu monokulturellen Arbeitsgruppen entweder besonders effektiv oder besonders ineffektiv arbeiten. Die starke Heterogenität in multikulturellen Gruppen kann in zwei verschiedene Richtungen wirken, so wie dies in Abbildung 6.2 (nach *Adler*, 1991, S. 135) exemplarisch zu sehen ist.

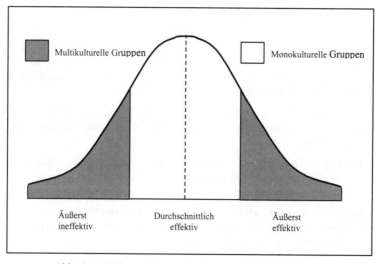

Abb. 6.2: Effektivität von multikulturellen Arbeitsgruppen

Die besonderen Chancen multinationaler Arbeitsgruppen und Teams

Fallbeispiel 7: Eine Waschmaschine für Südostasien

Stellen Sie sich vor, Sie arbeiten gerade an der Entwicklung einer neuen Waschmaschine, die auch in Südostasien verkauft werden soll. Sie haben Marktanalysen über den Bedarf an Waschmaschinen und Profile typischer Haushalte vorliegen und feilen gerade an den technischen Feinheiten einer stufenlosen Temperatureinstellung und bedienungsfreundlichen Elektronik. Arbeiten Sie nun in einer gemischtkulturellen Gruppe, wird Ihr Kollege aus Singapur Sie schnell darauf hinweisen, dass es üblich ist – auch wenn die technischen Voraussetzungen gegeben sein mögen – mit kaltem Wasser Wäsche zu waschen, so dass eine Feineinstellung in den oberen Temperaturbereichen eher überflüssig ist. Weiterhin wird er anmerken, dass die Waschmaschinen anderen Witterungsbedingungen standhalten müssen, da Sie häufig draußen, zum Beispiel auf dem Balkon, stehen. Ihnen sind zwar die klimatischen Unterschiede bewusst, doch nicht die unterschiedlichen Standorte für Waschmaschinen – und woher sollten Sie wissen, dass Möbel und technische Geräte vorzugsweise mit Füßen versehen sind, damit tägliches Aufwischen leichter möglich ist.

In einer multinationalen Arbeitsgruppe vermeiden Sie und Ihre deutschen Kollegen, besten Wissens und Gewissens zu schnell in die falsche Richtung zu laufen, und nutzen das Wissen, die Einblicke und Recherchemöglichkeiten Ihrer südostasiatischen Kollegen.

Durch den diversen kulturellen Hintergrund der Mitglieder einer Arbeitsgruppe existieren eine größere Bandbreite und höhere Anzahl an unterschiedlichen Perspektiven und Erfahrungen. Wenn diese positiv in die gemeinsame Arbeit eingebracht werden, wird ein Problem von mehreren Seiten beleuchtet. Die Gruppenmitglieder bereichern sich gegenseitig und können voneinander profitieren. Die Gefahr, sich zu schnell auf eine vermeintlich beste Lösung einzuschießen, ohne alle anderen, vielleicht besseren Möglichkeiten und Risiken beachtet zu haben, ist wesentlich geringer, wenn unterschiedliches Expertenwissen und Einblicke in die Arbeit eingebracht werden. Dies ist umso wichtiger, da die Ergebnisse internationaler Teamarbeit häufig nicht nur für ein Zielland bestimmt sind und das Produkt bzw. Ergebnis in vielen Ländern erfolgreich sein muss.

Dem Unternehmen steht eine größere Bandbreite an Zugangsmöglichkeiten (z.B. zu Kunden und Lieferanten), Problemlösestilen, Wissen und Fähigkeiten zur Verfügung. Innovation und Kreativität sowie Qualität und Quantität von Entscheidungen werden verbessert. **Synergie** tritt dann ein, wenn durch effektive Zusammenarbeit von kulturell unterschiedlich geprägten Gruppenmitgliedern die Ressourcen eines Teams optimal genutzt werden und die Qualität der gemeinsamen Leistung gesteigert wird. Voraussetzung dafür ist der interkulturell kompetente Umgang miteinander, der durch geeignete Personalentwicklungsmaßnahmen (siehe auch Kapitel 7) unterstützt werden sollte.

Die Chancen multinationaler Arbeitsgruppen und Teams können folgendermaßen zusammengefasst werden:

- Das Zusammenspiel unterschiedlicher Perspektiven führt zu vielseitigeren und -schichtigeren Problemlösungen und Entscheidungen, zu ausgeprägterer Kreativität und mehr Innovationen.
- **Gruppendenken** (*Janis*, 1982) ist vermindert, also die Gefahr, dass durch übermäßige, vorschnelle Einstimmigkeit nicht die volle Bandbreite möglicher Lösungsmöglichkeiten in Betracht gezogen wird.
- Heftige Debatten können zu fundierteren Entscheidungen führen als halbherzige Konformität.
- Auf Veränderungen in der sozialen und beruflichen Umwelt kann schneller und flexibler reagiert werden; im Kontext der Globalisierung besteht mehr Wendigkeit.

> Multinationale Arbeitsgruppen haben die Chance, produktiver, innovativer und kreativer als mononationale Gruppen zu sein.

Die besonderen Risiken multinationaler Arbeitsgruppen und Teams

Dennoch können genau die oben genannten Unterschiede in Erfahrungen, Kontakten, Perspektiven, Zugangsweisen und Arbeitsstilen zu Verständnis- und Kommunikationsproblemen innerhalb des Teams führen. Koordination von Arbeitsschritten und Integration verschiedener Sichtweisen sind erschwert. Die Anforderungen an den Einzelnen und an die Zusammenarbeit sind erhöht. Es bestehen mehr unklare Situationen und Unsicherheiten über das passende Vorgehen. Die bereits bestehende Komplexität von Teamarbeit wird aufgrund einer höheren psychischen und physischen Belastung durch Sprachbarrieren, Fremdheit, Zeitverschiebung, klimatische Unterschiede, Überwindung großer Entfernungen und Verwendung unterschiedlicher Arbeitsmittel verstärkt.

Die Risiken multinationaler Arbeitsgruppen und Teams sind an folgenden Punkten zu erkennen, die sowohl in der besonderen Problematik der interkulturellen Kommunikation als auch in den Herausforderungen, die Teamarbeit an seine Mitglieder stellt, begründet liegen:

- Vorurteile und Stereotype führen besonders in komplexen Situationen wie der internationalen Teamarbeit zu Konflikten.
- Unsicherheit, Misstrauen und mögliche Kontaktängste erschweren die Zusammenarbeit innerhalb der Gruppe.
- Unterschiede im Kommunikationsverhalten, sowohl verbal als auch nonverbal, müssen in Gruppen bewältigt werden.
- Die Verhaltensweisen der Gruppenmitglieder und für die Aufgabe relevante Ereignisse werden aufgrund der jeweiligen kulturellen Prägung der Mitglieder unterschiedlich interpretiert und bewertet und führen somit leicht zu Missverständnissen.
- Die Attraktivität der Gruppe, die sich auf die **Gruppenkohäsion**, also die Bindung der Mitglieder an die Gruppe, auswirkt, ist schwieriger und aufwendiger zu erreichen.
- Die interkulturelle Komponente und die besondere Komplexität bedeuten eine zusätzliche Belastung für die Gruppenmitglieder und somit mehr Stress.
- Multinationale Arbeitsgruppen sind oft mit häufigerem Personalwechsel und höherem Kostenaufwand konfrontiert.

> Es besteht das Risiko, dass die Zusammenarbeit in multinationalen Arbeitsgruppen aufgrund von Integrations-, Koordinations- und Kommunikationsproblemen erschwert wird oder sogar scheitert.

Multinationale Arbeitsgruppen haben also Stärken und Schwächen, die in Abbildung 6.3 zusammengefasst werden.

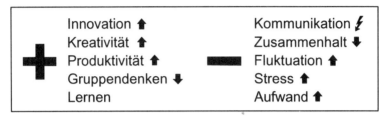

Innovation ⬆	Kommunikation ⚡
Kreativität ⬆	Zusammenhalt ⬇
Produktivität ⬆	Fluktuation ⬆
Gruppendenken ⬇	Stress ⬆
Lernen	Aufwand ⬆

Abb. 6.3: Stärken und Schwächen multinationaler Arbeitsgruppen

Es gibt jedoch zahlreiche Belege (Überblick bei *Podsiadlowski* 2002b), dass – wenn sich die Arbeitsgruppen und Teams den besonderen Herausforderungen stellen – multikulturelle Gruppen langfristig effektiver arbeiten als monokulturelle Gruppen (*Watson/Kumar/Michaelsen*, 1993). In einer eigenen Studie zu multikulturellen Arbeitsgruppen innerhalb deutscher Unternehmen in Südostasien konnte gezeigt werden, dass die multikulturelle Zusammensetzung besonders positiv auf die Zufriedenheit der Gruppenmitglieder und die Kreativität der Arbeitsgruppen wirkte (*Podsiadlowski*, 2002a).

Auch wenn sich internationale Projekte durch eine besondere Komplexität auszeichnen und die interkulturelle Zusammenarbeit in Gruppen Risiken birgt, so bietet die multikulturelle Zusammensetzung von Arbeitsgruppen und Teams große Vorteile:

* Multinationale Arbeitsgruppen und Teams haben eine enorme Innovationskraft.
* Die starke Heterogenität in multinationalen Teams führt zu einer flexiblen Anpassung an eine dynamische Umwelt und erhöht somit die Wettbewerbsfähigkeit.
* Die verschiedenen Käufermärkte können durch die unterschiedlichen Nationalitäten besser analysiert und die Kundenwünsche gezielter erfasst werden.

2.2 Interkulturelle Kommunikation in Arbeitsgruppen und Teams

Multinationale Arbeitsgruppen stehen vor einem **Diversitäts-Konsens-Dilemma**: Während auf der einen Seite die Diversität – also die Unterschiedlichkeit der Perspektiven – neue Lösungsansätze bietet, erschwert diese aber auch einen Konsens, der in einer Projektgruppe hinsichtlich Ziel, Vorgehen etc. gefunden werden muss. Diversität führt zu Innovation. Dies ist eine wichtige Voraussetzung für eine erfolgreiche Arbeitsgruppe – genauso wie eine funktionierende Zusammenarbeit. Der dafür nötige Zusammenhalt der Gruppe entsteht durch Konsens. Doch hier bietet das Diversitäts-Konsens-Dilemma ein Spannungsfeld, das für multinationale Arbeitsgruppen noch schwieriger zu bewältigen ist als für mononationale Arbeitsgruppen (siehe Abbildung 6.4).

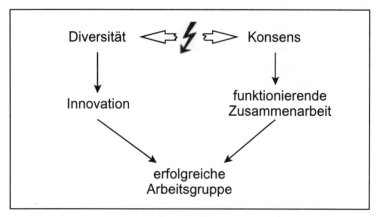

Abb. 6.4: Die Arbeitsgruppe im Diversitäts-Konsens-Dilemma

Die interkulturelle Kommunikation in Teams steht vor zwei Herausforderungen:

1. Die Wahrscheinlichkeit von Missverständnissen in der Kommunikation zwischen Angehörigen verschiedener Kulturen ist generell sehr hoch.
2. In Gruppen muss in jeder Projektphase Konsens gefunden werden, der aufgrund kultureller Unterschiede meist schwieriger zu erreichen ist.

In der Teamarbeit geht es nie nur um die Sache, die Aufgabe und das Ziel, sondern auch immer um den Prozess:

• Wie wird das Ziel erreicht?
• Wie kann die Aufgabe gemeinsam erfolgreich bewältigt werden?

Damit die Gruppe effektiv arbeiten kann, gilt es, besonderes Augenmerk auf die Kommunikation und die Gruppenprozesse zu richten, die besonders in der interkulturellen Zusammenarbeit eine Herausforderung bedeuten.

Die besonderen Herausforderungen in der Kommunikation

Wichtige Voraussetzung für gewinnbringende Zusammenarbeit ist eine relativ reibungslose Kommunikation. Diese ist gegeben, wenn die Gruppenmitglieder

• sich gleichberechtigt austauschen
• sich gegenseitig zuhören
• frei ihre Meinung äußern und
• verschiedene Kommunikationsmedien flexibel einsetzen.

Dafür sollte es möglichst viele Gelegenheiten des Austauschs und Kontaktes geben, der nicht nur im virtuellen Raum sondern auch persönlich stattfindet. Eine vernetzte Kommunikationsstruktur, so dass jeder mit jedem sprechen kann, regelmäßige Meetings, in denen inhaltliche und organisatorische Themen behandelt werden, und informelle Anlässe schaffen dafür einen günstigen Rahmen.

> Wenn alle Alternativen und Blickwinkel berücksichtigt werden, ist die Zusammenarbeit in multinationalen Teams sehr gewinnbringend!

Die besonderen Herausforderungen in den Gruppenprozessen

Multinationale Arbeitsgruppen und Teams stehen vor der Aufgabe,

- ein gemeinsames Ziel- und Aufgabenverständnis zu entwickeln
- einen Konsens über die Form der Gruppenarbeit zu finden und
- ein Wir-Gefühl aufzubauen.

Um diese Ziele erreichen zu können, dürfen sich die Mitglieder nicht auf der Arbeit der anderen ausruhen (dies wird als **"social loafing"** bezeichnet) und sollten sich gegenseitig unterstützen und helfen. Sowohl ihre Motivation, voneinander lernen zu wollen und sich mit der Aufgabe zu identifizieren, als auch ihre Einstellung, gerne in Gruppen zu arbeiten und sich loyal gegenüber der Gruppe zu verhalten, unterstützen die Gruppenprozesse. Um einen Konsens über die Arbeitsprozesse zu finden, ist es sinnvoll, Gemeinsamkeiten und Unterschiede in den Vorgehensweisen zu identifizieren. Dafür eignen sich Übungen zum Erkennen von Kulturunterschieden (siehe Kapitel 4, Übungen 25 bis 26). Eine Moderation der Arbeitsgruppe und eine Beratung von außen, sei es durch einen Coach, Trainer oder Supervisor, helfen, Schwierigkeiten aufzuzeigen und Lösungsvorschläge zu entwickeln.

Wenn für alle Beteiligten das Projektziel klar und eindeutig ist, birgt ein internationales Projekt einen enormen Gewinn: Das Wir-Gefühl wird verstärkt, die Gruppenstabilität erhöht und Gemeinsamkeiten werden erkannt. Dies ist die beste Grundlage, um kulturelle Unterschiede synergetisch zu nutzen.

Denken sie daran: Jedem liegt am Erfolg des Projektes!

Haben Sie einen Konsens über Ziel, Aufgabe und Vorgehen entwickelt, hilft das gemeinsame Projekt beim Gruppenzusammenhalt und Überwinden interkultureller Probleme.

Sich den Herausforderungen stellen: Ein Beispiel

Fallbeispiel 8: Teambesprechung

Sensibilisiert für die interkulturelle Problematik wissen Sie nun von den Herausforderungen der interkulturellen Kommunikation in Arbeitsgruppen. Gern sind Sie bereit, alle Blickwinkel im Team zu berücksichtigen und einen Konsens zu finden. Nur – bei den Teambesprechungen reden immer nur die gleichen Leute. Ihr japanischer Kollege zum Beispiel, dessen Expertise Sie sehr schätzen, trägt nie etwas in diesen Sitzungen bei. Oder Ihre thailändische Kollegin: Sie hat die besten Abschlüsse, und es wurde Ihrem Chef dringend geraten, Sie in das Team aufzunehmen, doch bislang haben Sie nichts von Ihren Fähigkeiten bemerkt.

Fragen, die Sie sich stellen:

- Was läuft schief?
- Wie muss Ihre Gruppe arbeiten, damit wirklich alle Perspektiven eingebracht werden und die Gruppe vom Know-How aller profitiert?

Kommunikation, Austausch und Besprechungen sind ein wichtiger Bestandteil von Gruppenarbeit. Auch hier muss ein Konsens gefunden werden, wie dieser Aspekt behandelt wird, und dieser Konsens muss den verschiedenen kulturspezifischen Gepflogenheiten gerecht werden. Ist das die Quadratur des Kreises? Bei der Kommunikation in Gruppen kommen besonders kulturelle Unterschiede in Kommunikationsstil und Machtdistanz und die spezielle Bedeutung des Gesichtwahrens und der Beziehungsorientierung zum Tragen. Berücksichtigen Sie, dass es sowohl für Ihren japanischen Kollegen als auch Ihre thailändische Kollegin unüblich – und unhöflich! – ist, jemanden zu unterbrechen, laut zu reden oder als Erste(r) das Wort zu ergreifen. Achten Sie auf Ihren eigenen Diskussionsstil und den der Mitglieder, die vorwiegend reden! Lassen Sie genügend Zeit und Raum für die Kollegen, die sich nicht zu Wort melden! Denken Sie bitte nicht, ihre Kollegen hätten nichts zum Thema beizutragen (dazu sind sie zu qualifiziert und haben ihre spezielle Befähigung, Teammitglied zu sein) oder sie würden durch Schweigen (oder besser: für Sie unauffälliges Bemühen, etwas beizutragen) ihre Zustimmung signalisieren.

Konsens über die Form der Zusammenarbeit in multinationalen Gruppen zu finden, ist eine wahre Kunst, wenn die Gruppenmitglieder aus ganz unterschiedlichen Kulturen stammen. Es gibt einige Aspekte, auf die Einfluss genommen werden kann, um das Wissen und die Erfahrung aller zu nutzen.

Tipps für gemischtkulturelle Teambesprechungen:

- Häufig sind die Arbeitsgruppen zu groß: Unterteilen Sie Ihre Gruppe und arbeiten Sie in kleineren Einheiten weiter. Wechseln Sie zwischen der Arbeit allein, zu zweit oder in kleinen Gruppen. Wählen Sie jemanden für die Präsentation der Ergebnisse und besprechen Sie dies vorab. Oder lassen Sie die Gruppe eine Person als Moderator und/oder Präsentator vor der Arbeit in der Kleingruppe bestimmen.
- Ermöglichen Sie noch andere Kommunikationsformen außer der direkten: Wählen Sie schriftliche und anonymisierte Formen der Kommunikation, wie zum Beispiel die Metaplan- oder Delphi-Technik. Bei der **Metaplan-Technik** schreiben die Teilnehmer ihre Antworten auf Kärtchen, die eingesammelt und dem Plenum vorgestellt werden. Bei der **Delphi-Technik** werden Experten der Reihe nach schriftlich zu einem Problem befragt. Die Antworten werden in der nächsten Runde für eine weitere Stellungnahme an die Experten zurückgemeldet.
- Achten Sie auf Redezeiten und Redeanteile der einzelnen Gruppenmitglieder! Ermuntern Sie einzelne Gruppenmitglieder, etwas zu sagen, und fragen Sie konkret nach!
- Fördern Sie Rednerwechsel, zum Beispiel dadurch, dass der Reihe nach Kommentare gegeben werden sollen – der Vorgesetzte am besten zuletzt! Führen Sie ein „Blitzlicht" ein, bei dem jeder zwei Minuten redet!
- Benennen Sie einen Moderator (aus den eigenen Reihen oder extern), der die Redebeiträge koordiniert und von der Gruppe autorisiert wird, den Ablauf zu organisieren und zu bestimmen!

3 Kulturelle Unterschiede

3.1 Kulturelle Unterschiede in Gruppen

Manager in internationalen Projekten haben häufig das Gefühl, dass nichts vorwärts geht. Als interkultureller Experte wissen Sie aber, dass es unterschiedliche Strategien gibt, ein Problem zu lösen. Der Weg zum Ziel unterscheidet sich häufig, führt aber dennoch in einem vergleichbaren Zeitraum zum Ergebnis. Deutsche arbeiten zum Beispiel erst sehr lange an einem Konzept und suchen nach einer systemorientierten Lösung, während Amerikaner wesentlich früher mit der konkreten Umsetzung anfangen, aber dafür bereit sind, mehr Fehlerschleifen einbauen zu müssen. Wenn man japanische Problemlösegruppen beobachtet, erscheinen diese noch länger für irgendwelche Entscheidungen zu brauchen. Ist jedoch ein Konsens über das richtige Vorgehen getroffen, der in einer kollektivistischen Kultur wesentlich mehr Abstimmungsprozesse als in einer individualistischen Kultur benötigt, so ist das Ergebnis schnell erreicht und durch den anfänglichen ausgedehnten Entscheidungsprozess weniger fehleranfällig.

Wenn Sie von diesen unterschiedlichen Vorgehensweisen im Arbeitsprozess wissen, werden Sie nicht nur zuversichtlich sein, dass das Ziel erreicht wird, sondern auch von den anderen Strategien lernen können. Mehrere Dinge zum Beispiel gleichzeitig zu tun, schließt zwar keine der Aufgaben sehr schnell ab, aber die Beziehungspflege wird dadurch nicht vernachlässigt und kann zu einem späteren Zeitpunkt sehr hilfreich sein. Bei einem internationalen Projekt ist es für den Gruppenleiter besonders schwierig zu erkennen, ob ein vorgegebener Zeitplan eingehalten wird. Hier bedarf es großes Einfühlungsvermögen, wann Druck auf die einzelnen Gruppenmitglieder zu erhöhen und wann dieser kontraproduktiv ist.

> Kulturelle Unterschiede haben entscheidenden Einfluss darauf, wie in Gruppen gearbeitet wird. Gehen Sie also davon aus, dass wesentliche Elemente der Teamarbeit in unterschiedlichen Ländern auf verschiedene Art durchgeführt werden.

So wie der Einfluss von Kultur auf das Verhalten von Individuen beachtet werden sollte, gilt dies auch für das Verhalten innerhalb und zwischen Gruppen. Wenn sich die Frage stellt, was passiert, wenn unterschiedlich kulturell geprägte Menschen zusammenarbeiten, muss überlegt werden, wie das kulturspezifische Verständnis von Gruppenarbeit und der kulturspezifische Stellenwert von Gruppen Einfluss nehmen auf die Zusammenarbeit in multinationalen Arbeitsgruppen.

Einige Beispiele: Unterschiedliche Vorstellungen von Führung und Machtdistanz wirken darauf, inwieweit Aufgaben delegiert und Mitarbeiter an den Entscheidungsprozessen beteiligt werden. In einer amerikanischen Textilfabrik (*Coch/French*, 1948) führte die Beteiligung (Partizipation) der Arbeiter an der

Neugestaltung der Arbeitsstrukturen zu erhöhter Produktivität. In einer Wieder-holungsstudie in Norwegen wurde dieser Effekt jedoch nicht erzielt (*French/Israel/As*, 1960). Die norwegischen Mitarbeiter hatten aufgrund ihrer starken Gewerkschaftstradition eine noch stärkere Beteiligungsmöglichkeit erwartet. Und in Puerto Rico (*Marro*, 1964) kam es sogar zu erhöhter Fluk-tuation, da die Mitarbeiter das Angebot der Unternehmensleitung, sich an dem organisatorischen Wandel zu beteiligen, als kurz bevorstehenden Konkurs miss-gedeutet hatten.

Vom Projektleiter einer indonesischen Arbeitsgruppe werden klare Anweisun-gen und die Wahrung der Statusunterschiede erwartet. In einem schwedischen Team mit einem völlig anderen Autoritätsverständnis würde eine Führungskraft mit demselben Verhalten auf Widerstand stoßen. Nur durch gegenseitige Rück-meldung und Beteiligung aller Mitarbeiter am gesamten Arbeitsprozess gelingt die Zusammenarbeit.

Besonders die Dimension des Individualismus-Kollektivismus macht deutlich, welchen unterschiedlichen Stellenwert Gruppen und die eigene Gruppenmit-gliedschaft in verschiedenen Kulturen hat (*Earley*, 1993). Dieser Unterschied nimmt Einfluss darauf, wie stark und ausdauernd man sich seiner Arbeitsgruppe verbunden fühlt. In kollektivistischen Ländern besteht ein langfristiges Com-mitment gegenüber seiner Arbeitsgruppe, man gehört weniger Gruppen an, die länger bestehen und nach außen klarer abgegrenzt sind. Harmonie innerhalb der Gruppe ist sehr wichtig. Bei japanischen Arbeitsgruppen zum Beispiel findet bei Entscheidungsprozessen eine größere Integration der Gruppenmitglieder statt. Die funktionale Aufteilung in Spezialistenrollen ist weniger eindeutig als in westlichen Arbeitsgruppen, die vertikalen Strukturen sind jedoch wesentlich klarer umrissen (*Kashima/Callan*, 1994).

Insgesamt hängen der Partizipationsgrad, die Gruppenleistung und die Ver-pflichtungen, die Teammitglieder innerhalb einer Gruppe eingehen, von kultu-rellen Werten ab (*Smith/Noakes*, 1996). Diese Aspekte sollten bei der Beschäfti-gung mit multinationalen Arbeitsgruppen beachtet werden.

3.2   Ein Fallbeispiel

Fallbeispiel 9: Meetings

Frau Koch ärgert sich wahnsinnig. Schon wieder erhält Sie die Mail eines ame-rikanischen Kollegen aus der Marketing-Abteilung, der ihr mitteilt, dass am Nachmittag eine Besprechung für das Projekt, in dem sie beide arbeiten, festge-setzt wurde. Sie wertet gerade die neuesten Statistiken der Kundenzufrieden-heitsbefragung aus, eine Arbeit, die sie am Nachmittag abschließen wollte. Außerdem kann sie zu der Besprechung ohne diese Ergebnisse kaum etwas beitragen, vor allem da die Besprechung spezifische Fragen der neuen Marke-tingstrategie zum Inhalt hat. Ihrer Meinung nach ist es nicht nötig, dass alle Projektmitglieder der verschiedenen Abteilungen daran teilnehmen, erst recht nachdem erst einen Tag zuvor eine Besprechung mit allen stattgefunden hat. Überhaupt halten diese vielen Besprechungen die Leute von der Arbeit ab und sind auf Grund der Anzahl der Teilnehmer nicht sehr produktiv.

Was steckt dahinter?

In diesem Fall prallen unterschiedliche Vorstellungen und Gepflogenheiten aufeinander, was die Häufigkeit, den Zweck und das Ziel von Besprechungen angeht. Während es in den USA üblich ist, sehr häufig Meetings mit allen Mitarbeitern durchzuführen, damit alle Beteiligten informiert sind und sich zu den Punkten äußern können – passend zu einer niedrigen Informationsdichte und einem hohen Egalitarismus-Gedanken in den USA –, wird in Deutschland eine Besprechung in kleinerem Rahmen geschätzt. Entsprechend einem ergebnis- und sachorientierten Arbeitsstil soll intensiv am Problem gearbeitet werden. Ziel ist eine Strukturierung, indem die nächsten Arbeitsschritte abgesprochen werden und das Konzept verbessert wird. Die besprochenen Arbeitsschritte werden eine Zeit lang unabhängig durchgeführt, um sich dann, wenn neue Ergebnisse da sind, über diese nach einem abgesprochenen, festgesetzten Zeitraum auszutauschen. Wenn die Ergebnisse oder deren Kommunikation bereichsübergreifend relevant sind, wird – mit einem gewissen Vorlauf – eine größere Besprechung längerfristig anberaumt.

3.3 Verteilung von Belohnungen

Ein wichtiger Gruppenaspekt ist die Belohnung der Leistung: Wird die Leistung des Einzelnen belohnt oder die der Gruppe? Wie ist die Leistung des Einzelnen überhaupt zu identifizieren? Wie lässt sich die Leistung der Gruppe von der des einzelnen Gruppenmitgliedes trennen? Die letzten beiden Fragen würden sich Angehörige zahlreicher kollektivistischer Kulturen überhaupt nicht stellen. Alle arbeiten zusammen an einer Aufgabe, jeder trägt etwas dazu bei, das Ergebnis zählt und wird belohnt. Dies wird im Englischen mit „Equity" bezeichnet (*DeMatteo/Eby/Sundstrom,* 1988). Um eine genauere Vorstellung von „Equity" zu bekommen, lesen Sie bitte zuerst die folgende Zeitungsmeldung von *Gebhard Hielscher* (Süddeutsche Zeitung, 26.9.1997) durch und beantworten Sie für sich die dazu gehörigen Fragen.

Fallbeispiel 10: Um das Ei geprellt

Warum Aki Maita, die „Mutter" des Tamagotchi, leer ausgeht.

„Tamagotchi ist kein Spielzeug, sondern ein künstliches Lebewesen, dem nur zwei Eigenschaften fehlen – es riecht nicht und fühlt sich beim Anfassen nicht so angenehm an wie ein echtes Haustier", verteidigte Aki Maita, die „Mutter von 15 Millionen Tamagotchis", am Montag ihr Geschöpf gegenüber kritischen Fragen ausländischer Journalisten und Geschäftsleute. Die 30-jährige Japanerin gilt als Initiatorin des Tamagotchi-Siegeszugs rund um die Welt.

Seit der Markteinführung im November vorigen Jahres wurden weltweit bereits 15 Millionen der eiförmigen, piepsenden Kunsttierchen verkauft. Bis zum Ende des laufenden Geschäftsjahres im Frühjahr 1998 erwartet die Tokioter Herstellerfirma Bandai einen Absatz von 40 Millionen Einheiten, die Hälfte davon im Ausland. Allein in Japan soll das der Firma Einnahmen von rund 300 Millionen Mark einbringen. Doch Maita, titellose Mitarbeitern der Spielzeug-Planungsabteilung von Bandai, hat der beispiellose Erfolg ihres „Kindes" bisher weder finanzielle Vergünstigungen noch eine Beförderung eingebracht. Der Erfolg sei das Ergebnis von Teamarbeit, sagte Maitas Chef, Abteilungsleiter Ikuo Shibata. Deshalb würden vermutlich alle Mitarbeiter des Spielzeugherstellers Bandai in diesem Jahr vermutlich eine etwas höhere Jahresendprämie bekommen.

Shibata räumte immerhin ein, dass Maita bei der Produktplanung und Vermarktung des Tamagotchis die „stärkste Rolle" gespielt habe. Dies habe er auch in der persönlichen Beurteilung ihrer Leistung berücksichtigt. Vermutlich werde sich das zu gegebener Zeit in einer „allerdings geringen Aufbesserung ihrer Bezüge" niederschlagen.

Übung 43: Equity und Equality

Wenn Sie diese Zeitungsmeldung durchlesen:

- Was fällt Ihnen besonders auf?

- Was überrascht Sie?

- Wie würden Sie dies erklären?

Der Text ist aus einer westlichen Sichtweise geschrieben, in der das Unverständnis darüber zum Ausdruck kommt, dass die Erfinderin eines äußerst erfolgreichen japanischen Produktes „leer ausgeht" und ihr der Erfolg weder „Beförderung noch finanzielle Vergünstigungen eingebracht hat."

Es wird deutlich, dass in dem japanischen Unternehmen finanzielle Belohnung und Beförderung anders beurteilt werden, als wir es von deutschen oder amerikanischen Unternehmen her kennen. Ein Produkt ist das Ergebnis von Teamarbeit, an dem das gesamte Kollektiv beteiligt ist und wofür alle belohnt werden. War es in diesem Fall Aki Maita, so wird es im nächsten Fall jemand anderes sein. Jeder ist ein Teil des Ganzen, das langfristig nur durch den bestmöglichen Beitrag aller funktioniert. Im Sinne von „Equity" findet eine gleiche Belohnung von allen unabhängig von der speziell eingebrachten Leistung für diesen einen Fall statt. In kurzfristiger orientierten Kulturen, in denen Gruppen nicht so lange bestehen und es um das eine Ergebnis zu diesem einen Zeitpunkt geht (Wer weiß, wer noch dieser Arbeitsgruppe nach Beendigung eines Projektes angehört?), wird im Sinne von „Equality" belohnt. Jeder bekommt die Belohnung entsprechend seines individuellen Beitrages zur Gesamtleistung.

In der folgenden Übung (nach *Singelis/Brislin*, 1997), die sich auch sehr gut als Teamübung eignet, können Sie für sich selbst und für sich als Teammitglied überlegen, wie Sie in dem beschriebenen Fall entscheiden würden. Überlegen Sie sich zuerst, wie Sie selbst die Belohnung aufteilen würden. Nutzen Sie die Möglichkeit, diese Übung mit Kollegen durchzuführen und einigen Sie sich im zweiten Schritt als Gruppe: Sie müssen eine Entscheidung treffen! Besonders interessant ist es, wenn Sie Ihre Ergebnisse mit denen anderer Arbeitsgruppen, am besten aus einer anderen Kultur, vergleichen oder wenn Sie versuchen, sich in einer gemischtkulturellen Gruppe zu einigen. Sie werden überrascht sein, welche Argumente Ihre Kollegen als Grundlage ihrer Beurteilung einbringen.

Zweck:

Belohnungen von Teamarbeit, kulturelle Unterschiede in der Verteilung von Belohnungen.

Ablauf:

Geben Sie jedem Teilnehmer circa 10 Minuten Zeit, die folgende Aufgabe für sich allein zu bearbeiten, ohne sich mit dem Nachbarn auszutauschen. Bilden Sie Arbeitsgruppen (3 bis 5 Personen), die 15 Minuten Zeit haben, sich auf eine gemeinsame Lösung zu einigen. Im Plenum werden die Ergebnisse zusammengetragen. Zeichnen Sie auf einem Flipchart eine Tabelle, in der pro Zeile die einzelnen Personen A bis F stehen (wie in der Vorlage aus der Instruktion) und tragen Sie in den Spalten die Ergebnisse jeder einzelnen Arbeitsgruppe ein.

Instruktion:

Übung 44: Distribution of Rewards

Stellen Sie sich vor, eine Bau-Firma hat einen Vertrag über 400.000,- Euro erhalten, um ein neues Jugendbegegnungszentrum in einer ländlichen Gegend aufzubauen. Aufgrund einiger günstiger Begleiterscheinungen, wie zum Beispiel gutem Wetter, konnte das Projekt schon für 350.000,- Euro beendet werden. Zum Ende des Geschäftsjahres hat nun der Vorstand dieser Firma entschieden, die zusätzlichen 50.000,- Euro unter den folgenden Mitarbeitern aufzuteilen, die an dem Konstruktionsprojekt beteiligt waren. Alle arbeiten seit mehr als fünf Jahren für die Firma und verstehen sich gut.

Person A hat am härtesten an dem Projekt gearbeitet und war klar dafür verantwortlich, die aktuelle tägliche Arbeit an dem Projekt zu beaufsichtigen. Mindestens 40% der täglich anfallenden Arbeiten wurden von Person A geleistet. Personen B, C und D waren zuverlässig, aber nicht auffallend an der Fertigstellung des Projektes beteiligt. Sie waren kompetente, aber nicht überragende Arbeiter. Jeder von ihnen hat ungefähr 15% der täglich anfallenden Arbeit geleistet.

Person E ist eine wohlhabende Person mit sehr hohem Status sowohl in der Firma als auch in der Gemeinschaft. Obwohl sie nicht an der täglichen Arbeit innerhalb des Konstruktionsprojektes beteiligt war und nicht den Antrag für die Finanzierung geschrieben hat, ist in der Organisation bekannt, dass sie ihre Beziehungen und ihren Einfluss genutzt hat, so dass der Auftrag über die 400.000,- Euro dieser Firma überhaupt erst erteilt wurde.

Person F hat einen ähnlichen Beitrag zur Fertigstellung dieses Projektes wie B, C und D geleistet. Ihr Beitrag beträgt etwa die 15% an der Arbeit. Ihr Vater ist jedoch kürzlich verstorben und Person F hat enorme Ausgaben für die Beerdigung, die Pflege der Mutter und die Ausbildung der jüngeren Geschwister, da ihr Vater nichts hinterlassen hat.

Die Beiträge von A, B, C, D und F machen die 100% des Arbeitsaufwandes für dieses Projekt aus. Sie sind nun als Berater beauftragt worden, dem Vorstand in seiner Entscheidung zu helfen, wie die 50.000,- Euro unter den Personen aufgeteilt werden sollen.

Wie soll das Geld verteilt werden?

Wenn Sie irgendwelche zusätzlichen Annahmen oder Fakten brauchen, die bei Ihrem Auftrag helfen können, schreiben Sie diese bitte auch auf.

Mitarbeiter	Betrag in Euro	Erklärung
Person A		
Person B		
Person C		
Person D		
Person E		
Person F		
Weitere Person		
Insgesamt	50.000,- EURO	

Nachbesprechung (Debriefing):

Wenn Sie die Ergebnisse verschiedener Arbeitsgruppen gegenüberstellen, werden unterschiedliche Bewertungen von Leistung der einzelnen Gruppen deutlich. Diese werden auch den unterschiedlichen kulturellen Hintergrund der Arbeitsgruppen und/oder ihrer Mitglieder widerspiegeln. Die Möglichkeiten sind vielfältig: Jeder bekommt einen gleichen Anteil unabhängig von seinem individuellen Beitrag zu dieser Aufgabe. Der Vermittler bekommt einen Anteil (oder auch nicht). Es wird ganz allein die individuelle Leistung beurteilt. Der Schwächere bekommt zusätzlich Geld. Oder es werden zusätzliche Lösungen vorgeschlagen: Ein Fond wird gebildet, von dem alle oder schwächere profitieren. Es gibt eine private, anonymisierte Sammlung, um den Schwächeren zu unterstützen. Und: Welchen Anteil haben sich die Übungsteilnehmer selbst als Berater zugedacht, oder haben Sie sich etwa selbst vergessen?

Wenn diese Übung in der Gruppe bearbeitet wird, können sowohl kulturelle Unterschiede, die in multinationalen Arbeitsgruppen zum Tragen kommen, als auch die spezifische Dynamik von Teamarbeit gut herausgearbeitet werden:

1. **Kulturelle Unterschiede:** Themen werden diskutiert wie Individualismus und Kollektivismus, Bedeutung der Gruppenzugehörigkeit, Equity und Equality, Belohnung des Einzelnen, Belohnungen der Gruppe, langfristige versus kurzfristige Gruppenzugehörigkeit, soziale Aspekte und Korruption.
2. **Gruppenprozesse:** In den Gruppen tauchen Themen auf wie Gruppendenken, Gruppendruck, Minderheit versus Mehrheit und Phasen des Problemlöseprozesses.

4 Internationale Teams unterstützen

Multinationale Arbeitsgruppen und Teams sind fester Bestandteil internationaler Unternehmenstätigkeit. Sie zeichnen sich durch hohe Komplexität aus, befinden sich im Diversitäts-Konsens-Dilemma, bieten Chancen, bergen aber auch Risiken. Die Bedeutung der interkulturellen Zusammenarbeit innerhalb von

Teams kann im Rahmen von Umstrukturierung und Internationalisierung nur zunehmen, so dass für den wirtschaftlichen Erfolg eines Unternehmens die Frage entscheidend ist, wie mit diesen Entwicklungen und Herausforderungen umgegangen wird. Die Zusammenarbeit in multinationalen Arbeitsgruppen kann ein enormer Gewinn für alle Beteiligten bedeuten und zu herausragenden Ergebnissen führen – vorausgesetzt es werden von Seiten der Gruppe und deren Management auf die besonderen Anforderungen Rücksicht genommen, günstige Rahmenbedingungen geschaffen und die Arbeitsprozesse unterstützt.

4.1 Anforderungen an die Gruppe

Für die Gruppe und deren Mitglieder gibt es einige Bereiche, auf die positiv Einfluss genommen werden kann (*Podsiadlowski*, 2002a). Dies gilt besonders für die

- Gruppenzusammensetzung
- Qualifikation der Gruppenmitglieder
- Aufgabe
- Gruppenbildung
- Kommunikation
- Gruppenprozesse und
- Teamentwicklung.

Gruppenzusammensetzung:

Wird eine Arbeitsgruppe neu gegründet, besteht die Chance, diese so zusammensetzen, dass die Vorteile einer heterogenen Zusammensetzung genutzt werden. Bezüglich der Nationalität oder ethnischen Zugehörigkeit ist eine ausgewogene Verteilung zu empfehlen, so dass der Bildung von Minderheiten und kulturellen Subgruppen vorgebeugt werden kann. Eine zu große kulturelle Distanz kann die Zusammenarbeit erschweren. Der Vorteil der Interdisziplinarität sollte auf alle Fälle genutzt werden. Unterschiedliche Ausbildungen und Funktionen bieten Synergiepotenzial.

Qualifikation der Gruppenmitglieder:

Im Vorfeld kann darauf geachtet werden, die „richtigen" Mitarbeiter für die Gruppe auszusuchen, also Personen, die motiviert und – am besten aus eigener Initiative heraus – bereit sind und es als anregend empfinden, in einem multikulturellen Umfeld zu arbeiten und sich auf die zu erwartenden Schwierigkeiten einzulassen. Hier ist das internationale Personalmanagement gefragt (Kapitel 7, Abschnitt 2), nach Kandidaten zu suchen, die für die interkulturelle Zusammenarbeit möglichst günstige Voraussetzungen (Kapitel 3, Abschnitt 1) mitbringen. Sehr gute Sprachkenntnisse insbesondere der Geschäftssprache (in den meisten Fällen Englisch) sind sicherlich hilfreich, ebenfalls bereits gemachte Erfahrungen in der interkulturellen Zusammenarbeit. Sie sind aber nicht automatische Voraussetzungen für den Erfolg. Notwendige Voraussetzungen sind eine positive Einstellung zur Gruppenarbeit und eine kooperative Haltung. Die Entwicklung interkultureller Kompetenz kann durch Trainingsmaßnahmen (siehe Kapitel 8) gefördert werden. Die Gruppenarbeit an sich kann schon, wenn reflektiert und bewusst mit ihr umgegangen wird, interkulturelles Lernen unterstützen.

Aufgabe:

Vorab sollte – wenn möglich – geklärt werden, ob die Aufgabe für multinationale Teams überhaupt sinnvoll ist. Bei Aufgaben, die schnelle Lösungen und hohe Effizienz erfordern oder die die Produktion betreffen, können die Vorteile gemischtkultureller Zusammensetzung kaum genutzt werden. Dann kommen durch großen Zeit- und Erfolgsdruck und Belastung die Nachteile und Probleme besonders zum Tragen. Innovationen und Entscheidungsaufgaben mit weit reichenden Konsequenzen und einem langen Planungshorizont sind für multinationale Arbeitsgruppen wesentlich besser geeignet.

Gruppenbildung:

Bei der Gruppenbildung müssen die Mitglieder nicht unbedingt schon vorher zusammengearbeitet haben. Es ist vielmehr wichtig, dass der Arbeitsgruppe genug Zeit und Gelegenheit zum gegenseitigen Kennenlernen und Abstimmen der Arbeitsprozesse gegeben wird.

Die Anfangsphase ist besonders wichtig, damit

- Verständigungs- und Koordinationsprobleme von Anfang an geklärt werden
- der Bildung von Stereotypen und Subgruppen vorgebeugt wird und
- Spielregeln und klare Verantwortlichkeiten festgelegt werden können.

Wenn sich eine Gruppe neu bildet bzw. gebildet werden soll, müssen als Erstes Wege gefunden werden, sich aufeinander einzustellen und bestimmte Schwierigkeiten wie Sprachprobleme oder voneinander abweichende Vorstellungen zu überwinden. Als Nächstes sollten unterschiedliche Vorstellungen geklärt und ein einheitliches Verständnis entwickelt werden, z.B. hinsichtlich des Führungsstils oder der Funktion und Häufigkeit von Besprechungen. Zu Beginn gibt es wahrscheinlich Allianzen der Gruppenmitglieder, die kulturelle Gemeinsamkeiten haben. Um eine effektive Entscheidungsfindung zu fördern, ist es aber wichtig, dass sich alle Gruppenmitglieder trotz Unterschiedlichkeit als Gruppe fühlen. Dies ist ganz besonders nötig, wenn die neu gebildeten Gruppen nicht auf eine gemeinsame Unternehmenskultur und auf ähnliche Erfahrungen innerhalb ein und desselben Unternehmens zurückgreifen können, sondern aus verschiedenen Unternehmen kommen, deren Beziehung zueinander eventuell auch unklar oder – noch ungünstiger – asymmetrisch ist.

> Wesentlich für die Zusammenarbeit sind klar definierte, gemeinsam festgelegte und übergeordnete Ziele!

Kommunikation und Gruppenprozesse:

Zentral ist die Art und Weise, wie miteinander in der Gruppe umgegangen und kommuniziert wird. Wenn offene Meinungsäußerung möglich ist, gegenseitige Anregungen als hilf- und lehrreich angesehen werden, die Gruppenmitglieder sich gegenseitig unterstützen und sich alle an den Gruppenprozessen beteiligen, sind dies die Grundlagen für eine erfolgreiche Zusammenarbeit.

Wesentlich sind nicht nur die Schaffung günstiger Voraussetzungen und ein positiver Einstieg in die Gruppenarbeit, sondern eine Planung, Führung, Koordination und Abstimmung der Prozesse und Ergebnisse, um der Dynamik derartig heterogener Gruppen gerecht zu werden. Auf die Prozesse und die Beziehungen innerhalb der Gruppe zu achten, wird noch wichtiger, wenn auf die Voraussetzungen kein Einfluss genommen werden kann. Die Vorteile der diversen Standpunkte und Fähigkeiten und kulturspezifischen Stärken kommen nur zum Tragen, wenn die Zusammenarbeit funktioniert und Konsens trotz Diversität gefunden wird.

Gemeinsame Schlüsselerfahrungen unterstützen den Zusammenhalt. Erfolge müssen belohnt werden. Um dem unterschiedlichen kulturellen Hintergrund der Mitglieder gerecht zu werden, sollte ein Kompromiss zwischen Belohnung der individuellen Leistung und Leistung der Gruppe gefunden werden. Teams durchlaufen verschiedene Phasen, die berücksichtigt werden müssen. *Tuckman* (1965) spricht von Forming, Norming, Storming, Performing und Adjourning. In der ersten Phase des Kennenlernens (Forming) gilt es, Verständnis füreinander zu entwickeln, um dann grundlegende Regeln der Zusammenarbeit aufzustellen (Norming). Meist folgt eine Phase des Konfliktes (Storming), der gelöst werden muss. Wenn die Probleme überwunden sind, besteht die Möglichkeit, Neues zu entdecken. Innovation und Zusammenarbeit sind möglich und sollten nun stabilisiert werden (Performing), bevor die Gruppe in eine potenzielle Phase schwächer werdender Leistung bzw. der Auflösung übergeht (Adjourning).

> In jeder Phase der Zusammenarbeit sollte für alle Beteiligten die Möglichkeit der Einflussnahme und Rückmeldung bestehen.

Teamentwicklung:

Neben den geeigneten Rahmenbedingungen muss der Prozess der Teamentwicklung begleitet und betreut werden, sei es durch den Vorgesetzten, externe Berater oder die Gruppenmitglieder selbst (Dies am besten erst zu einem späteren Zeitpunkt). Aufgrund der hohen Komplexität von internationaler Teamarbeit, die durch deren Interkulturalität noch verstärkt wird, sind Teamentwicklungsmaßnahmen zu empfehlen. Scheuen Sie sich nicht, einen außenstehenden Moderator, Supervisor oder Coach hinzuzuziehen.

Ziel internationaler Personalentwicklung und vor allem interkultureller Teamentwicklung ist es, Kreativität, Innovation und Entwicklung multipler Perspektiven zu fördern und Schwächen, Ambiguität, Misstrauen und Missverständnisse abzubauen. Teamentwicklungsmaßnahmen bieten die Möglichkeit einer Prozesssteuerung außerhalb des Arbeitsplatzes (*Moosmüller/Spieß/Podsiadlowski*, 2000). Aber auch regelmäßige Meetings, die sich nicht nur auf organisatorische und fachliche Aspekte beziehen, bieten Raum für Diskussion und Feedback.

- Lassen Sie die Gruppensitzungen moderieren!
- Setzen Sie unterstützende Techniken und Medien ein!
- Halten Sie die Ergebnisse fest!
- Überprüfen Sie die Fortschritte regelmäßig!

In den verschiedenen Phasen der Zusammenarbeit empfiehlt es sich, den Status quo des Klimas in der Arbeitsgruppe zu erfassen. Dies kann durch Selbsteinschätzung durch die Gruppenmitglieder und/oder Fremdeinschätzung durch den

Vorgesetzten oder einen Berater geschehen, sei es durch Interviews, Fragebögen oder Beobachtung. In Übung 45 finden Sie einen Vorschlag, welche Aspekte zu klären sind.

Übung 45: Verhaltensanalyse der Teammitglieder

Bitte beantworten Sie die folgenden Fragen auf einer Rating-Skala von 1 bis 5.

Wie hoch ist das gegenseitige Vertrauen in der Gruppe?
sehr niedrig ←   → sehr hoch

□	□	□	□	□
1	2	3	4	5

Wie verläuft die Kommunikation?
sehr angespannt ←   → sehr angenehm

□	□	□	□	□
1	2	3	4	5

Wie klar sind die Gruppenziele?
äußerst unklar ←   → sehr klar

□	□	□	□	□
1	2	3	4	5

Wie wird auf Konflikte innerhalb der Gruppe reagiert?
sehr destruktiv ←   → sehr konstruktiv

□	□	□	□	□
1	2	3	4	5

Inwieweit werden die Fähigkeiten der Teammitglieder genutzt?
sehr wenig ←   → sehr viel

□	□	□	□	□
1	2	3	4	5

Inwieweit werden Ideen eingebracht?
sehr wenig ←   → sehr viel

□	□	□	□	□
1	2	3	4	5

Wie ist die Arbeitsatmosphäre?
sehr angespannt ←   → sehr angenehm

□	□	□	□	□
1	2	3	4	5

Wie hoch ist die Beteiligung der Teammitglieder an Diskussionen?
sehr gering ←   → sehr hoch

□	□	□	□	□
1	2	3	4	5

Für die Gruppenmitglieder lassen sich zusammenfassend folgende Empfehlungen nennen.

Tipps für die Zusammenarbeit in multinationalen Arbeitsgruppen:

Einigen Sie sich auf eine gemeinsame Form der Kommunikation:

- Das betrifft sowohl die Nutzung der Kommunikationsmittel als auch die verwendete(n) Sprache(n).
- Haben Sie Geduld, wenn sich zum Beispiel die Kollegen zwischendurch auf Japanisch unterhalten!

Bei persönlichen Treffen berücksichtigen Sie die unterschiedlichen Klima- und Zeitzonen:

- Planen Sie Zeit für die körperliche Anpassung ein!
- Richten Sie sich bei den Terminen auch nach den Kollegen aus dem Ausland!

Finden Sie einen Kompromiss über die Form von Meetings:

- Arbeiten Sie auch in kleineren Gruppen!
- Bauen Sie Pausen ein, um Gespräche zu zweit zu ermöglichen!

Stellen Sie gemeinsam Regeln der Zusammenarbeit auf, die von allen Beteiligten akzeptiert werden können!

4.2 Anforderungen an Organisation und Führung

In jeder Phase internationaler Teamarbeit, sei es Initiierung, Planung, Ausführung, Steuerung oder Abschluss, ist Unterstützung seitens Organisation und Führung unter besonderer Berücksichtigung der interkulturellen Problematik notwendig. Es müssen Rahmenbedingungen geschaffen werden, die Gruppenarbeit und Integration diverser Standpunkte und Vorgehensweisen möglich machen, als da wären: klar umrissene Aufgaben und Zukunftsperspektiven für den Einzelnen und die Gruppe, Bereitstellen notwendiger Ressourcen, Kapazitäten und Unterstützung, gut funktionierendes und vernetztes Informations- und Kommunikationssystem, ein Belohnungssystem, das Erfolge des Einzelnen und der Gruppe belohnt, eine international ausgerichtete Personalentwicklung, eine Politik und Kultur, die Zusammenhalt und Kommunikation fördern.

Gehen Sie nicht davon aus, dass internationale Teamarbeit von selbst läuft!

Gehen Sie nicht von einheitlichen Zielsetzungen aus, weder aus Sicht der Kunden noch der Gruppenmitglieder!

Was ist beim Management multinationaler Arbeitsgruppen zu beachten?

- Bereiten Sie die Bildung der Arbeitsgruppe gut vor:
  - Achten Sie auf die Auswahl der Standorte und Gruppenmitglieder sowie eine ausgewogene Aufgaben- und Ressourcenteilung!
  - Planen Sie genügend Ressourcen und ein höheres Budget als in einem nationalen Projekt ein!

- Suchen Sie geeignete Mitarbeiter aus, die motiviert und kompetent sind und eine positive Einstellung zur Aufgabe und zum Projekt mitbringen!

• Berücksichtigen Sie bei der Zusammensetzung der Gruppe kulturelle Unterschiede:

- Vermeiden Sie sowohl zu starke Heterogenität als auch zu starke Homogenität![9]
- Achten Sie darauf, dass die Gruppe nicht zu groß wird und vermeiden Sie Minderheiten!

• Zur Überwindung der Koordinations- und Kommunikationsprobleme ist mehr Zeit einzuplanen als für mononationale Arbeitsgruppen.

• Die Aufgabenstellung sollte klar und eindeutig sein:

- Stellen Sie übergeordnete, gemeinsame Ziele, die für alle klar, eindeutig und akzeptierbar sind.!
- Die Aufgabenstellung sollte Arbeitsteilung zulassen.

• Machtunterschiede zwischen den beteiligten Unternehmen(sbereichen), wie dies häufig bei Jointventures der Fall ist, müssen in der Arbeitsgruppe ausgeglichen werden, damit nicht ethnozentrisches Denken und Dominanzansprüche die Kommunikation behindern.

• Stellen Sie die organisationale Unterstützung sicher und binden Sie auch die oberen Führungsebenen ein!

• Unterstützen Sie den Arbeitsprozess!

Als Vorgesetzter sollten Sie Folgendes beachten:

Für eine erfolgreiche Zusammenarbeit sind genügend Raum und Zeit, besonders zu Beginn der Zusammenarbeit, nötig.

Ermöglichen Sie regelmäßige, persönliche Treffen und direkte Kommunikation!

Führen Sie regelmäßig Besprechungen durch! Versuchen Sie dabei die verschiedenen Standorte und Unternehmen(sbereiche) ausgewogen zu berücksichtigen.

Geben sie Raum für informellen Austausch!

Bieten Sie Kontaktmöglichkeiten! Ermöglichen Sie den persönlichen, auch privaten, Austausch unter den Projektmitarbeitern, so dass diese von den anderen Kulturen lernen können, sowohl was den Arbeitsplatz als auch das familiäre und private Umfeld der Kollegen betrifft.

---

[9] Insbesondere erschweren zu viele Mitarbeiter aus verschiedenen Ländern, die in ihren Werten sehr unterschiedlich sind, also eine große kulturelle Distanz zueinander haben, die Zusammenarbeit (*Podsiadlowski*, 2002a). Besetzen Sie gegebenenfalls Projekte mit Mitarbeitern aus dem gleichen Land aber unterschiedlicher ethnischer oder nationaler Herkunft oder aus der gleichen Region.

Setzen Sie Meilensteine, aber erst dann, wenn alle Gruppenmitglieder sich einbringen konnten!

Nach einer Phase der Konsensfindung, die auch von Konflikten gekennzeichnet sein darf, ist es aufgrund unterschiedlicher Rollenerwartungen an den Vorgesetzten nötig, klare Vorgaben zu machen.

Machen Sie die Arbeitsabläufe und Ergebnisse des Projektes transparent!

Wenn durch räumliche Distanz persönlicher Kontakt erschwert ist, sollten alle Kommunikations- und Informationswege genutzt und die Kosten für regelmäßigen persönlichen Kontakt in Form von kürzeren Besuchen, Meetings, längeren Aufenthalten und Austauschprojekten nicht gescheut werden.

Interkulturelles Lernen bedeutet, nach Gemeinsamkeiten und Unterschieden zwischen den Kulturen zu suchen. Neben den persönlichen Qualifikationen der Gruppenmitglieder ist es wichtig, dass Sie auch auf die kulturspezifischen Stärken Ihrer Mitarbeiter bauen und diese arbeitsteilig nutzen.

Kulturspezifische Stärken der Teammitglieder:

Die kulturspezifischen Stärken der Teammitglieder können unter folgenden Gesichtspunkten zum Ausdruck kommen:

- Setzen Sie die Vielfalt an Sprachkenntnissen in der Gruppe gezielt ein!

- Nutzen Sie die unterschiedlichen Kontakte und Netzwerke der Gruppenmitglieder!

- Verteilen Sie die Aufgaben je nach unterschiedlichem Wissen über kulturspezifische Vertriebswege, Marketingstrategien etc.!

- Auch Unterschiede in Umgangsformen, Verhandlungsstrategien, Auftreten und Kommunikationsstil können je nach Kunden und Verhandlungspartner vorteilhaft sein.

- Nutzen Sie kulturelle Unterschiede in der Problemlösung in den verschiedenen Phasen des Projektes!

- Fragen Sie sich, welcher Mitarbeiter durch seinen kulturellen Hintergrund besondere Stärken mitbringt, z.B. hinsichtlich:
  - einer detaillierten Fehlersuche
  - einem intensiven Qualitätsmanagement
  - Überzeugungsvermögen
  - Durchsetzungsvermögen
  - Verhandlungsgeschick
  - Handlungsorientierung
  - Kundenorientierung
  - Strukturierung
  - Aufstellen von Zeitplänen oder
  - dem Regeln von Abläufen.

Ziel ist es, wichtige Fragen der interkulturellen Zusammenarbeit und Teamarbeit und die daraus resultierenden Anforderungen an die Gruppe und das Management zu klären. Wenn die Herausforderungen, die die interkulturelle Kommunikation an eine erfolgreiche Arbeitsgruppe stellt, erkannt werden, können auch die Chancen, die in der kulturellen Vielfalt der Mitglieder liegen, gezielt genutzt werden.

> Achten Sie auf die Schwächen, nutzen Sie die Stärken interkultureller Teams!
>
> Nutzen Sie die kulturelle Vielfalt Ihres Teams!
>
> Und: Konflikte sind erlaubt!

5   Fälle internationaler Teamarbeit

Um Ihre eigenen Teamkompetenzen zu schulen, überlegen Sie sich bitte, wie Sie multinationale Arbeitsgruppen unterstützen und internationale Teamentwicklung aufbauen würden. Um dies möglichst konkret zu machen, bearbeiten Sie bitte die beiden folgenden Fallbeispiele. Wenn Sie dies in einer Gruppe tun, visualisieren Sie Ihr Ergebnis und präsentieren Sie es anschließend im Plenum.

Übung 46: Unterstützung multinationaler Teams

Analysieren Sie die Situation, in der sich die multinationalen Teams in dem Fallbeispiel befinden, möglichst genau:

- Wie sind die Rahmenbedingungen?
- Welche interkulturelle Themen tauchen auf?
- Wo stecken potenzielle Konfliktpunkte?
- Wo sehen Sie Verbesserungsmöglichkeiten?

Nennen Sie Ansatzpunkte für Interventionen und stellen Sie einen Teamentwicklungsplan auf![10]

Fallbeispiel 11: Start eines Jointventures

Ein Jointventure zu gleichen Anteilen zwischen einer deutschen und einer amerikanischen Bank ist geplant. Beide Vorstände sind sich der Risiken und potenziellen interpersonellen Konflikte bewusst und wollen dem Jointventure auch interkulturell einen möglichst guten Start geben. Die neue Firmenleitung beschliesst, interkulturelle Experten hinzuziehen. Da in so gut wie jedem Bereich sowohl vor Ort als auch virtuell die Zusammenarbeit innerhalb multinationaler Teams geplant ist, legt das Management besonderen Wert darauf, diese Teams auf Dauer möglichst gut zu entwickeln.

=> Aufgabe an die interkulturellen Teamentwickler:

Das Jointventure soll den bestmöglichen Start haben, um möglichen interkulturellen Konflikten schon im Vorfeld zu begegnen.

---

[10] In Kapitel 8 dürfen Sie sich konkrete Trainingsmaßnahmen für diese Fälle überlegen.

Einige Anmerkungen: In diesem Fall sind einige erfolgversprechende Voraussetzungen gegeben: Die Teams werden neu gebildet, so dass das Management auf Größe, Zusammensetzung, Qualifikation, Standorte, Ressourcenverteilung etc. Einfluss nehmen kann. Die Problematik der interkulturellen Kommunikation wird von Anfang an in die Planung einbezogen und von oben her unterstützt. Auf Mitarbeiterebene bestehen noch keine konfliktreichen Erfahrungen. Allerdings entstehen häufig schon im Vorfeld von Unternehmenszusammenführungen Konflikte, indem zum Beispiel die Verhandlungen als nicht fair eingeschätzt und ungleiche Machtverhältnisse wahrgenommen werden.

Die Zusammenarbeit wird vorwiegend in deutsch-amerikanischen, also binationalen Arbeitsgruppen stattfinden. Deshalb besteht – im Vergleich zu multinationalen Teams – die Möglichkeit einer differenzierten, kulturspezifischen Vorbereitung auf die Zusammenarbeit. Sowohl im großen Rahmen als auch in den einzelnen Gruppen können sich die Mitarbeiter mit der deutschen und amerikanischen Kultur auseinander setzen. Unternehmensweite Informationsveranstaltungen zu Landeskunde, Politik und Unternehmen, das Angebot von Sprachkursen und Feiern bieten landesspezifische Kenntnisse und Austausch. Die speziellen Arbeitsgruppen sollten Einblicke in landestypische Arbeitsmethoden gewinnen, Unterschiede und Gemeinsamkeiten kennen lernen und darauf aufbauend Konsens für die Form der Zusammenarbeit finden oder sogar neue Arbeitsformen – synergetisch – entwickeln.

Herausforderungen bestehen mitunter darin, große räumliche Entfernungen zu überbrücken. Achten Sie darauf, dass sich die Mitarbeiter (nicht nur der oberen Führungsebenen!) gegenseitig kennen lernen können! Ermöglichen Sie Besuche an anderen Standorten! Das Ausmaß der Veränderungen wird für jeden Einzelnen enorm sein. Koordination und Organisation bedeuten einen hohen zeitlichen und finanziellen Aufwand. Und: Konflikte sind aufgrund der hohen Komplexität, der starken Veränderungen und zahlreichen Unsicherheitsfaktoren dennoch wahrscheinlich, so dass eine kontinuierliche Begleitung, nicht nur Vorbereitung, zu empfehlen ist.

Fallbeispiel 2: Das Jointventure, das nicht so läuft, wie es laufen sollte

Seit einem Jahr besteht ein Jointventure zu ungleichen Anteilen zwischen einem deutschen, amerikanischen und japanischen Chemiekonzern. Obwohl dieses Jointventure die Marktführer der jeweiligen drei Länder vereint, sind die prognostizierten Umsatzsteigerungen und Synergieeffekte bislang ausgeblieben. In einer firmeninternen Umfrage zeigt es sich, dass massive Vorbehalte gegenüber den Kollegen aus den anderen Mutterunternehmen bestehen. Besonders die Forschungs- und Entwicklungsteams verweigern die Zusammenarbeit und arbeiten wieder vermehrt vor Ort, anstelle gemeinsame Produkte über die Grenzen hinweg mit den jeweiligen Kollegen der anderen Mutterunternehmen zu entwickeln. Erschwerend hinzu kommt, dass es zum einen drei Unternehmenskulturen gibt, denen sich die Entwickler zugehörig fühlen, dass aber zum anderen die Zusammensetzung der Entwicklungsteams schon innerhalb der Mutterunternehmen äußerst multinational ist. Der Vorstand beschließt, interkulturelle Trainings durchzuführen, um die Konflikte aus der Welt zu schaffen und die multinationalen Forschungsteams zu nutzen.

=> Aufgabe an die interkulturellen Teamentwickler:

Die Konflikte zwischen den Entwicklern sollen gelöst und funktionierende multinationale Forschungsteams aufgebaut werden, damit sie als Projektgruppen an neuen Produkten arbeiten.

Einige Anmerkungen: In diesem Fall bestehen bereits Konflikte, die sicherlich in der besonderen Komplexität, den asymmetrischen Machtverhältnissen und der bislang fehlenden Thematisierung der interkulturellen Problematik liegen. Die stark multinationale Zusammensetzung der einzelnen Arbeitsgruppen und des gesamten Unternehmens birgt besondere Risiken. Anzusetzen ist sowohl an den Forschungsgruppen als auch an der gesamten Unternehmensstruktur. Zum einen ist eine Aufarbeitung bestehender Konflikte und eine problemorientierte Arbeit mit den speziellen Forschungsgruppen gefordert. Für die Forschungsgruppen stellt sich die Frage, in welchen Phasen des Projektes über die Mutterunternehmen hinweg gearbeitet werden soll und wann auch die Arbeit in Subgruppen möglich ist. Einige Fragen sollten genauer analysiert werden: Gibt es Konsens über Ziel und Vorgehen? Bestehen grundlegende Missverständnisse in der Art der Zusammenarbeit? Wie sind die Machtverhältnisse? Inwieweit behindern asymmetrische Entscheidungsbefugnisse die Zusammenarbeit? Wo und in welcher Form finden Besprechungen statt? Entsprechen die Vorgehensweisen vielleicht nur den kulturspezifischen Gepflogenheiten eines beteiligten Unternehmens? Wo liegen die kulturspezifischen Stärken der beteiligten Entwickler? Für welche Aufgabe innerhalb des Projektes könnte man diese nützen und arbeitsteilig einsetzen? Zum anderen sind das Top Management, das selber multinational zusammengesetzt ist und in seiner Arbeit eine Vorbildfunktion hat, verstärkt in die Problematik einzubeziehen und die Strukturen zu überdenken, um Reibungspunkte zu vermindern. Wie ist die Unternehmensstruktur und wie sind die Entscheidungswege zu ändern, damit ein Kulturwandel in Richtung einer gemeinsamen Unternehmenskultur und eines Wir-Gefühls nachhaltig unterstützt wird?

Literaturvorschläge für Kapitel 6

Moosmüller, A., Spieß, E., Podsiadlowski, A., 2000: International team building: Issues in devloping multinational work groups, in: *M. Mendenhall, T. Kühlmann, G. Stahl* (Hrsg.), Developing global leaders, Westport: Quorum Books

Podsiadlowski, A., 2002a: Multikulturelle Arbeitsgruppen in Unternehmen, Münster: Waxmann-Verlag

Smith, P.B., Noakes, J., 1996: Cultural differences in group processes, in: *M.A. West* (Hrsg.), Handbook of Work Group Psychology, S. 477-501, Oxford: John Wiley and Sons Ltd

Kapitel 7
Internationales Personalmanagement

Mitarbeiter eines Unternehmens werden sich zunehmend hinsichtlich ihrer nationalen und ethnischen Herkunft, ihrer Kultur und ihrer Sprache unterscheiden. Dies wird zwangsläufig auch Auswirkungen haben auf Struktur, Politik und Strategie von Unternehmen. Kontakte erfolgen in einer Bandbreite von arbeitsbezogenen Situationen wie häufiger telephonischer oder schriftlicher Kontakt, kurze Geschäftsreisen, langfristige Aufträge oder die Arbeit in einem fremdkulturellen Unternehmen. Für Mitarbeiter internationaler Unternehmen nimmt die Bedeutung von Aufgaben, wie Bildung internationaler Projektteams, Abschluss von Import- und Exportverträgen, Lizenzabkommen, Jointventures oder Gründung ausländischer Tochtergesellschaften, stetig zu. Zur Vorbereitung und Begleitung dieser Aufgaben ist das internationale Personalmanagement gefragt. Die verstärkte interkulturelle Zusammenarbeit kann durch geeignete Unternehmensstrategien und Personalentwicklungsmaßnahmen positiv unterstützt werden.

Im ersten Teil des Kapitels werden Einflussgrößen auf Unternehmen und Internationalisierungsstrategien erläutert, die Fragen für das internationale Personalmanagement aufwerfen. Aspekte internationaler Personalarbeit wie Personalauswahl, Personalentwicklung und die Betreuung von Auslandsentsendungen werden vorgestellt. Da die Heterogenität in der Belegschaft weiter steigen wird, werden Vorschläge gemacht, wie mit dieser zunehmenden Diversität, also der kulturellen Vielfalt von Mitarbeitern innerhalb von Unternehmen, umgegangen werden kann. Zum Abschluß der jeweiligen Abschnitte und am Ende des Kapitels werden noch Hinweise gegeben, die Führungskräfte, Personalverantwortliche und Top Management hinsichtlich der internationalen Tätigkeiten ihrer Mitarbeiter berücksichtigen sollten.

1   Das internationale Unternehmen

1.1   Internationalisierung der Wirtschaft

Die Geschäftswelt wird zunehmend internationaler: "The world of organizations is no longer limited by national boundaries (*Adler*, 1991, Vorwort, IX)." Technologischer Fortschritt, Internationalisierung der Wirtschaft und Migration erhöhen den Arbeitskontakt zwischen Menschen aus verschiedenen Ländern. Neben der deutlich verbesserten Informationstechnologie nehmen die wirtschaftliche Integration der internationalen Gemeinschaften sowie Abhängigkeiten und Technologietransfer zu. Die Liberalisierung des europäischen Arbeitsmarktes fördert den Austausch von Arbeitskräften über die Landesgrenzen der

Partnerländer hinweg. Unternehmen versuchen, Risiken und Kosten durch globale Streuung zu minimieren, von Standortvorteilen im Ausland zu profitieren oder erfolgreiche Wettbewerber aus Schwellenländern mit einzubeziehen. Das Volumen der Auslandsdirektinvestitionen lag im Jahr 2000 bei 20% des Weltsozialproduktes, wobei die USA an der Spitze der Exporteure liegen, gefolgt von Großbritannien, Frankreich und Deutschland (*Le Monde*, 2003, S. 26). Schon 1990 verdienten US-amerikanische Firmen mehr im Ausland als im eigenen Land (*Triandis/Kurowski/Gelfand*, 1994). Deutsche Unternehmen haben in den vergangenen Jahren ihre Auslandsaktivitäten deutlich verstärkt. Das ist nicht nur ablesbar an den Exporten, sondern auch an den Investitionen und den Mitarbeiterzahlen im Ausland. 1995 haben zum Beispiel 2,6 Millionen Menschen für deutsche Unternehmen im Ausland gearbeitet. 2002 hat die Siemens AG – als ein Beispiel für deutsche, international tätige Großunternehmen – rund 80% des Konzernumsatzes im Ausland getätigt (Siemens Kurzbericht, 2002, S. 19).

Es kann von einer ausgeprägten beruflichen Mobilität gesprochen werden, die in einem Mangel an Programmierern und Spezialisten der Informationstechnologie, einer Verteilung der Prozesse von Design, Produktion und Distribution, der erhöhten Anzahl von Auslandsniederlassungen und Unternehmenszusammenführungen begründet liegt. Weltweit werden Aufgabenstellungen sowie Zusammensetzungen der Belegschaft, Kunden, Zulieferer und Geschäftspartner vielfältiger. Die weltwirtschaftliche Verflechtung und Internationalisierung von Güterbeschaffung, -produktion sowie -absatz macht es für deutsche Fach- und Führungskräfte - zumindest zeitweise - erforderlich, im Ausland und mit ausländischen Kollegen vor Ort zu arbeiten.

Übung 47: Die Internationalisierung Ihres Unternehmens

Beantworten Sie bitte die folgenden Fragen:

- Wie lässt sich die Internationalisierung des Unternehmens, in dem Sie tätig sind, beschreiben?

- In wievielen und in welchen Ländern ist es in welcher Form vertreten?

- Welche internationale Kooperationen bestehen?

- Wohin und aus welchem Grund finden Entsendungen statt?

Versuchen Sie, durch diese Fragen ein konkretes, internationales Profil Ihres Unternehmens zu bestimmen, die Art und Weise interkultureller Kooperationen zu identifizieren und somit auch mögliche Zielgruppen internationaler Personalarbeit herauszuarbeiten.

1.2   Internationalisierungsstrategien

Für Unternehmen, die auf dem globalen Markt tätig sind, Allianzen bilden oder Auslandsgesellschaften gründen, stellt sich die Frage, wie Organisationsstruktur und Personalmanagement ausgerichtet werden und welche Rolle kulturspezifische Aspekte spielen sollen. Sollen beim Aufbau von Tochtergesellschaften die Auslandsgesellschaften zum Beispiel in die angestammte Unternehmenskultur hineinsozialisiert werden oder eine eigenständige, landesspezifische Unternehmenskultur entwickeln? Dabei wird unter **Unternehmenskultur** ein Muster von Grundannahmen verstanden, das auf den gemeinsam geteilten Werten der Organisationsmitglieder beruht.

Im Wesentlichen richten international tätige Unternehmen ihr Management nach einer von vier Internationalisierungsstrategien (*Heenan/Perlmutter*, 1979) aus:

1. der ethnozentrischen
2. der regiozentrischen
3. der polyzentrischen und
4. der geozentrischen Internationalisierungsstrategie.

Ziel eines **ethnozentrischen Unternehmens** (1.) ist es, eine kohärente, überformende Gesamtunternehmenskultur zu bilden, in der die Werte aus dem Heimatland stark gewürdigt werden. Sie ist charakterisiert durch das Streben nach Einheit und Effizienz mittels Kontrolle durch die Unternehmenszentrale. Die angestammte Unternehmenskultur des Unternehmens und für das Stammland spezifische Verfahren werden auf die Auslandsgesellschaften übertragen. Entsendungen laufen vorwiegend vom Stammhaus in die Auslandsgesellschaften. Diese Strategie erscheint besonders sinnvoll für den Vertrieb eines einheitlichen Produktes wie z.B. McDonald's.

Wenn Funktionen regional übergreifend geteilt werden (zum Beispiel europaweit) und hohe Abhängigkeiten zwischen den Auslandsgesellschaften einer Region bestehen, kann von **regiozentrischen Unternehmenskulturen** (2.) gesprochen werden. Sie orientieren ihre Aktivitäten innerhalb kulturell homogener Länderblöcke an Einheitskonzepten, die von Region zu Region unterschiedlich ausfallen können und regionalspezifisch entwickelt werden, wie z.B. die Traineekonzepte bei deutschen Unternehmen in der Asien-Pazifik-Region.

Eine **polyzentrische Internationalisierungsstrategie** (3.) geht davon aus, dass es keine Universalstrategie gibt, sondern dass sich international tätige Organisationen der lokalen Situation anpassen sollten („When in Rome do as the Romans do"), eine Strategie, die zum Beispiel die Siemens AG für bestimmte Unternehmensbereiche verfolgt. Es besteht relativ viel Autonomie in den Niederlassungen anstatt Kontrolle durch die Unternehmenszentrale, die Auslandsgesellschaften bilden vor dem Hintergrund der jeweiligen Landeskultur eine eigene Unternehmenskultur heraus. Die Entscheidungskompetenz liegt bei den Auslandsgesellschaften. Zur Koordination der Unternehmenstätigkeit werden für das Gastland spezifische Verfahren übernommen und Führungsstile länderspezifisch entwickelt.

Bei der weltweit orientierten, **geozentrischen Strategie** (4.) sind Stammhäuser international ausgerichtet (die Besetzung von Fach- und Führungskräften erfolgt zum Beispiel ohne Ansehen der Nationalität), um – unter hohem Koordinationsaufwand – die weltweit vorhandenen Ressourcen optimal nutzen zu können. Marketing und Produkte werden auf die jeweiligen Nischen zugeschnitten. Zentrale Regeln sollten vorhanden sein, um die Effizienz des Unternehmens zu gewährleisten. Dabei sind die Auslandsgesellschaften Teil eines globalen Unternehmens mit lokalen Interessen wie zum Beispiel Nestlé („Lokales Denken, globales Handeln").

Übung 48: Internationalisierungsstrategie Ihres Unternehmens

Welche Internationalisierungsstrategie verfolgt Ihr Unternehmen?

Welche Konsequenzen hat dies für Personalentscheidungen, Verteilung von
Verantwortlichkeiten, Entsendungspolitik und Firmenstrukturen?

Für das Personalmanagement, den Einsatz von Verfahren der Personalauswahl
und –entwicklung sowie Konzepten der interkulturellen Zusammenarbeit ist es
von entscheidender Bedeutung, welche Strategie ein international tätiges Unternehmen verfolgt (s.a. *Hilb*, 1991). Bei einer ethnozentrischen Internationalisierungsstrategie geht es vorwiegend um die Vermittlung zentraler Verfahren
und Werte aus dem Stammland. In einem polyzentrischen Unternehmen wird
das Human Resource Management relativ unabhängig arbeiten. Bei einer regiozentrischen Personalpolitik gilt es, Verfahren für einen bestimmten Kulturraum
zu entwickeln und die Zusammenarbeit innerhalb der Region zu festigen. Die
geozentrische Internationalisierungsstrategie steht vor der Herausforderung,
weltweit Personal zu rekrutieren und einheitliche Methoden zu entwickeln, die
kulturspezifische Aspekte integrieren können und lokal anwendbar sind.

Der internationale Kontext, in dem Unternehmen heutzutage tätig sind und mit
dem sich jeder Mitarbeiter auseinandersetzen muss, legt nahe, die Bedeutung
von Kultur nicht herunterzuspielen und kulturspezifisches Wissen beim Personalmanagement einzubeziehen: „The myth of the transnational organization - the
organization that is beyond nationality in its design and operation - remains, in
reality, a myth" (*Adler*, 1991, S. 60).

2   Internationales Personalmanagement

2.1   Zielgruppe und Bedarf

Um die interpersonellen Prozesse in der interkulturellen Zusammenarbeit zu
ermöglichen, zu begleiten und zu fördern, sind insbesondere die Personalabtei-
lungen in den Unternehmen gefragt. Neben Personalauswahl und -entwicklung
gehören zum internationalen Personalmanagement die Betreuung und Verwal-
tung (Verträge, Gehälter etc.) der international tätigen Mitarbeiter und organisatorische Unterstützung bei Auslandseinsätzen und internationalen Aufträgen
(s.a. *Bittner/Reisch*, 1994; *Clermont/Schmeisser*, 1997; *Scherm*, 1995).[11]

Die Zielgruppe internationalen Personalmanagements ist breit gefächert. Dazu
gehören unter anderem Auslandsmanager, Führungskräfte internationaler Unternehmen und Jointventures, Führungskräftenachwuchs, Vorgesetzte und Mitglieder multinationaler Teams (z.B. in Forschung und Entwicklung oder im Bereich

---

[11] Auf die verwaltungstechnischen und organisatorischen Aspekte internationaler
Personalarbeit als notwendige Voraussetzung der Zusammenarbeit wird in diesem Kapitel
nicht näher eingegangen. Fokus des Buches ist die Förderung und Verbesserung der
Prozesse in der interkulturellen Zusammenarbeit, zu denen neben der Personalauswahl vor
allem die Personalentwicklung Entscheidendes beitragen kann.

der Informationstechnologien), Mitarbeiter internationaler Organisationen und Stiftungen, Mitarbeiter der internationalen Personalentwicklung und des Human Resource Managements, Trainer, Sprachlehrer, Berater, Teilnehmer an Austauschprogrammen (z.B. Wissenschaftler und Studenten), ausländische Mitarbeiter im Inland und Mitarbeiter mit ausländischen Vorgesetzten.

Um Personalmaßnahmen zu entwickeln und einzuführen, muss der Bedarf im Unternehmen genau analysiert werden:

- **Aufgabe:** Um welche Aufgabe geht es?

  Die Bandbreite an Aufgaben, die international tätige Mitarbeiter zu bewältigen haben, ist groß: Verhandlungen, Präsentationen, Moderation, Einführen von technischem Know-how, Team- und Projektarbeit, Führung u.v.m.

- **Interkulturelle Kontakte:** Um welche Form von Kontakt geht es?

  Interkulturelle Kontakte unterscheiden sich stark in ihrer Dauer und Häufigkeit: längerfristige Entsendungen, kurzzeitige Entsendungen, häufige Geschäftsreisen ins Ausland oder dauerhafte interkulturelle Kontakte am heimischen Arbeitsplatz.

- **Kultur:** Welche Kulturen sind an der Zusammenarbeit beteiligt?

  In welchen Ländern ist das Unternehmen vertreten? Welche Nationalität haben die Mitarbeiter? Geht es um länderspezifische Vorbereitung und Unterstützung oder um Einsätze in vielen verschiedenen Ländern? Findet die Zusammenarbeit mit Vertretern aus verschiedenen Ländern statt oder verläuft sie bikulturell?

- **Interkulturelle Erfahrungen:** Welche Erfahrungen bestehen?

  Die Reichweite interkultureller Erfahrung reicht vom Novizen bis zum Experten. Interkulturelle Erfahrung bedeutet nicht automatisch Auslandserfahrung. Zum Beispiel haben Mitarbeiter in Singapur aufgrund des multikulturellen Arbeitsumfeldes zahlreiche interkulturelle Erfahrungen gesammelt, ohne unbedingt in einem fremden Land gearbeitet zu haben.

Ziel des internationalen Personalmanagements:

Ziel internationalen Personalmanagements ist die Auswahl, Betreuung und Entwicklung von Fach- und Führungskräften, die im In- und Ausland interkulturell tätig sind.

2.2 Personalauswahl und -entwicklung

Für eine erfolgreiche interkulturelle Zusammenarbeit ist es natürlich wünschenswert, schon im Vorfeld den Mitarbeiter zu finden, dessen Fähigkeiten und Fertigkeiten für die Aufgabe am besten geeignet sind. Für eine internationale Tätigkeit müssen in der **Personalauswahl** nicht nur die berufsbezogenen Qualifikationen, sondern auch die für die internationale Tätigkeit spezifischen Voraussetzungen (Einstellung, Motivation, Auslandserfahrung, Mobilität u.a.) und die interkulturelle Kompetenz des Bewerbers erkannt und berücksichtigt werden (*Bittner/Reisch*, 1997; *Moosmüller*, 1996; siehe Kapitel 3, Abschnitt 1).

Neben den üblichen Einstellungsinterviews sind biographische Fragebögen sinnvoll. Mit diesen können zum Beispiel die Vorerfahrungen und die Motivation des Bewerbers aufgrund seiner bisherigen Aktivitäten erfasst werden. Damit sich der Bewerber selbst ein möglichst gutes Bild von der ihm bevorstehenden Tätigkeit machen kann, sind eine realistische Tätigkeitsvorschau und Look-and-See-Trips (auch für Ehepartner!) zu empfehlen.

Interkulturelle Assessmentcenter sind besonders zuverlässige und gültige, aber auch aufwendige Testverfahren der Eignungsdiagnostik. In Einzel- und Gruppenübungen wird die interkulturelle Kompetenz der Kandidaten beobachtet und beurteilt (*Kühlmann/Stahl*, 1998). Dafür werden Beobachtungskriterien für die Anforderungsmerkmale in der interkulturellen Zusammenarbeit wie Ambiguitätstoleranz, Kontaktfreudigkeit, Einfühlungsvermögen, Verhaltensflexibilität und Metakommunikation entwickelt.

Je nach Internationalisierungsstrategie eines Unternehmens unterscheidet sich die Personalauswahl: Werden vorwiegend Mitarbeiter für Auslandseinsätze gesucht oder überwiegt eine polyzentrische Stellenbesetzung, bei der Mitarbeiter hauptsächlich vor Ort rekrutiert werden? Für global agierende Unternehmen ist zum Beispiel die Bildung internationaler Kader sinnvoll, indem Führungskräfte gesucht werden, die bereit und geeignet sind, den größten Teil ihres Berufslebens im (wechselnden) Ausland zu verbringen. Somit kann auch eine multikulturelle Zusammensetzung der oberen Führungsebenen aufgebaut werden, die der Zusammensetzung der Belegschaft entspricht.

Besonders gefragt ist die **internationale Personalentwicklung** (s.a. *Djarrahzadeh*, 1993; *Rosenstiel*, 1999), deren Anwendungsgebiete vielfältig sind: Sie reichen von der Vorbereitung für Auslandseinsätze über Teamentwicklung multinationaler Arbeitsgruppen (siehe Kapitel 6) und Konfliktlösung bis zur Reintegration von Rückkehrern. Zu den Maßnahmen gehören zum Beispiel prozessunterstützende Betreuung, Vorbereitungsseminare, Training von Kommunikationsfertigkeiten und Konflikttraining. Ein wichtiger Bestandteil internationaler Personalentwicklung sind interkulturelle Trainings, auf die in Kapitel 8 ausführlich eingegangen wird. Aufgrund der hohen Wahrscheinlichkeit von Missverständnissen in der interkulturellen Kommunikation und den vielfältigen Anforderungen an die Mitarbeiter sollten auch **Mentoren**, die aufgrund ihrer Erfahrungen und ihres beruflichen Hintergrundes beratend zur Seite stehen, oder sogar **Mediatoren**, die in Konflikten vermitteln, eingesetzt werden. **Interkulturelles Coaching** vor Ort dient zur Beratung in realen Situationen des Berufsalltags.

2.3   Auslandsentsendung

Auch wenn die Bandbreite interkultureller Tätigkeiten sehr groß ist, sind Auslandsentsendungen nach wie vor ein wichtiger Bestandteil internationalen Personalmanagements, so dass auf diese im Folgenden näher eingegangen wird. Als **Auslandsentsendung** gilt jede zeitlich befristete Tätigkeit (die in ihrer Dauer stark variieren kann) in einer im Ausland befindlichen Unternehmenseinheit (*Macharzina*, 1992). Dienstreisen, kurzfristige Abordnungen und mittelfristige Projekteinsätze gelten nicht als klassische Auslandseinsätze. Die Siemens AG unterscheidet zum Beispiel zwischen drei verschiedenen Entsendungsarten: der Dientreise, der Short Term Delegation und der Long Term Delegation, die in der Regel ein bis vier Jahre dauert (Siemens Wegweiser für Long Term Delegations, 2002).

Gründe, ins Ausland zu gehen (*Stahl*, 1998; *Tung*, 1998), liegen von Seiten der Mitarbeiter

- in der Erwartung eines Karrieresprungs aufgrund des Auslandsaufenthaltes
- in den finanziellen Vorteilen oder
- am Druck der Firma.

Neben diesen äußeren Anreizen bzw. Einflussfaktoren bewegen auch intrinsische Motive wie

- Übernahme einer interessanten und verantwortungsvollen Tätigkeit
- Erweiterung des persönlichen Horizonts und
- Interesse am Gastland

die Mitarbeiter, sich um eine Auslandsentsendung zu bemühen oder sich auf diese einzulassen.

Die häufigsten Gründe für Auslandsentsendungen von Seiten des Unternehmens (*Brüch*, 2001; *Wirth* 1992) sind:

- Know-How-Transfer
- besserer Kommunikationsfluß
- Auslandseinsatz als Personalentwicklungsmaßnahme
- Durchsetzung einer einheitlichen Unternehmenspolitik und –kultur
- – dies in geringerem Maßen – Mangel an qualifizierten Kräften im Gastland und
- Entwicklung lokaler Führungskräfte.

Eine Auslandsentsendung stellt die Mitarbeiter vor ganz spezifische Herausforderungen (s.a. *Apfelthaler*, 1999; *Bittner/Reisch*, 1997). Zum einen sind sie mit besonderen Managementproblemen konfrontiert wie z.B. hohem Personalwechsel, ungleicher Bezahlung zwischen Expatriates und lokalen Managern oder auch Korruption. Zum anderen wurde bereits auf die interkulturellen Probleme aufmerksam gemacht. Der Entsandte steht zum Beispiel in Italien einem ausgeprägten Paternalismus gegenüber, in Frankreich Autokratie und stärkerem Einfluss der Politik und in China der Notwendigkeit, Beziehungen aufzubauen.

Als Auslandsentsandter sind Sie mit starken Widersprüchen konfrontiert. Während Sie durch Anweisungen des Mutterunternehmens gebunden sind, bestehen lokale Notwendigkeiten. Sie müssen sich an die lokale Kultur anpassen, aber auch die eigene Kultur repräsentieren. Es ist notwendig, der lokalen Bevölkerung gegenüber überdurchschnittlich freundlich zu sein, Sie müssen aber aufpassen, nicht übervorteilt zu werden. Innerhalb des Unternehmens haben Sie eine relativ hohe Positionsmacht, sollten aber Ihre eigene Rolle nicht herausstellen, um nicht zum "unangenehmen Expatriate" zu werden.

Als Auslandsentsandter befinden Sie sich im Spannungsfeld zwischen lokaler Anpassung und Repräsentation der eigenen (Unternehmens-)Kultur.

Angesichts dieser spezifischen Situation ist es hilfreich, eine Auslandsentsendung in vier Phasen zu unterteilen *(Kühlmann,* 1995):

1. Such- und Auswahlphase
2. Vorbereitungsphase
3. Einsatz- und Betreuungsphase
4. Wiedereingliederungsphase.

In der **Such-** und **Auswahlphase** (1.) geht es darum, die geeignete Person für die Entsendung auszuwählen bzw. für Interessierte eine passende Position zu suchen. Hier sind strategisches Recruitment, gezielte Nachwuchsförderung, z.B. über internationale Traineeprogramme, und eine differenzierte und fundierte Personalauwahl, die über fachliche Auswahlkriterien hinausgeht, wichtig (s.o.).

In der **Vorbereitungsphase** (2.) geht es vorwiegend um die Entsendungsbedingungen und das Festlegen der Vergütung. Doch sollten die Mitarbeiter fachlich, sprachlich und interkulturell vorbereitet und organisatorisch unterstützt werden, um sie nicht "ins kalte Wasser springen zu lassen." Zu empfehlen sind Orientierungstrainings im Heimatland, die für den Einfluss von Kultur auf das Arbeitsverhalten sensibilisieren und organisatorisches Know-how mitgeben. Interkulturelle Trainings und Look-and-See-Trips können in der Vorbereitungsphase als Entscheidungshilfe dienen und für die Entsendung zusätzlich motivieren.

Allerdings muss man feststellen, dass viele Auslandsentsandte auf Ihre Tätigkeit in einer fremden Kultur kaum oder gar nicht vorbereitet werden. Dies liegt zum einen im fehlenden Bewusstsein über Sinn und Notwendigkeit einer spezifischen Unterstützung und zum anderen in der häufig knappen Zeit bis zur Entsendung. Die Vorlaufszeiten zwischen Entscheidung und Ausreise sind oft kurz. Der Arbeitsauftrag muss noch zu Ende geführt, der Nachfolger eingearbeitet, Kontakte zur zukünftigen Arbeitsstelle geknüpft, sich fachlich auf die Auslandsposition vorbereitet und Entsendungsformalitäten erledigt werden. Da bleibt kaum Zeit – außer vielleicht mit Hilfe eines Reiseführers auf dem Hinflug –, sich auf die interkulturelle Problematik und die spezifische Kultur vorzubereiten.

Wenn der potenzielle Entsendungskandidat Familie hat, wird empfohlen, dass diese ihn begleitet. Dies bedeutet gerade für den Ehepartner häufig einen großen Einschnitt in seinem eigenen beruflichen Werdegang. Wünschenswert wäre hier eine Unterstützung von Seiten des Unternehmens, so dass auch der Ehepartner im Ausland beruflich tätig sein kann. Leider werden Ehepartner und Kinder nur ausnahmsweise in Auswahl, Vorbereitung und Betreuung mit einbezogen, auch wenn deren Motivation für den Auslandsaufenthalt und Wohlbefinden vor Ort häufig entscheidend für den Erfolg des Auslandseinsatzes sind.

Interkulturelles Coaching und Mentorenprogramme sind wünschenswerte, wenn auch seltene Betreuungsmaßnahmen **während eines Auslandseinsatzes** (3.). Durch Ansprechpartner vor Ort, die entweder schon länger in dem jeweiligen Land tätig und/oder Vertreter der Gastkultur sind, können kritische Situationen zeitnah hinterfragt und Konsequenzen für zukünftige Entscheidungen gezogen werden. Verlaufs- und Interaktionstrainings während des Auslandsaufenthaltes im Gastland und Maßnahmen der Teamentwicklung ermöglichen Austausch,

Reflexion und Netzwerkbildung von Entsandten, so dass diese den Auslandsaufenthalt nicht als Einzelkämpferphase fernab vom Stammhaus empfinden, sondern als integrierten Bestandteil ihrer Arbeit für das Unternehmen.

Nach einem längeren Auslandsaufenthalt (4.) sind Reintegrationstrainings sinnvolle Maßnahmen, um die Erfahrungen und das Wissen der Rückkehrer für das Unternehmen nutzbar zu machen und die Wiedereingliederung zu erleichtern, so dass der „Rückkehrschock" (siehe Kapitel 2, Abschnitt 2) nicht zu groß ist. Allgemein ist es sinnvoll, den Fundus an Wissen und Informationen über die spezifischen Kulturen, Anforderungen und Tätigkeiten, den die Mitarbeiter erworben haben, zum Beispiel in Zusammenarbeit mit universitären Einrichtungen, aufzuarbeiten und dem gesamten Unternehmen über Informationsmaterial, Toolboxen und/oder Internet-Infos u.a. zur Verfügung zu stellen.

Für den Entsendungserfolg von Führungskräften sind nach einer Untersuchung von *Günter Stahl* (1998, S. 239) Faktoren der Person, der Familie, der Position und Organsiation, der Gastlandumwelt und der Entsendungsgestaltung entscheidend. Die relevanten Aspekte werden im einzelnen in Abbildung 7.1 genannt.

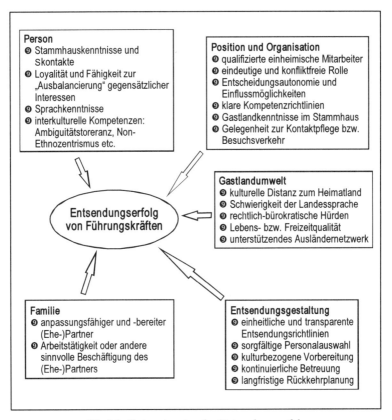

Abb. 7.1: Determinanten des Entsendungserfolgs

Um den Bedarf an Personalentwicklungsmaßnahmen abzuschätzen, sollten folgende Faktoren berücksichtigt werden:

- Ziel und Dauer des Auslandseinsatzes
- Wertigkeit bzw. Risikopotenzial der Auslandsposition
- Ausmaß an sozialen Kontakten mit Gastlandangehörigen
- Kulturelle Distanz zwischen Heimat- und Gastland sowie
- Auslandserfahrungen der Entsendungskandidaten.

Hier finden Sie einige Hinweise, wie Sie sich am besten auf eine Tätigkeit im Ausland einstellen können (nach *Harris/Moran*, 1990).

Tipps für die Auslandsentsendung:

Rechnen Sie mit Problemen!

Wundern Sie sich nicht über Missverständnisse!

Setzen Sie sich mit Ihrer eigenen Kultur auseinander!

Bereiten Sie sich auf die fremde Kultur vor!

Suchen Sie den Kontakt mit Menschen aus der fremden Kultur!

Vermeiden Sie das Expatriate-Ghetto!

Seien Sie experimentierfreudig und abenteuerlustig!

Haben Sie Verständnis für die fremde Kultur!

Seien Sie geduldig!

Halten Sie Ihre Erwartungen realistisch!

Nehmen Sie die Herausforderung an!

Haben Sie Freude an Ihrer Tätigkeit!

2.4   Anforderungen an das internationale Pesonalmanagement

Allgemein ist anzumerken, dass "mit der Internationalisierung von Wirtschaft und Unternehmen die Notwendigkeit einer Forcierung des international ausgerichteten Personalmanagements korrespondiert " (*Kammel/Teichelmann*, 1994, Vorwort). Dieses sollte die ganze Bandbreite möglicher interkultureller Tätigkeiten erfassen. Bislang liegt der Schwerpunkt auf der Auswahl und Vorbereitung von Mitarbeitern für einen Auslandseinsatz. Doch sind die unterstützende Begleitung eines Auslandseinsatzes und die Reintegration nicht weniger wichtig. Maßnahmen für multinationale Arbeitsgruppen, Integrationsmaßnahmen und interkulturelle Tätigkeiten, die nicht automatisch einen Auslandseinsatz bedeuten, werden bislang seltener angeboten und durchgeführt. Generell ist zwar ein hoher Bedarf, aber ein erstaunlicher Mangel an Durchführung internationaler Personalentwicklungsmaßnahmen festzustellen. In Studien zum internationalen Einsatz von Führungskräften (*Brüch*, 2001; *Stahl*, 1998) und multinationalen Arbeitsgruppen (*Podsiadlowski*, 2002a) sind die Befragten so gut wie gar nicht auf ihre interkulturelle Tätigkeit vorbereitet worden.

Bei Auslandsentsendungen liegen die Probleme häufig in der knappen Zeit zwischen Entscheidung und Entsendung. Da häufig auch keine Mentoren vor Ort zur Verfügung gestellt werden oder der Mitarbeiter an begleitenden Maßnahmen teilnehmen kann, ist der Entsandte oft auf sich allein gestellt. Zum Teil herrscht Unkenntnis über bestehende Vorbereitungsmöglichkeiten und eine fehlende Wahrnehmung kultureller Differenzen und der möglichen Problematik. Obwohl ein Großteil der Mitarbeiter heutzutage interkulturell tätig ist und Evaluationsstudien z.B. die Wirksamkeit interkultureller Trainings bestätigen (siehe Kapitel 8, Abschnitt 5.4), bestehen doch Zweifel an der Notwendigkeit, und es werden die damit verbundenen Kosten gescheut.

Für ein erfolgreiches internationales Personalmanagement ist die Unterstützung durch höhere Hierarchieebenen und das Bereitstellen der nötigen Ressourcen wichtig. Eine ethnozentrische Unternehmensstrategie sollte vermieden werden. Die Personalentwicklung sollte sowohl auf die Entwicklung der einzelnen Mitarbeiter als auch von Arbeitsgruppen insgesamt achten. Eine genaue Bedarfsanalyse ist nötig, die die kulturellen Unterschiede der Mitarbeiter berücksichtigt. Möglichkeiten liegen in einer differenzierten Vorbereitung, Training in Konfliktmanagement und Kommunikationsfähigkeiten, Teamentwicklung und Coaching.

3   Diversity Management

3.1   Migration

Neben der Internationalisierung der Wirtschaft tragen Bevölkerungsbewegungen wie Mobilität der Arbeiter und Migration stark zu einem erhöhten interkulturellen Kontakt bei. Nach Angaben des UN-Bevölkerungsfonds leben 150 Millionen Menschen außerhalb ihrer Heimatländer (*Le Monde Diplomatique*, 2003). Die Bevölkerung z.B. der USA wird immer heterogener. Dem U.S. Department of Labor (Projections, 2001) gemäß sind 55% der Erwerbstätigen Frauen und ethnische Minderheitengruppen. In Ländern mit multikultureller Zusammensetzung der Bevölkerung, wie z.B. Australien, USA, Schweiz, Israel oder Kanada, sind die Erfahrungen über die Möglichkeiten und Risiken einer Zusammenarbeit mit Vertretern anderer Kulturen bereits weiter verbreitet als in Deutschland und anderen Ländern mit kulturell homogenerer Bevölkerungsstruktur.

Doch auch in Deutschland leben 7,3 Millionen Ausländer. Dies entspricht einem Anteil von 9% der Gesamtbevölkerung, wobei nahezu 40% der Ausländer schon seit mehr als 15 Jahren in Deutschland sind. Innerhalb Deutschlands wird der Anteil von Nachkommen der Gastarbeitergeneration in der Gruppe der Berufsanfänger weiter steigen. Ende 1999 waren 2,8 Millionen Ausländer in Deutschland erwerbstätig (Unabhängige Kommission „Zuwanderung", 2001). Mit einem Zuwanderungssaldo von 98.300 im Jahr 2003 kann Deutschland längst als ein Einwanderungsland bezeichnet werden (Statistisches Bundesamt; Süddeutsche Zeitung, 5. Mai. 2004, S. 5).

Ein erhöhter Bedarf an qualifizierten Mitarbeitern öffnet Unternehmen gegenüber Personen vielfältiger Herkunft, so wie dies auch die Green-Card-Diskussion für Deutschland im IT-Sektor deutlich macht, und stellt sie vor neue Herausforderungen. Bei der BMW AG kommen zum Beispiel 10% der Mitarbeiter in Deutschland aus dem Ausland. Von den insgesamt 98 Nationen stammen 39% der Mitarbeiter aus der Türkei, gefolgt von Restjugoslawien und Österreich (Geschäftsbericht 2000 der BMW AG, 2001). Die Stadt München beschäftigt 11% Ausländer aus insgesamt 70 Ländern, die vorwiegend als Arbeiter tätig sind (Gleichstellungskonzept der Landeshauptstadt München, 2000).

Übung 49: Ausländische Mitarbeiter in Ihrem Unternehmen

Versuchen Sie, folgende Fragen für sich zu beantworten:
*   Wie viele ausländische Mitarbeiter arbeiten im Inland bzw. dem Herkunftsland des Unternehmens, in dem Sie tätig sind?
*   Welche Funktion und welche Nationalität haben die ausländischen Mitarbeiter?
*   Sehen Sie Unterschiede in der Art der interkulturellen Zusammenarbeit im Inland und im Ausland?
*   Inwieweit spielen multinationale Teams eine Rolle in Ihrem Unternehmen?

Versuchen Sie, über derartige Überlegungen verschiedene Formen interkultureller Zusammenarbeit in Ihrem Unternehmen zu identifizieren.

Wie könnten sich die Bedürfnisse der diversen kulturellen Gruppen innerhalb des Unternehmens voneinander unterscheiden?

3.2   Diversität in Organisationen

Unternehmen sind von starker **kultureller Komplexität** geprägt (*Sackmann,* 1997). Multiple Kulturen (siehe Kapitel 1, Abschnitt 1) sind vertreten und prägen den Arbeitsstil der Mitarbeiter und die Unternehmenskultur. Geschlecht, Beruf, Ethnizität, Religion und Nationalität nehmen Einfluss auf die Wertvorstellungen der Mitarbeiter, auf ihre Wahrnehmungen, ihre Einstellungen und ihr Verhalten am Arbeitsplatz.

Organisationen als aktive Mitglieder einer Gesellschaft stehen in der Verantwortung, sich mit der zunehmenden **Diversität** der Belegschaft auseinander zu setzen. Zum einen müssen Organisationen Bezug nehmen auf externe Einflussfaktoren wie veränderte demographische Strukturen, Einstellungswandel oder soziale Konflikte, zum anderen schaffen sie auch Probleme wie zum Beispiel durch vermehrte internationale Unternehmenstätigkeit, globale Wettbewerbsorientierung und verstärkte Abhängigkeit von der Informationstechnologie.

Es gibt zahlreiche Gründe für Unternehmen, sich den Herausforderungen einer vielfältigeren Belegschaft zu stellen. In Studien US-amerikanischer Unternehmen (*Bhawuk/Podsiadlowski/Graf/Triandis,* 2002; The Conference Board, 1992) betonen Personalverantwortliche die Bedeutung von Diversity Management anhand folgender Gesichtspunkte:

- Diversitätsmanagement ist ein strategisch einsetzbarer Erfolgsfaktor, um Produktivität und Wettbewerbsfähigkeit des Unternehmens zu erhöhen.
- Auf die kulturelle Vielfalt der Mitarbeiter Rücksicht zu nehmen, ist eine wichtige Führungsaufgabe.
- Möglichen negativen Folgen einer diversen Belegschaft wie Fluktuation, Dienst nach Vorschrift, Absentismus und Spannungen am Arbeitsplatz muss entgegengewirkt werden.
- Die in der Gesetzgebung verankerte Gleichberechtigung macht Diversity Management notwendig.
- Kulturelle Vielfalt muss thematisiert werden, um qualifizierte Mitarbeiter und Mitarbeiterinnen zu rekrutieren und zu halten.

Die Integration von ethnischen Minderheiten und Ausländern sollte ebenso für deutsche Unternehmen als relevant angesehen werden. Auch in Deutschland werden qualifizierte, global orientierte Mitarbeiter gebraucht und die Belegschaft wird hinsichtlich Nationalität, Geschlecht und regionaler Herkunft vielfältiger.

3.3   Maßnahmen des Diversity Managements

Diversity Management bzw. Diversitätsmanagement ist eine proaktive Herangehensweise des Personalmanagements, die darauf abzielt, Unternehmensstrategien und Personalentwicklungsmaßnahmen zu entwickeln und durchzuführen, die die Integration von Minderheiten (z.B. aufgrund von Geschlecht, Ethnizität und/oder Nationalität) auf allen Hierarchieebenen fördern. Vielfalt soll nicht nur innerhalb heterogener Arbeitsgruppen sondern für das ganze Unternehmen nutzbar gemacht werden (*Podsiadlowski*, 2002c).

Maßnahmen des Diversity Managements können auf ganz unterschiedlichen Ebenen und in sehr unterschiedlichen Bereichen ansetzen, als da wären:

- Personalauswahl
- Training
- Gruppenbildung
- Unternehmensstruktur und Vernetzung
- Unternehmenspolitik und -strategie.

Personalauswahl:

Für die Integration von Minderheiten ist eine gezielte Karriereplanung und Entwicklung nötig. Bei der Auswahl geht es darum, Mitarbeiter einzustellen, die auf die demographische Zusammensetzung der Region zugeschnitten sind und zwar auf allen Ebenen, auch dem Top Management, und die Länder repräsentieren, in denen das Unternehmen tätig ist. Derartige Einstellungsziele sollten dann auch als Effizienzkriterium für eine gute Führungskraft gelten.

Ein Großteil der Maßnahmen des Diversity Managements beschränkt sich deshalb auf „fair employment", also auf die Entwicklung und Verwendung von Auswahl- und Einstellungsverfahren, die hinsichtlich der Diskriminierung bestimmter Gruppen überprüft und validiert werden. „Affirmative action" Programme gelten darüber hinaus als unterstützende, freiwillige Maßnahmen der Unternehmen, um über das Vermeiden von Diskriminierung hinaus den erfolgreichen Eintritt von benachteiligten Gruppen zu erleichtern. In Deutschland werden solche Programme z.B. im öffentlichen Dienst, vor allem im Rahmen von Frauenförderungs- und Gleichstellungsgesetzen, umgesetzt. Ziel ist es, allen Mitarbeitern im gesamten Unternehmen zu ermöglichen, sich zu qualifizieren und ihr Potenzial einzubringen.

Training:

Spezielle Weiterbildungsmaßnahmen und Trainingsinitiativen zum Umgang mit Diversität finden im Sinne der „appreciating diversity" zur Unterstützung der interkulturellen Zusammenarbeit statt. Auf Ebene des Individuums können durch Trainingsmaßnahmen Interaktionen zwischen Mitgliedern verschiedener Gruppen erhöht, Sensibilität und Wahrnehmung verbessert und Unterschiede schätzen gelernt werden. Durch kulturorientierte Trainings und Sprachkurse erwerben Mitarbeiter Wissen über andere Kulturen, die in ihrem Unternehmen vertreten sind, und erweitern Sprachkenntnisse, um gegenseitiges Verständnis zu entwickeln (sieh Kapitel 8).

Gruppenbildung:

Auf Gruppenebene können diverse Teams gebildet werden, zum Beispiel für Aufgaben zur Ideen- und Entscheidungsfindung (siehe Kapitel 6). Innerhalb der Arbeitsgruppen hilft es, Gemeinsamkeiten zwischen Personen herauszustellen und zu lernen, den Standpunkt der anderen Seite zu verstehen. Zur gemeinsamen Aufgabenerfüllung sind übergeordnete Ziele zu identifizieren und Leistung und funktionierende Zusammenarbeit zu belohnen.

Weiterhin ist die Einführung von Projektgruppen, die sich speziell mit der Umsetzung eines Diversitätsmanagements beschäftigen, zu empfehlen. Zum Beispiel können über **Diversitätsforen** Initiativen gefördert und beaufsichtigt werden. Sogenannte **Advokatengruppen** können eingesetzt werden, um das Top-Management über die spezifischen Belange bestimmter, benachteiligter Gruppen zu informieren, indem sie die Integration und Förderung benachteiligter Gruppen kontrollieren und die Bedürfnisse aller berücksichtigen. Ein Team von Human Resource Managern kann Diversitätsinitiativen planen, einführen und dauerhaft implementieren.

Unternehmensstruktur und Vernetzung:

Angestrebt wird im Sinne von *Cox* (1991) das multikulturelle Unternehmen, in dem auf allen Ebenen Minderheiten integriert sind. Die Belegschaft soll die demographische Zusammensetzung der Region repräsentieren, so dass Vertreter verschiedenster sozialer Gruppen eingestellt werden müssen und Mitarbeiter aus mehreren Ländern rekrutiert werden. Auch die Zusammensetzung des Top Managements sollte die kulturelle Vielfalt des Unternehmens widerspiegeln.

Die Organisationsstrukturen sollten so modifiziert werden, dass es für alle Mitarbeiter möglich ist, auf allen Ebenen und in jeder Funktion im Unternehmen tätig zu sein, unabhängig von Herkunft, Hautfarbe oder Geschlecht. Kontakt-

und Kommunikationsmöglichkeiten sollten geschaffen werden, wobei die Wahrnehmung eines ähnlichen Status hilfreich ist und Statussymbole vermieden werden sollten. Netzwerke über die verschiedenen Bereiche zum Beispiel in Form von **Diversity Komitees** fördern Austausch und Kommunikation.

Unternehmenspolitik und -strategie:

Auf Unternehmensebene heißt Diversity Management, dass die gesamte Unternehmenspolitik, das Management und die gemeinsame Unternehmenskultur unter Berücksichtigung der kulturellen Bedingungen der Unternehmensmitarbeiter, Partner und Kunden nicht allein auf die Koexistenz all dieser Kulturen beschränkt bleibt. Ziel ist die Entwicklung einer neuen Organisationskultur und eines neuen Managementstils, bei dem Unterschiede weder ignoriert noch minimalisiert werden, sondern als Ressourcen für die Entwicklung der Organisation betrachtet und genutzt werden (*Podsiadlowski*, 2002c; *Triandis/Kurowski/Gelfand*, 1994).

Seit den 90er Jahren geht es nach *Katzell* (1994) nicht nur auf interpersoneller Ebene sondern für die gesamte Organisation um „managing diversity," indem bewusst geplante, an Organisationszielen ausgerichtete, langfristige Diversitätsstrategien entwickelt werden. Wichtig ist die Entwicklung von unternehmensweiten Strategien, die das ganze Unternehmen betreffen und die entweder von oben nach unten oder vom mittleren Management ausgehend Maßnahmen initiieren. Damit die Zusammenarbeit, die von kultureller Vielfalt geprägt ist, funktionieren kann, sollten bestimmte rechtliche und kulturelle Rahmenbedingungen gegeben sein. Wichtig ist auch, dass höhere Instanzen den Wunsch nach erfolgreichem Kontakt betonen und dies zum Beispiel durch gemeinsame Aktivitäten (Parties, Feiern, Picknicks, Sportveranstaltungen) umsetzen.

In den Unternehmensleitlinien müssen Gleichberechtigung und Diversität als Unternehmensziel betont werden. Die Vorteile diverser Zusammensetzungen sollten herausgestellt und die spezifischen Stärken der jeweiligen kulturellen Gruppen betont werden, so dass die Problematik der kulturellen Vielfältigkeit als Chance verstanden wird. Zur Entwicklung neuer Unternehmensleitsätze und Richtlinien, z.B. für die Führungskräfte, sollten spezielle Workshops für die oberen Führungsebenen durchgeführt werden. Zur Implementierung bieten sich Newsletter, neue Medien und Intranet an. Neben der Bildung von Diversitätsforen, Advokatengruppen und Komitees sollte ein Vorschlagswesen eingeführt werden, so dass Anregungen aller Mitarbeiter einbezogen werden können. Vergessen Sie aber nicht, dass die Vorteile von Diversität häufig erst langfristig zum Tragen kommen!

Die Möglichkeiten des Diversity Managements sind vielfältig, an der Umsetzung mangelt es insbesondere in Deutschland. Organisationen unterscheiden sich deutlich hinsichtlich der Vielfalt und der Ansatzpunkte in ihren Unternehmensstrategien.

Es lassen sich drei Organisationstypen identifizieren (*Podsiadlowkski,* 2001), wobei Organisationstyp 3 – für den zum Beispiel die Ford AG steht – noch sehr selten zu finden ist.

*   **Organisationstyp 1: Keine spezielle Thematisierung von Diversität**

    Die kulturelle Vielfalt der Mitarbeiter und die Integration der einheimischen, ausländischen Mitarbeiter wird nicht speziell thematisiert. Vergleichbar mit den Lernanforderungen in der interkulturellen Zusammenarbeit befinden sich diese Organisationen erst am Anfang der Auseinandersetzung. Es muss ein Bewusstsein und Sensibilität für eigene und fremde kulturelle Prägungen und die dahinter liegenden potenziellen Benachteiligungen geschaffen werden.

*   **Organisationstyp 2: Einzelne Maßnahmen**

    Es werden einzelne Maßnahmen in Form von Trainings, Workshops, Vorträgen und Sprachkursen in der Organisation angeboten und durchgeführt, um gegenseitiges Verständnis, Austausch und Problembewußtsein zu erhöhen. Meistens werden bestimmte Gruppen herausgegriffen wie Frauen oder ethnische Minderheiten.

*   **Organisationstyp 3: Ganzheitliche Strategien**

    Es werden ganzheitliche, langfristig orientierte Diversitätsstrategien eingesetzt, die die gesamte Organisation nach innen und außen betreffen. Es geht nicht mehr nur um Defizite und potenzielle Benachteiligung bestimmter sozialer Gruppen, sondern um die potenziell gewinnbringende Zusammenarbeit aller Mitarbeiter im Sinne von Synergie.

4 Hinweise für erfolgreiches Personalmanagement

Um Maßnahmen des Personalmanagements erfolgreich einzuführen, ist es nötig:

*   die allgemeine Akzeptanz der Maßnahmen sicherzustellen
*   die Maßnahmen flächendeckend und vollständig einzuführen und
*   die organisatorischen Voraussetzungen, sowohl finanzieller, personeller als auch zeitlicher Art, zu gewährleisten.

Hierfür müssen die zuständigen Bereiche wie die Personalabteilung Kompetenzen erhalten, die über organisatorische Fragen hinausgehen. Es gilt, nicht nur Trainings- und Teamentwicklungsmaßnahmen anzubieten, sondern diese in einen ganzheitlichen Arbeitsprozess einzubinden und in eine übergreifende Personalmanagementstrategie zu integrieren. Das Unternehmen muss so aufgebaut sein, dass positive, erfolgversprechende Kontakte und Interaktionen möglich sind und sich die Mitarbeiter an gemeinsamen Zielen und Verdiensten orientieren können.

Aufgaben des Personalmanagements liegen in

*   der Entwicklung interkultureller Kompetenzen durch Lernen in interkulturellen Trainings auf der Ebene der Kognition, der Emotion und des Verhaltens

- dem Aufbau und Bereitstellen von Mentoring-Programmen zur psychosozialen, vertikalen Unterstützung und individuellen Karriereförderung und
- der Unterstützung sozialer Netzwerke zur Förderung horizontaler und interpersoneller Beziehungen in und außerhalb des Berufsalltags.

Literaturempfehlungen

Scherm, E., 1995: Internationales Personalmanagement, München: Oldenbourg
Stahl, G., 1998: Internationaler Einsatz von Führungskräften, München: Oldenbourg

Kapitel 8
Interkulturelle Trainings

Interkulturelle Trainings sind ein wichtiger Teil internationaler Personalentwicklung und werden in diesem Kapitel vertieft behandelt. Sie unterstützen interkulturelles Lernen und fördern die interkulturelle Kompetenz der Mitarbeiter. Nach Vorstellung der Ziele interkultereller Trainings werden Sie Trainingskonzepte, gängige Übungen (siehe auch Kapitel 4 und 5)und Methoden und die dahinter stehenden Lernmodelle kennen lernen. Eine Herausforderung besteht in der zumeist gemischtkulturellen Zusammensetzung der Trainingsteilnehmer, so dass die Kulturspezifität von Lern- und Lehrmethoden thematisiert wird und Sie sich anhand von Fallbeispielen damit auseinandersetzen können. Fragen zum Design interkultureller Trainings wie wichtige Vorarbeiten, Aufbau, Organisation und Evaluation werden mit konkreten praktischen Hinweisen behandelt. Nachdem Empfehlungen gegeben werden, was erfolgreiche Trainings ausmacht, können Sie sich für Fallbeispiele geeignete Trainingsmaßnahmen überlegen. Auch wenn in diesem Kapitel Trainer direkt angesprochen werden, so ist es auch besonders für Personalverantwortliche und Führungskräfte wichtig, ein Verständnis für Zweck und Methodik interkultureller Trainings zu haben, um deren Bedarf zu erkennen und geeignete Maßnahmen in Auftrag geben zu können.

1 Ziele und Formen interkultureller Trainings

Interkulturelle Trainings sind Personalentwicklungsmaßnahmen zur Förderung der für die interkulturelle Zusammenarbeit hilfreichen Kompetenzen. Ziel ist es, einzelne Mitarbeiter oder auch Arbeitsgruppen, die international tätig sind, auf ihre Aufgabe vorzubereiten und/oder begleitend zu unterstützen, um so die Leistung und die Zufriedenheit von Personen in interkulturellen Situationen zu verbessern (s.a. *Bhawuk/Brislin*, 2000; *Landis/Bhagat*, 1996; *Moosmüller,* 1996). Dabei sollen Kognitionen, Emotionen und Verhalten angesprochen werden. Zum einen geht es um eine erhöhte Sensibilität und um mehr Verständnis für die eigene und fremde Kulturzugehörigkeit. Zum anderen lernen Trainingsteilnehmer Handlungsstrategien, um mit Konflikten in der Zusammenarbeit umgehen zu können. Es geht also um interkulturelles Lernen (siehe Kapitel 3).

> *Black* und *Mendenhall* (1991, S. 120) drücken das Ziel interkultureller Trainings folgendermaßen aus: „to learn both content and skills that will facilitate effective cross-cultural interaction by reducing misunderstandings and inappropriate behaviour."

Je nach Vorwissen, Erfahrung, Zielgruppe und Aufgabe gibt es verschiedene Möglichkeiten, Mitarbeiter auf die interkulturelle Zusammenarbeit vorzubereiten. Die Trainingsansätze reichen von Sprachunterricht, kulturübergreifendem Training, interkulturellem Kommunikationstraining bis zu interaktivem Training mit bi- oder multikulturellen Gruppen.

Bei Fragen des Trainingsbedarfs, der Ziele und der Zusammensetzung der Teilnehmer sollten Sie entscheiden, ob eher kulturübergreifende oder kulturspezifische Trainings geeeignet sind.

Bei **kulturübergreifenden Trainings** geht es um die Entwicklung einer generellen „self awareness" bzw. „cultural awareness" und das Wissen um die Bedeutung von Kultur für das eigene und das fremde Verhalten. Mitarbeiter sollen allgemein für die interkulturelle Zusammenarbeit befähigt und mit Kompetenzen ausgestattet werden, die auf verschiedene interkulturelle Situationen übertragbar sind. Kulturübergreifende Trainings zielen auf die Entwicklung interkultureller Sensibilität und strategischer Handlungskompetenzen in Gesprächsführung, Attribution und Stressbewältigung ab. Teilnehmer sollen lernen, kulturelle Unterschiede und Ähnlichkeiten unvoreingenommen wahrzunehmen, sich mit den eigenen kulturbedingten Werten, Normen und Verhaltensweisen auseinanderzusetzen, um somit kulturspezifische Besonderheiten des jeweiligen Ziellandes erkennen und die kulturellen Herausforderungen bewältigen zu können.

Kulturspezifische Trainings hingegen vermitteln ganz spezielle Kenntnisse zu einzelnen Kulturen oder Kulturräumen und sollen die Zusammenarbeit zwischen Mitgliedern bestimmter Nationalitäten verbessern. Es geht um Wissen über eigene und fremde Kulturstandards und Kulturdimensionen und Handlungsstrategien in der Interaktion mit Mitgliedern einer fremden Kultur. Zu den zu behandelnden Themen gehören: landeskundliche Informationen, Fachwissen, Sprache, verbale und non-verbale Formen der Kommunikation, soziale Verhaltensregeln, Kooperation, Problemlösung, das Treffen von Entscheidungen, Teamarbeit und Verhandlungsführung.

Es lassen sich verschiedene theoretische Trainingskonzepte unterscheiden (*Brislin/Landis/Brandt*, 1983; *Thomas*, 1999), die an vier verschiedenen Schwerpunkten ansetzen:

1. **Informationsorientierte Trainings: Kulturelles und interkulturelles Wissen (Fallstrick 1)**

    a) Kulturübergreifend: Wissen über die Bedingungen interkultureller Kommunikation und allgemeine Verhaltensregeln

    b) Kulturspezifisch: Vermittlung von grundlegenden Daten und Fakten über ein spezielles Land sowie praxisnahes Handlungswissen.

2. **Kulturorientierte Trainings: Bewusstsein und Sensibilisierung (Fallstrick 2)**

    a) Kulturübergreifend: Entwicklung eines generellen Verständnisses für kulturelle Ähnlichkeiten, Unterschiede und Einflussgrößen; Entdecken des Einflusses von Kultur auf Wahrnehmung und Wertvorstellungen

b) Kulturspezifisch: Bewusstmachen eigen- und fremdkultureller Wertvorstellungen, Wahrnehmung, Bewertungskriterien und Verhalten, Lernen über eigene und fremde Kulturstandards und Kulturdimensionen.

3. **Interaktionsorientierte Trainings: Erleben und Verhalten**

a) Kulturübergreifend: Simulation schwieriger interkultureller Interaktionssituationen wie Verhandlungen zwischen Mitarbeiter und Vorgesetztem, Einbeziehen interkultureller, führungsbezogener und fachlicher Aspekte in Rollenspielen, Erwerb neuer und komplexer Verhaltensmuster über Modellernen

b) Kulturspezifisch: Simulation kritischer Situationen in direktem Kontakt mit Vertretern fremder Kulturen, Einüben von Bewältigungsstrategien, Verwendung realitätsnaher, interkultureller Begegnungssituationen, Aneignung eines kulturadäquaten Verhaltens.

4. **Verstehensorientierte Trainings: Attributionen (Fallstrick 3)**

a) Kulturübergreifend: Vertraut machen mit kulturfremden Verhaltensweisen und Interpretationen, Verständnis für Unterschiede und kulturadäquate Erklärungen

b) Kulturspezifisch: Vermittlung von Erklärungs- und Begründungsmustern für fremdkulturelles Verhalten im Gastland, Konfrontation mit konflikthaften Interaktionssituationen, die nur kulturadäquat interpretiert werden können, wenn fremdkulturelle Begründungsmuster bekannt sind.

Die Fähigkeit, sich mit der eigenen und anderen Kulturen auseinanderzusetzen, Hintergründe der verschiedenen Verhaltensmuster zu verstehen und sich kulturadäquat zu verhalten, ist für die interkulturelle Zusammenarbeit von elementarer Bedeutung. Eine derartige Kompetenz wird durch interkulturelle Trainings wesentlich gefördert.

---

2 Lernmodelle

Hinter den verschiedenen Trainingsansätzen stehen ganz bestimmte Lernmodelle, die in der Vielfalt der anschließend näher ausgeführten Trainingsmethoden zum Ausdruck kommen. Sie haben verschiedene Möglichkeiten, Neues zu lernen und sich neuen Situationen anzunähern. Die Bandbreite des Lernens in interkulturellen Situationen ist groß. Sicherlich haben Sie schon einmal das Gefühl gehabt, ins kalte Wasser geworfen zu werden. Häufig stellen Versuch und Irrtum die Möglichkeit dar, sich langsam an eine neue Umgebung heranzutasten. Glücklich sind dann die, die von den Erfahrungen anderer profitieren können. Doch ist es bei derartigen Herausforderungen sinnvoll, sich über gezielte und geplante Trainingsmaßnahmen strukturiert und in einem weniger riskanten Setting vorzubereiten und unterstützen zu lassen. So ist es auch möglich, interkulturelles Lernen zu lernen, sich neue Strategien, Fähigkeiten und

Methoden anzueignen, um seine Ziele und die des Unternehmens effizient und effektiv zu erreichen.

Nach *Kolbs* Lernzirkel (*Hughes-Wiener*, 1977) gibt es vier Prozesse, die ineinander greifen und aufeinander aufbauen (Abbildung 8.1). Das Training kann je nach Bedürfnis, Lernbereitschaft und Sicherheitsempfinden der Teilnehmer an jedem dieser Punkte im Kreis beginnen.

1. **Konkrete Erfahrung:** Gerade zu Beginn von Trainings besteht häufig ein starkes Bedürfnis der Teilnehmer, die eigene kulturelle Identität und interkulturelle Erfahrungen zu diskutieren. Hier bieten sich Einführungen an wie das Namensspiel (Übung 21), Gruppendiskussionen und Methoden, sich den Einfluss von Kultur bewusst zu machen und eigene und fremde Kulturdimensionen kennen zu lernen (Kapitel 4, Abschnitt 1 und 2, Übungen 21 bis 26). Das Arbeiten mit Fallbeispielen, kritischen Ereignissen und Cultural Assimilators (Kapitel 5, Abschnitt 2, Übungen 35 bis 42) bietet die Möglichkeit, Parallelen zu eigenen Erlebnissen zu ziehen und auf Basis konkreter Erfahrungen zu lernen.

2. **Reflexive Beobachtung:** Eigenes und fremdes Verhalten innerhalb und außerhalb des Trainings zu beobachten, dieses zu überdenken und zu diskutieren, führt zu kulturellem und interkulturellem Wissen. Durch die Interaktionen mit Trainern und Teilnehmern, durch Filme und Rollenspiele werden kognitive Landkarten gebildet, die zeigen, worauf man achten muss und wie Informationen effizient zu nutzen sind.

3. **Abstrakte Konzeptionalisierung:** Informationen werden ausgewählt, organisiert und interpretiert. Besonders durch die Nachbesprechung (Debriefing) nach Gruppenübungen, das Feedback der Trainer und in Gruppendiskussionen wird implizites Wissen identifiziert und getestet. Ziel ist das Verstehen und die Entwicklung von allgemein gültigen Konzepten und explizitem Wissen.

4. **Aktives Experimentieren:** Über konkrete Interaktionen und Handlungen wie in Simulationen und Rollenspielen werden neue Verhaltensstrategien ausprobiert und alte Verhaltensmuster modifiziert. Schwerpunkt sind praktische Fertigkeiten und sichtbares Verhalten. Rückmeldung erfolgt zum Beispiel über Videoaufnahmen und die Reaktion der Interaktionspartner.

Wichtige Voraussetzungen für den Erfolg interkulturellen Lernens sind nach *Hughes-Wiener* (1977) angemessenes und zielorientiertes Lernen sowie positives Feedback in einem Kontext, der auf die berufliche und private Alltagssituation übertragen werden kann.

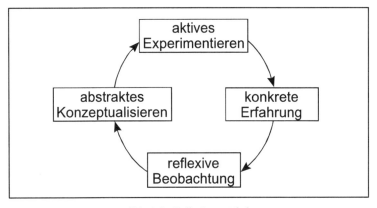

Abb. 8.1: Kolbs Lernzirkel

Die Möglichkeit, von anderen zu lernen, ist zentrales Element von *Banduras* (1977) Theorie des sozialen Lernens, auf die zahlreiche, auch interkulturelle Trainingsansätze aufbauen. Hierbei geht es um das Lernen sozial bedeutsamer Verhaltensweisen durch die Beobachtung von und im Kontakt mit Vorbildern (Modellen) und anderen Personen. Ziel ist eine erhöhte Selbst-Wirksamkeit, also die Beurteilung der Möglichkeit eigenen Wirkens und Bewirkens durch die Lernenden. Trainingsteilnehmer lernen aus Erfahrungen und die erfahrenen Konsequenzen ihres Verhaltens prägen das, was sie lernen, und ihr zukünftiges Verhalten. Dieses wird schrittweise modelliert und teilweise reproduziert. Um neues Verhalten zur erlernen, muss das Zielverhalten aufmerksam beobachtet werden. Dies geschieht nicht nur durch den Trainer als Rollenmodell, sondern auch durch das Verhalten der anderen Teilnehmer, vor allem bei verhaltens-orientierten Instrumenten wie Rollenspiel und Simulation.

Bandura (1977) nennt vier Aspekte, die gegeben sein müssen, damit durch Beobachtung das Erlernen neuer Verhaltensweisen möglich ist:

- **Aufmerksamkeit:** Die Aufmerksamkeit der Beobachter hängt von Status, Attraktivität und Ähnlichkeit des Modells ab, das das Zielverhalten zeigt. Dies sollte bei der Auswahl der Trainer und der Zusammensetzung der Teilnehmer berücksichtigt werden. Zum Beispiel stellt sich immer die Frage, ob Vorgesetzte auch am Training teilnehmen, da Statusunterschiede häufig störend wirken.
- **Behalten:** Das Behalten von Verhaltensweisen findet durch kognitive Landkarten und verbal kodierte Einheiten statt, die in Übungen aufgearbeitet werden und sich verfestigen. Das gewünschte Verhalten muss möglichst konkret, bedeutsam und nah an der realen Situation am Arbeitsplatz sein. Es sollten nicht zu viele verschiedene Inhalte auf einmal vermittelt werden.
- **Wiederholung:** Das gelernte Verhalten wird immer wieder vom Lernenden gezeigt, so dass erinnerte Symbole in Handlungen umgewandelt werden. Verschiedene Methoden, anhand derer der gleiche Inhalt vermittelt wird, unterstützen diesen Prozess. Zum Beispiel werden wichtige Inhalte zuerst

über Vorträge präsentiert, in Gruppendiskussionen Erfahrungen zu bisherigen Verhalten ausgetauscht und neue Verhaltensweisen in Rollenspielen aktiv experimentiert.

* **Belohnung:** Es gibt externale (wie der Wert des Ergebnisses) und internale (wie Zufriedenheit und Selbstwirksamkeit) Faktoren (Motivatoren), die den Lernenden motivieren, gelerntes Verhalten zu beobachten, beizubehalten und wieder auszuüben. Die Belohnung sollte zeitnah stattfinden, so dass die Lernenden schon im Training Erfolgserlebnisse haben. Ebenso wichtig ist es, am Arbeitsplatz die neu gelernten Verhaltensweisen so einsetzen zu können, dass sich die Mitarbeiter den Herausforderungen besser gewachsen fühlen.

Gerade beim letzten Punkt der Belohnung (siehe Kapitel 6, Abschnitt 3, Übungen 43 bis 44) wird besonders deutlich, dass nicht nur die interkulturelle Zusammenarbeit von Komplexität geprägt ist, sondern auch die Anwendung von Lernmodellen auf interkulturelle Trainings. Welche Bedeutung hat Be- und Entlohnung in verschiedenen Kulturen? Welche Form der Belohnung ist in welchem Kulturraum sinnvoll? Auf die Kulturspezifität von Lernmodellen und Lehrmethoden wird später noch eingegangen.

3 Trainingsmethoden

In interkulturellen Trainings wird eine Bandbreite an Methoden verwendet, die kognitive, affektive und behaviorale Aspekte ansprechen: Informationsweitergabe, Vermittlung theoretischer Grundlagen, Cultural Assimilators, Interaktionen im Hier und Jetzt, Modelllernen, Verhaltensbeobachtungen, Kommunikationsübungen mit Feedback, Experimentelles Lernen, Rollenspiele, Geschäftssimulationen und Lernen anhand kritischer Ereignisse (s.a. *Brislin/Landis/Brandt*, 1983; *Paige/Martin*, 1996).

Die Trainingsmethoden können in didaktisch und erfahrungsorientiert unterteilt werden:

Didaktische Methoden ermöglichen eine eher passive Beteiligung der Lernenden, da kognitive Lernziele im Vordergrund stehen (siehe Kapitel 4: Interkulturelle Kommunikation verstehen und sich den Einfluss von Kultur bewusst machen). Sie finden ihre Anwendung verstärkt in informations- und verstehensorientierten Trainings.

Erfahrungsorientierte Methoden sprechen Emotionen und Verhalten an (siehe Kapitel 5: Interkulturelle Kommunikation erleben, erfahren und ausprobieren und interkulturelle Kompetenz trainieren). Sie verlangen eine aktive Beteiligung der Trainingsteilnehmer und bilden den Kern interaktionsorientierter Trainings.

Abbildung 8.2 bietet einen Überblick über die verschiedenen Methoden interkultureller Trainings: Zum einen werden die Methoden danach unterteilt, ob sie besonders geeignet für kulturübergreifende oder kulturspezifische Trainings sind, zum anderen, ob sie didaktischem oder erfahrungsorientiertem Lernen zuzuordnen sind.

Kultur-	Didaktisch	Erfahrungsorientiert
Übergreifend	Vorträge Informationen, Fakten Diskussionen schriftliche Unterlagen programmierte Unterweisung Videos Gruppenarbeit Cultural Assimilators	Kommunikationsübungen Spielsituationen Interaktionen im Hier und Jetzt Modellernen Verhaltensbeobachtungen Experimentelles Lernen Workshop Selbsteinschätzungen Kulturübergreifende Simulationen Rollenspiele
Spezifisch	Kulturspezifische Texte Film/Video Orientierungswissen Sprache lernen Kritische Ereignisse Cultural Assimilators Fallstudien	Rollenspiele mit Zielkultur Bikultureller Kommunikationsworkshop Spezifische Simulationen Rollenspiele Feldsimulationen Geschäftssimulationen

Abb. 8.2: Methoden interkultureller Trainings

Wenn man interkulturelle Trainingsmethoden nach Trainingsaufwand (von niedrig bis hoch) und Mitgestaltung durch den Lernenden (von passiv bis partizipativ) (*Black/Mendenhall*, 1990) zusammenfassend ordnet, ergibt sich folgendes Bild:

1. Informationsorientierte Methoden: Landeskundliche Informationen, Dokumentationen, Vorträge, Bücher
2. Verstehensorientierte Methoden: Filme, Sprachunterricht, Cultural Assimilators, Sensibilitätstrainings
3. Experimentelle Methoden: Interaktives Sprachtraining, Rollenspiele, Ausflüge ins Feld, Simulationen.

4 Kulturspezifität von Lehr- und Lernstilen

Die besondere Herausforderung interkultureller Trainings liegt darin, dass bei den meisten Trainings die Teilnehmer aus verschiedenen Kulturen stammen (was für die Übertragbarkeit und die Lernmöglichkeiten eines Trainings sehr zu empfehlen ist). Wie wir lernen, ist aber auch kulturspezifisch! Für die Konzeptualisierung und Durchführung interkultureller Trainings ist es wichtig, die Kulturabhängigkeit von Lern- und Lehrprozessen zu berücksichtigen. Zum Beispiel gelten offene Debatten in westlichen Personalentwicklungsmaßnahmen als wesentlicher Bestandteil, die z.B. bei Hongkong-Chinesen zu Widerstand führen (*Kirkbride/Duncan/Tang*, 1990; *Bond,* 1992). Ebenso wichtig ist die Berücksichtigung, ob der gesamten Gruppe oder dem Einzelnen Feedback gegeben wird (*Earley*, 1994). Allgemein ist eine Unterscheidung zwischen Harmonie versus Konfrontation grundlegend für kulturspezifische Lehrstile.

Fallbeispiel 13: Das Verkaufstraining in Singapur

Stellen Sie sich folgende Situation vor:

Sie sind Vertriebsexperte und führen in Ihrem Unternehmen erfolgreich Verkaufstrainings durch. Aus diesem Grund schickt man Sie nach Singapur, um die dortigen internationalen Trainees, die aus der gesamten Asien-Pazifik-Region stammen und auch dort eingesetzt werden sollen, in die Kunst des Verkaufens ihres speziellen Produktes einzuführen.

Da Sie gelesen haben, dass in den meisten asiatischen Kulturen Frontalunterricht die üblichste Lehrmethode ist, bauen Sie Ihr erstes Treffen als klassische Unterrichtsstunde auf. Die Trainees hören aufmerksam zu, schreiben mit und scheinen bei der Sache zu sein. Ob und inwieweit die Lerninhalte hängen bleiben und reflektiert werden, darüber sind Sie sich jedoch nicht so sicher, denn keiner Ihrer Teilnehmer stellt Fragen. Ihre Versuche, Gruppendiskussionen anzuregen, laufen gänzlich ins Leere. Deshalb bilden Sie kleine Arbeitsgruppen und lassen Ihre Fragen in den Gruppen bearbeiten. Die Ergebnisse auf den Flipcharts gefallen Ihnen gut, deren Präsentation weniger.

Um ein bisschen Abwechslung in Ihr Training zu bringen und etwas anderes auszuprobieren, beschließen Sie für den nächsten Tag ein Rollenspiel, das Ihren bisherigen Trainingsteilnehmern viel Spaß gemacht hat und ihnen relativ leicht fiel. Auch bei dem Rollenspiel ist es schwer, die Trainees zur aktiven Teilnahme zu gewinnen. Sie haben den Eindruck, die Trainees wissen nicht, was sie machen sollen, obwohl Sie ihnen klare schriftliche Instruktionen für die verschiedenen Rollen gegeben haben. Sie sind verunsichert, mit welchen Methoden Sie den Trainees Ihre Ziele vermitteln sollen.

In der Kaffeepause erledigen Sie ein paar Telefonate. Als Sie zurückkommen, merken Sie, dass die Trainees untereinander über die Rollenspiele sprechen und sich sogar mit einem anderen Trainer aus einem anderen Fachgebiet austauschen.

Sie stellen sich einige Fragen:

* Wie können Sie diese Diskussionen für Ihr Training gewinnen?
* Wie können Sie mehr Rückmeldung bekommen, um sicher zu gehen, dass das, was Sie sagen, auch ankommt?
* Wie können Sie bewirken, dass sich Ihre Trainees aktiver am Training beteiligen?

Zu diesem Fallbeispiel ist positiv anzumerken, dass verschiedene Trainingsmethoden flexibel eingesetzt werden. Das Arbeiten in kleinen Gruppen und der Einsatz schriftlicher Methoden sind auf alle Fälle gute Variationsmöglichkeiten für gemischtkulturelle Teilnehmergruppen.

Allgemein sind Rollenspiele in Asien eher ungewohnte Methoden des Lernens und basieren auf westlichen, individualisierten Ansätzen, in denen durch Konflikte und Meinungsverschiedenheiten Lösungen gefunden werden sollen. Beim Einsatz von Rollenspielen sollten Sie deshalb darauf achten, dass die Rollen nicht zu konfliktreich sind. Zu empfehlen sind Rollenspiele und Simulationen (siehe Kapitel 5, Abschnitt2), deren Rollen relativ abstrakt gehalten werden, wie bei "Barnga" (Übung 39) und "Die vier synthetischen Kulturen" (Übung 41). Eine andere Möglichkeit liegt darin, mit den eigenen Erfahrungen der Teilnehmer zu arbeiten, wie zum Beispiel mit "kritischen Ereignissen" (Übung 38). Hilfreich ist es, wenn sich die Teilnehmer zuerst in kleinen Gruppen auf ihre Rolle vorbereiten und wenn ganze Gruppen bestimmte Rollen spielen können (wie zum Beispiel bei den "Outside Experts", Übung 35, oder den "synthetischen Kulturen", Übung 41). Schwieriger ist es, wenn eine Person den anderen Teilnehmern etwas vorspielen soll. In diesem Fall sollte ihr Spielpartner eine Respekts- und Vertrauensperson, z.B. der Trainer, sein. Wenn auf das stärkere Harmoniebedürfnis, die Gruppenorientierung und die höhere Bedeutung des Gesichtwahrens, wie bei der Teilnehmergruppe in Singapur, Rücksicht genommen wird, sind Rollenspiele und Simulationen auch für derartige gemischtkulturelle Zusammensetzungen gewinnbringende Trainingsmethoden, bei denen alle Beteiligten Spaß an der aktiven Teilnahme haben werden.

Generell ist zu berücksichtigen, dass besonders in vom Konfuzianismus geprägten Kulturen die Lehrer-Schüler-Beziehung grundlegend asymmetrisch ist. Die Rollenverteilung ist viel stärker ausgeprägt, der Trainer ist Lehrer und Autoritätsperson. Unterricht dient zur Erziehung, bei der Prüfungen und schriftliche Tests zentrale Bestandteile sind, die Sie auch in Trainings integrieren können. Lehren basiert auf Vermittlung kognitiven Wissens, Wiederholungen und passivem Zuhören.

Deshalb ist es für die Durchführung eines Trainings wichtig, Ziele und Inhalte immer klar zu vermitteln (über Vorträge und schriftliches Material) und sich nicht nur auf Gruppendiskussionen zu stützen. Machen Sie dennoch deutlich, dass in Ihrem Training nicht nur "harte Fakten" (wie z.B. die erfolgreichsten Verkaufsstrategien) sondern auch "weiche Faktoren" (wie z.B. die Art der Gesprächsführung) wichtige Lerninhalte sind, die mit aktiven Methoden vermittelt werden. Insgesamt ist für die Akzeptanz der Trainingsmethoden hilfreich, wenn statushöhere Personen (z.B. Vorgesetzte oder Vertreter der Geschäftsleitung) die Wichtigkeit des Trainings und die Bedeutung der Methoden persönlich betonen.

Da in vielen Kulturen, nicht nur in einem Großteil der asiatischen, das Harmoniebedürfnis sehr groß ist, brauchen die Teilnehmer Zeit und Raum. Wenn sie die Möglichkeit haben, sich in Gesprächen zu zweit und informell auszutauschen, können Sie als Trainer einiges von Ihren Teilnehmern lernen und erfahren. Deshalb: Nutzen Sie die Kaffeepausen nicht zum telefonieren, sondern für Gespräche in kleinen Gruppen, und stehen Sie als Ansprechpartner zur Verfügung. Es ist kein Zufall, dass ein Bericht in der Süddeutschen Zeitung zur 54. Königswinter-Konferenz den Titel trägt: „Klare Worte in den Kaffeepausen. Das deutsch-britische Verhältnis und das Harmoniebedürfnis." Darin sagt eine erfahrene Teilnehmerin, dass sie „die wahren Ansichten der britischen Freunde in den Kaffeepausen erfahren habe" (*Schwennicke*, 30.03.2004). Rückmeldung bekommen sie schriftlich, in Pausen, face-to-face und in kleinen Gruppen außerhalb des Plenums.

Achten Sie bei der Moderation von Gruppendiskussionen darauf, dass sich alle Teilnehmer einbringen können, und geben Sie ihnen die zusätzliche Möglichkeit, dies auch in inoffiziellem, kleinem Rahmen zu tun. Hier gelten die gleichen Vorschläge wie bei den Teambesprechungen in multinationalen Arbeitsgruppen (Kapitel 6, Abschnitt 2). Lassen Sie Aufgaben in kleinen Gruppen bearbeiten und die Ergebnisse anschließend präsentieren! Lassen Sie es nicht offen, wer die Ergebnisse präsentiert, sondern lassen Sie schon zu Beginn der Arbeit einen Vertreter der Arbeitsgruppe bestimmen oder benennen Sie selbst einen.

5   Design und Aufbau interkultureller Trainings

Bei der Frage nach dem Design eines Trainings geht es um die Auswahl und den Aufbau von Trainingstechniken, um die vorher bestimmten Lernziele zu erreichen. Gute Trainingsdesigns binden die Teilnehmer aktiv ein und sind entscheidend für den Erfolg interkultureller Trainings. Erwarten Sie keine schnellen und einfachen Lösungen, denn zum Überwinden von Vorurteilen, Fehleinschätzungen und Stereotypen ist Zeit nötig.

5.1   Vorarbeiten

Für das Design eines interkulturellen Trainings sind einige Aspekte mit dem Auftraggeber und eventuell mit den Teilnehmern vorab zu klären und festzulegen. Um ein erfolgreiches interkulturelles Training zu entwickeln, ist eine genaue Bedarfsanalyse notwendig. Berücksichtigen Sie, dass die Wahrnehmung des Auftraggebers über Bedarf und Problemstellung nicht unbedingt der Sicht der Trainingsteilnehmer entsprechen muss bzw. dies häufig nicht tut.

Folgende Aspekte sind im Vorfeld zu klären:

* Klären Sie die Erwartungen und definieren Sie die Trainingsziele!
* Bestimmen Sie die Zielgruppe: Bei welchen Prozessen treten interkulturelle Überschneidungssituationen auf? Welche Personen sind an diesen Prozessen beteiligt? Welche Aufgabe haben sie? Welchen Beruf üben sie aus und wo werden sie eingesetzt? Wie ist die Zusammensetzung der potenziellen Trainingsteilnehmer?
* Beziehen Sie die besonderen Wünsche der Teilnehmer ein: Wo stehen die Teilnehmer? Welche Vorerfahrungen bestehen, gibt es bereits massive Konflikte? Wie groß ist die Bereitschaft, sich auf das Training einzulassen? Wie ist das kulturelle und interkulturelle Wissen, die Einstellung zum Training und die Motivation der Teilnehmer einzuschätzen (siehe Kapitel 2, Abschnitt 3)?
* Wählen Sie eine theoretische Grundlage für Ihr Training aus!
* Wählen Sie geeignete Trainingstechniken und Übungsmaterial, legen Sie die Reihenfolge fest: Um welche Anwendungsfelder geht es (kulturspezifische vs. kulturübergreifende Vorbereitung, Teamentwicklung, Konfliktlösung, Reintegration)? Welche Trainingsformen sind sinnvoll (Sensibilisierungs-/Interaktions-/Verstehens- oder Handlungsorientierte Trainings)?
* Bestimmen Sie geeignete Evaluationsmethoden!

Setzen Sie für die Bedarfsanalyse zum Beispiel auch Fragebögen zum Team-klima (Kapitel 6, Abschnitt 4, Übung 45) und zur Erfassung interkultureller Kompetenz (Kapitel 3, Abschnitt 2, Übungen 16 bis 18) ein, um allgemeines kulturelles Wissen, Flexibilität, Sensibilität und Offenheit der Teilnehmer ein-schätzen zu können. Teilen Sie den Teilnehmern mit, was sie in dem Training erwartet! Vermeiden Sie dabei negative Worte wie Probleme oder Schwierig-keiten, sondern verwenden Sie Begriffe wie Erfahrungsaustausch, interkulturel-les Lernen etc.

5.2 Organisation

Für die Durchführung eines Trainings gibt es verschiedene organisatorische Möglichkeiten, auf die Sie sich mit dem Auftraggeber festlegen müssen.

Wichtige Aspekte für die Organisation interkultureller Trainings:

- **Durchführungsort**
  Außerhalb der Arbeit (off-the job) ↔ am Arbeitsplatz (on-the-job)
- **Träger**
  Externe Trainer ↔ interne Trainer
- **Zeitpunkt**
  Vorbereitung ↔ Begleitung der Tätigkeit
- **Häufigkeit**
  Einmalig ↔ Mehrmalig
- **Dauer**
- **Zeitliche Verteilung**
  Kompakt ↔ Verteilt
- **Anzahl der Trainingsteilnehmer**
- **Zusammensetzung der Teilnehmer**
  Multinational ↔ binational ↔ mononational
- **Inhaltlicher Fokus**
  Regionalspezifisch ↔ Aufgabenspezifisch
- **Vorerfahrungen der Teilnehmer miteinander**
  Teilnehmer arbeiten zusammen ↔ Teilnehmer kennen sich nicht
- **Anzahl und Zusammensetzung der Trainer**
  Einer ↔ mehrere

5.3 Aufbau

Bei der Überlegung, wie ein interkulturelles Training für den besten Lernerfolg aufgebaut wird, geht es grundlegend um die Frage nach Ähnlichkeiten und Unterschieden zwischen Menschen aus verschiedenen Kulturen. Ist es sinnvoll, den Arbeits- und Lernprozess so zu gestalten, dass man in interkulturellen Si-tuationen von Gemeinsamkeiten ausgeht und diese besonders hervorhebt? Oder sollten vielmehr zuerst die Unterschiede zwischen den einzelnen Kulturen erar-beitet werden, um ein größeres Verständnis für das Fremde zu entwickeln?

Im Großteil der Fälle ist es sinnvoll, zuerst auf Unterschiede zwischen Angehörigen verschiedener Kulturen und kulturspezifische Prägungen einzugehen. Zum einen fallen diese eher auf und bieten eine gute Erklärungsgrundlage bei Konflikten, zum anderen trägt ein Verständnis und Schätzen dieser Unterschiede deutlich zum expliziten, kulturellen Wissen bei. Doch darf der Lernprozess nicht bei den Unterschieden stehen bleiben, da sonst leicht zu grobe Verallgemeinerungen und Stereotypen die Folge sind. Gemeinsamkeiten in Normen und Werten zu entdecken, verbindet stattdessen über kulturelle Grenzen hinweg.

Sich vorwiegend und als erstes auf Gemeinsamkeiten zu beziehen, birgt gewisse Gefahren. Es ist gar nicht so ungewöhnlich, dass zum Beispiel deutsche Mitarbeiter in der Zusammenarbeit mit amerikanischen Kollegen von großen Ähnlichkeiten im Arbeitsleben ausgehen. Schließlich gehören beide dem westlichen Kulturraum an und unterliegen vorwiegend „amerikanisierten" Managementregeln. Um so größer ist die Überraschung, dass sich zum Beispiel Ablauf, Häufigkeit und Teilnehmerzahl von Besprechungen und bevorzugte Kommunikationsmittel deutlich voneinander unterscheiden. Die Annahme vermeintlicher Ähnlichkeit und die Erwartung gemeinsamer Vorgehensweisen führen zu zahlreichen fundamentalen Attributionsfehlern und verhindern, dass die Mitarbeiter sich auf die kulturspezifischen Arbeitsstile einstellen.

Bei *Herbrand* (2002) lassen sich Fallbeispiele für den Aufbau von Trainings bei verschiedenen Firmen finden. *Brislin* und *Yoshida* (1984) geben zum Beispiel folgende Empfehlung für den Aufbau eines kulturspezifischen Trainings:

1. Bewusstwerden kultureller Differenzen: Diskussionen über Kultur und Hauptunterschiede zwischen Kulturen, Berücksichtigung der Erfahrungen der Trainingsteilnehmer
2. Wissen: Aneignung von Wissen, das für die interkulturelle Kommunikation und eine Anpassung im Gastland wichtig ist, Verwendung kulturübergreifender kritischer Ereignisse
3. Emotionale Herausforderungen: kritische Ereignisse und Rollenspiele, Diskussion der emotionalen Reaktionen der Teilnehmer
4. Neue Verhaltensweisen: Lehren von kulturspezifischen Verhaltensweisen (Visitenkarten, Entschuldigen, Gastgeschenke) und Einüben praktischer Erfahrungen
5. Schlussbesprechung.

5.4   Evaluation

Schon in der Schlussbesprechung eines Trainings ist eine Feedback-Runde und die Evaluation des Gelernten und des Trainings wichtig. Doch dort hört ein Training nicht auf: Die Evaluation interkultureller Trainings in Bezug auf Bedarf, Ziele und Wirkung ist wesentlich für die erfolgreiche Durchführung weiterer Trainings und für eine geglückte Umsetzung des Gelernten in den Arbeitsalltag. Es stellt sich die Frage, wann, wie oft und mit welchen Methoden Evaluationen durchgeführt werden sollten.

Neben den häufig verwandten Selbsteinschätzungen der Teilnehmer direkt nach einem Training sollten die Rückmeldungen später wiederholt werden (am besten

innerhalb eines weiteren Workshops oder Trainings), um die langfristige Über-
tragung des Gelernten auf Alltagssituationen sicherzustellen. Häufig sind Trainingsteilnehmer direkt nach dem Training besonders optimistisch, da es ihnen
einfach Spaß gemacht hat und sie gut mit den anderen Teilnehmern zurechtge-
kommen sind, oder zu negativ, da sie sich aufgrund eines erhöhten Bewusstseins
für die Problematik der interkulturellen Kommunikation verunsichert fühlen.

Ebenfalls sollten Fremdeinschätzungen z..B. durch die Vorgesetzten, die Kollegen am Arbeitsplatz oder die anderen Trainingsteilnehmer hinzugezogen werden, um ein ganzheitliches Bild vom Verhalten am Arbeitsplatz, der Zufriedenheit und der Leistung der Teilnehmer zu erhalten und Selbst- und Fremdwahrnehmung zu vergleichen. Als Evaluationsmethoden stehen nicht nur
Einschätzungsskalen und offene Fragen zur Verfügung. Lassen Sie die Teilnehmer zum Beispiel eine Aufgabe in Form eines Fallbeispieles oder eines kritischen Ereignisses bearbeiten und analysieren Sie deren Antworten. Um eine
Verbesserung der interkulturellen Kompetenz der Teilnehmer feststellen zu
können, ist es natürlich am besten, schon vor dem Training vergleichbare Aufgaben oder Fragen gestellt zu haben.

Im Folgenden finden Sie Beispiele für mögliche Fragen an die Trainingsteilnehmer.

A) Übung 50: Um sich nach Ende eines Trainings auf eine kommende
interkulturelle Aufgabe, z.B. einen Auslandseinsatz, vorzubereiten und Gelerntes umzusetzen, sollten sich die Teilnehmer konkret etwas vornehmen. Eine
Kopie dieser Vorsätze können Sie als Trainer den Teilnehmern ein halbes Jahr
später wieder zurückschicken, so dass die Teilnehmer an ihre Vorsätze erinnert
werden und überprüfen können, was sie davon erfolgreich umgesetzt haben.

B) Übung 51: Um eine Rückmeldung der Teilnehmer zu Inhalt, Aufbau und
Durchführung Ihres Trainings zu erhalten, stellen Sie direkt danach offene und
geschlossene Fragen und lassen Sie die einzelnen Elemente des Trainings
bewerten.

C) Übung 52: Hier finden Sie ein Beispiel für die Evaluation eines interaktionsorientierten Trainings mit deutschen und amerikanischen Teilnehmern nach
mehreren Monaten.

Übung 50: Vorsätze nach einem Training
Worüber will ich nachdenken?
Was will ich umsetzen?
Wie will ich dies tun?
Was nehme ich mir konkret vor?
Wann und wo will ich dies tun?

Übung 51: Evaluation eines Trainings - Direkt danach

Um einen Eindruck zu bekommen, inwieweit diese Veranstaltung Ihren Vorkenntnissen und Ihren Erwartungen entsprochen hat, möchten wir Sie um eine Rückmeldung bitten, so dass wir bei weiteren Veranstaltungen darauf Rücksicht nehmen können.

Denken Sie noch einmal über **die Themen, die Inhalte** und **den Ablauf** des Trainings nach (Hier Grobgliederung des Trainings einfügen und eventuell die Elemente einzeln, z.B. anhand einer Ratingskala, bewerten lassen.):

Was hat Ihnen an dem Training gut gefallen?

Was hat Ihnen nicht so gut gefallen?

Wie schätzen Sie die Umsetzung des Gelernten in Ihrer Arbeit ein?

Was für Verbesserungsvorschläge haben Sie?

Nennen Sie drei Aspekte, die Sie, wenn Sie wieder an Ihrem Arbeitsplatz sind, anders machen wollen.

Vielen Dank!

Übung 52: Evaluation eines Trainings - Mehrere Monate später

Hatten Sie sich nach dem Workshop etwas für Ihren Arbeitsalltag vorgenommen? Wenn ja, was?

Haben Sie etwas von dem, was Sie sich vorgenommen haben, in die Praxis umsetzen können? Wenn ja, was haben Sie gemacht?

Was waren die Folgen?

Haben Sie Inhalte aus dem Workshop mit Ihrer Arbeitsgruppe diskutiert? Wenn ja, was und mit welchem Ergebnis?

Haben Sie bestimmte Verhaltensweisen der Amerikaner nach dem Workshop besser verstehen können? Wenn ja, welche?

Haben Sie einige Ihrer "deutschen" Verhaltensweisen nach dem Workshop anders gesehen? Wenn ja, welche?

6 Empfehlungen für erfolgreiche interkulturelle Trainings

Es gibt zahlreiche Evaluationsstudien, die die Effektivität von Trainigsverfahren belegen (*Black/Mendenhall*, 1990; *Podsiadlowski/Spieß*, 1996; *Konradt/Hertel/Behr*, 2002). So unterschieden sich Trainingsteilnehmer anhand der Bearbeitung eines Fallbeispiels zu einem Konflikt innerhalb einer deutsch-amerikanischen Projektgruppe deutlich von Kollegen, die noch nicht an einem derartigen Training teilgenommen hatten. Die Trainingsteilnehmer zeigten ein größeres Wissen über eigene und fremde Kulturstandards, konnten sich mehr in die kritische Situation aus Sicht beider beteiligten Gruppen einfühlen, gaben kulturadäquate Erklärungen für die Konflikte und äußerten differenziertere und zahlreichere Lösungsvorschläge zur Klärung des Konfliktes (*Podsiadlowski*, 1994). Bei den Trainings handelte es sich um bikulturelle Interaktionstrainings mit zwei Trainern, die sehr konkret mit den Erfahrungen arbeiteten, die die Teilnehmer bereits mit der anderen Kultur gemacht hatten (s.a. *Clackworthy*, 1996). Es wurden Rollenspiele durchgeführt, die in ihren Aufgabenstellungen den tatsächlichen Tätigkeiten der Teilnehmer entsprachen und typisch für das Unternehmen waren. Die beiden Trainer brachten zahlreiche Erfahrungen aus Unternehmen beider Kulturen in das Training ein, beherrschten beide Sprachen fließend und ergänzten sich durch ihren jeweiligen kulturellen Hintergrund.

Was macht ein erfolgreiches Training aus?

Je näher ein Training an der interkulturellen Situation der Teilnehmer konzipiert wird und je spezifischer es auf die Aufgabe und das Unternehmen abgestimmt ist, desto erfolgsversprechender ist es. Nach *Gudykunst*, *Guzley* und *Hammer* (1996) und *Bhawuk* (2001) ist eine theoretische Fundierung der Trainings, zum Beispiel auf Grundlage von Attributionstheorien, sozialen Lerntheorien oder des Konzepts des Individualismus/Kollektivismus, wesentlich für dessen Erfolg. Weiterhin ist eine Kombination verschiedener Methoden (didaktische und erfahrungsbezogene Methoden, kognitions- und verhaltensorientierte Instrumente) und Trainingskonzepte (interaktions- und verstehensorientiert, informations- und kulturorientiert, sensibilisierungs- und handlungsorientiert) zu empfehlen. Wesentlich für die Entwicklung und den Aufbau von Trainings ist eine fundierte Bedarfsanalyse, so dass das Training speziell für die Zielgruppe konzipiert bzw. angepasst werden kann. Vergessen Sie nicht eine abschließende Evaluation!

Kombination der Trainingselemente

Die verschiedenen Elemente eines interkulturellen Trainings können je nach Vorwissen, Gruppenzusammensetzung und Zielsetzung variiert werden.

Für ein erfolgreiches interkulturelles Training ist es notwendig, didaktische mit erfahrungsorientierten Methoden zu verbinden. Wenn wir von einem zirkulären Zusammenhang zwischen Werten, Einstellungen und Verhalten (siehe Abbildung 1.1) ausgehen, können Trainings zuerst am Verhalten ansetzen und darauf aufbauend zu einer Bewusstmachung der dahinterliegenden Werte führen. Alternativ kann mit Sensibilisierungsübungen begonnen werden, um dann in Rollenspielen mit einem bereits ausgeprägteren Bewusstsein für interkulturelle Missverständnisse neue Verhaltensweisen auszuprobieren.

Die aktive Beteiligung der Trainingsteilnehmer an Übungen und Aktivitäten ist wichtig, um ein der interkulturellen Alltagssituation nahes Lernumfeld zu schaffen und für die Arbeit relevantes Verhalten zu trainieren. Denn in interkulturellen Überschneidungssituationen besteht die Aufgabe, sich aktiv relevante Informationen zu suchen, diese selbst zu analysieren und die damit verbundenen Probleme zu identifizieren. Letztendlich geht es in der interkulturellen Zusammenarbeit um Interaktion und Kommunikation, die häufig emotional beladen sind. Mit den damit verbundenen Gefühlen und der nahe liegenden Verunsicherung sollte konstruktiv umgegangen werden.

Wenn zum Beispiel Teilnehmer aufgrund ihres kulturellen Hintergrundes vorwiegend didaktische Methoden gewohnt sind, sollten die Trainings auch mit diesen anfangen. Dies empfiehlt sich ebenfalls, wenn bereits starke Konflikte bestehen oder die Skepsis gegenüber dem Training sehr hoch ist. Mit kognitionsorientierten Instrumenten zu Beginn zu arbeiten, eigene Erfahrungen aufzugreifen und die Möglichkeit zu geben, sich kennen zu lernen, hilft, ein Lernumfeld zu schaffen, in dem sich die Teilnehmer sicher fühlen. Dennoch ist genau zu überlegen, wann Methoden mit Überraschungseffekten (wie z.B. "Barnga") eingesetzt werden, um "Aha"-Effekte bei den Teilnehmern zu bewirken und die Notwendigkeit interkulturellen Lernens deutlich zu machen.

Überlegen Sie genau, wann Sie konfrontativere Übungen, wie die "Outside Experts", in Ihr Training einbauen. Diese helfen, ein Bewusstsein für die Problematik zu schaffen und Emotionen anzusprechen. Ein Training sollte aber nicht bei einem beginnenden Problembewusstsein aufhören. Die Teilnehmer sollten stets mit konstruktiven Ideen und Vorsätzen zurück an Ihren Arbeitsplatz gehen. Wünschenswert ist eine Trainingslänge von mindestens drei Tagen, um sich am ersten Tag kennen zu lernen und in die Problematik einzufinden und am zweiten Tag mit Methoden zu arbeiten, die die Teilnehmer mit unerwünschten, aber für die interkulturelle Zusammenarbeit typischen Gefühlen und eigenen Schwachpunkten konfrontieren. Der dritte Tag (und weitere) ist wesentlich, um neue, gemeinsame Wege zu finden und positive Erlebnisse bei der erfolgreichen Umsetzung zu haben. Idealerweise findet das Training nicht am Arbeitsort statt, sondern in einem Hotel, so dass in den Abendstunden zusätzliche Möglichkeiten für informelle Kontakte bestehen. Sowohl bei Auslandsentsendungen, internationaler Teamarbeit und internationalen Projekten ist es sinnvoll, Follow-up Workshops, weitere Trainingsmaßnahmen oder arbeitsbegleitende Schulungen durchzuführen, um das Gelernte zu verfestigen und für Unsicherheiten, die nach dem Training auftauchen, neue Lösungsansätze zu entwickeln.

Abbildung 8.3 gibt Ihnen einen Überblick über Übungen, die in diesem Buch vorgestellt werden (siehe auch Übungsverzeichnis). Die Abbildung entspricht der Aufteilung von Abbildung 8.1 in kulturübergreifende versus kulturspezifische Trainings und didaktische versus erfahrungsorientierte Methoden, damit Sie eine Auswahl und einen Überblick für mögliche Kombinationen zur Verfügung haben.

Kultur-	Didaktisch	Erfahrungsorientiert
Übergreifend	Namensspiel	Cultural Assimilator
	Bestandteile Deiner Kultur	Kritische Ereignisse
	Wie sehe ich mich selbst?	Rollenspiele
	Wie sehe ich die deutsche Kultur?	Simulationen
	Polaritätenprofil	Barnga
	Selbsteinschätzungsskalen	The Outside Experts
	Kultur in Sprichwörtern	BAFA BAFA
	„Doing the Right Thing"	Albatros
	Ethisches Handeln in kritischen	Die vier synthetischen
	Situationen	Kulturen
	Akkulturationsstrategien in Filmen	Windmills
	Cultural Assimilator	Essen
	Vorbereitungen für den	Das fremde Gericht
	Auslandseinsatz	Verteilung von
		Belohnungen
Spezifisch	Namensspiel	Cultural Assimilator
	Bestandteile Deiner Kultur	Kritische Ereignisse
	Polaritätenprofil	Rollenspiele
	Kultur in Sprichwörtern	Contrast American
	Cultural Assimilator	Fallbeispiele
		Essen
		Ausflüge ins Feld

Abb. 8.3: Übungen für interkulturelle Trainings

Trainerqualifikationen

Die Qualifikation der Trainer ist wichtig für die Durchführung eines erfolgrei-chen Trainings, denn sie müssen das Verhalten, das gelernt werden soll, vorle-ben und vermitteln können. Vorraussetzung ist ihre Expertise in den Prinzipien der interkulturellen Kommunikation und Konfliktlösung durch ihren fachlichen, kulturellen und Erfahrungshintergrund. Neben der inhaltlichen Qualifikation sind soziale, interkulturelle und pädagogische Kompetenzen gefragt. Die Trainer müssen offen sein für neue Ideen und Fragen und auf unvorgesehene Ereignisse eingestellt sein. Sie sollten Neugierde und Enthusiasmus für die interkulturelle Zusammenarbeit und deren Herausforderungen mitbringen. Die Fähigkeit, Si-tuationen zu diagnostizieren, Hypothesen zu formulieren und zu testen sowie deren Wirkung und Effektivität zu überprüfen, ist wichtig, um Feedback geben und Interaktionen im Training aufbereiten zu können.

So wie die Gruppe der Trainingsteilnehmer nicht zu groß sein sollte (gut wären zwischen 8 und 12 Personen), wären mehrere Trainer wünschenswert (dann könnte auch mit 16 Personen gearbeitet werden, um bei der Arbeit in Kleingrup-pen diese abwechselnd betreuen und beobachten zu können). Die Trainer sollten selbst interkulturell tätig sein, sich durch ihre Expertise und Erfahrungen gegen-seitig ergänzen und den kulturellen Hintergrund der Teilnehmer widerspiegeln. Bei einer multikulturellen Zusammensetzung der Trainingsteilnehmer ist es zum Beispiel sinnvoll, dass mindestens einer der Trainer einen bikulturellen Hinter-grund hat und selbst in einem derartigen Arbeitsumfeld tätig ist. Bei Vorberei-tungstrainings für einen Auslandseinsatz sollte einer der Trainer das Herkunftsland und ein anderer das Zielland repräsentieren. In Konflikttrainings zum Beispiel innerhalb bikultureller Projekte sollten ebenfalls beide beteiligten Kulturen durch die Trainer vertreten sein.

Rahmenbedingungen

Für eine erfolgreiche Durchführung und Nachbereitung von Trainings sind die Rahmenbedingungen ebenfalls wichtig. Wie generell in der interkulturellen Zusammenarbeit müssen auch diese Maßnahmen vom Top Management unterstützt werden. Interkulturelles Lernen sollte ein Teil der Unternehmensziele sein. Interkulturelles Lernen ist prozessorientiert, das heißt, einzelne Trainingsmaßnahmen sind am besten in ein ganzheitliches Personalentwicklungskonzept eingebettet und werden durch andere Methoden wie zum Beispiel virtuelles Lernen unterstützt.

Denken Sie daran: In jeder Phase des Trainings, bei Entwicklung, Aufbau, Durchführung und Evaluation, ist die Kultur der Teilnehmer zu berücksichtigen.

Und: Nutzen Sie die interkulturellen Erfahrungen der Teilnehmer!

---

7 Fallbeispiele

Denken Sie bitte noch einmal an die Fallbeispiele zu multinationalen Arbeitsgruppen (Kapitel 6, Abschnitt 5, Übung 46). Im ersten Fall ging es um den möglichst guten Start eines deutsch-amerikanischen Jointventures, bei dem schon im Vorfeld die interkulturelle Problematik berücksichtigt werden sollte. Fall 2 handelte von einem trikulturellen, asymmetrisches Jointventure, das nicht so lief, wie es laufen sollte.

Übung 53: Trainings für die Jointventures

Sie haben bereits die beiden Jointventures hinsichtlich Rahmenbedingungen, Herausforderungen, interkultureller Themen, potenzieller Konfliktpunkte und Verbesserungsmöglichkeiten genau analysiert und Ansatzpunkte für Interventionen genannt.

Machen Sie nun einen Vorschlag für mögliche interkulturelle Trainings! Verwenden Sie hierzu die Tabellen 8.2 und 8.3.

Überlegen Sie sich Design, Aufbau, Organisation, Inhalte und Methoden für eines dieser Teamtrainings.

Einige Anmerkungen: Im **ersten Fall** sollten Informationsveranstaltungen zu Landeskunde, (Unternehmens-)Politik sowie rechtliche, kulturelle und wirtschaftliche Rahmenbedingungen und Sprachkurse für alle Mitarbeiter angeboten werden. Über derartige didaktische Methoden sollte allgemein auf die Problematik der interkulturellen Kommunikation und auf kulturspezifische Arbeitsstile vorbereitet werden. Es sollte also für die Mitarbeiter möglich sein, an informations- und kulturorientierten Trainings mit kulturübergreifenden und kulturspezifischen Elementen teilzunehmen. Zusätzlich unterstützen Look-and-See-Trips, Austauschprogramme und kurzfristige Einsätze an den verschiedenen Standorten das gegenseitige Kennenlernen, die Kommunikation und Netzwerkbildung.

Identifizieren Sie Schlüsselgruppen und suchen Sie nach besonders interkulturell kompetenten Mitarbeitern für die Arbeit an Schnittstellen und in Teams. Neben dem geplanten Aufbau multinationaler Arbeitsgruppen (Achten Sie auf eine ausgewogene Zusammensetzung!), sollten Sie Teams bilden, die sich speziell mit den anstehenden Veränderungen beschäftigen, neue Arbeitsprozesse einführen, betreuen, beaufsichtigen und den oberen Führungsebenen rückmelden. Führen Sie mit diesen diversen Arbeitsgruppen Teamtrainings durch, damit sich die Mitglieder gegenseitig kennen lernen und Vereinbarungen über gemeinsame Arbeitsprozesse treffen können. Sie stehen vor der Herausforderung, einen Konsens über Ziel, Ausstattung und Vorgehen, wie z.b. der Ablauf von Besprechungen und Aufgabenteilung, zu finden.

Im **zweiten Fall** müssen die bereits bestehenden Konflikte zwischen den Entwicklern gelöst und funktionierende multinationale Forschungsteams aufgebaut werden. In Teamentwicklungstrainings sollten in Subgruppen die Konflikte z.B. in Form von Rollenspielen mit kritischen Ereignissen oder Simulationen aufgearbeitet werden, um anschließend Gemeinsamkeiten und Vorteile der Zusammenarbeit zu suchen und Abmachungen für die Zukunft zu treffen. Die Trainings wären somit interaktions- und verstehensorientiert. Wichtig ist es, die Erfahrungen und vorhandenen Emotionen der Teilnehmer vorsichtig und allmählich aufzuarbeiten und neue Verhaltensoptionen zu entwickeln.

Weiterhin ist die Arbeit mit dem Top Management wichtig. In gemeinsamen Workshops sollten versteckte Konflikte aufgearbeitet und neue Leitlinien entwickelt werden, um zum Zusammenhalt zu motivieren und diesen vorzuleben. Bestehende Strukturen, Ablaufprozesse und Kommunikationswege sollten hinterfragt und neue implementiert werden.

Literaturempfehlungen für Kapitel 8

Bhawuk, D.P.S., Brislin, R., 2000: Cross-cultural training: A review, in: Applied Psychology: An International Review, 49 (1), S. 162-191

Brislin, R.W., Yoshida, T., 1994: Intercultural communication training: An introduction, Thousand Oaks: Sage

Gudykunst, W.B., Guzley, R.M., Hammer, M.R., 1996: Designing intercultural training, in: D. Landis, R.S. Bhaghat (Hrsg.), Handbook of Intercultural Training (2 Aufl., S. 118-154), New York: Pergamon Press

Konradt, U., Hertel, G., Behr, B., 2002: Interkulturelle Managementtrainings: Eine Bestandsaufnahme von Konzepten, Methoden und Modalitäten in Deutschland, in: Zeitschrift für Sozialpsychologie, 33 (4), S. 197-207

Rosenstiel, L. v., 1999: Entwicklung von Werthaltung und interpersonaler Kompetenz, in: K. Sonntag (Hrsg.), Personalentwicklung in Organisationen (2. Aufl., S. 99-122), Göttingen: Hogrefe

Singelis, T. (Hrsg.), 1998: Teaching about culture, ethnicity and diversity, Thousand Oaks: Sage

Thomas, A., 1999: Training von Fach- und Führungskräften für den Auslandseinsatz, in: Mittelstand und Betriebswirtschaft: Beiträge aus Wissenschaft und Praxis, S. 123-148, Wiesbaden: Gabler

Trainingsinstitute

Intercultural Summer Institute at Portland
International Academy for Intercultural Research (IAIR)
Society for Intercultural Training and Research (SIETAR)
University of Hawaii: Summer Workshop for Intercultural Coursework Development

Literaturverzeichnis

Adler, N., 1991: International dimensions of organizational behavior (2. Aufl.), Boston: Kent Publishers

Apfelthaler, G., 1999: Interkulturelles Management, Wien: Manz-Verlag

Bandura, A., 1977: Social learning theory, Englewood Cliffs: Prentice Hall

Berry, J.W., 1994: Acculturation and psychological adaptation: An overview, in: *A.M. Bouvy* (Hrsg.), Journey into cross-cultural psychology, S. 129-141, Lisse: Swets & Zeitlinger

Bhawuk, D.P.S., Brislin, R., 1992: The measurement of intercultural sensitivity using the concepts of individualism and collectivism, in: International Journal of Intercultural Relations, 16, S. 413-436

Bhawuk, D.P.S., Brislin, R., 2000: Cross-cultural training: A review, in: Applied Psychology: An International Review, 49 (1), S. 162-191

Bhawuk, D.P.S., Podsiadlowski, A., Graf, J., Triandis, H.C., 2002: Diversity in workplace: Emerging corporate strategies, in: *G.R. Ferris, M.R. Buckley* (Hrsg.), Human resource management: Perspectives, context, function and outcomes (4. Aufl., S. 84-96), Englewood Cliffs: Prentice Hall

Bittner, A., Reisch, B., 1994: Interkulturelles Personalmanagement: Internationale Personalentwicklung, Auslandsentsendungen, interkulturelles Training, Wiesbaden: Gabler

Bittner, A., Reisch, B., 1997: Anforderungen an internationale Führungskräfte, Wiesbaden: Gabler

Black, J.S., Mendenhall, M., 1990: Cross-cultural training effectiveness: A review and a theoretical framework for future research, in: Academy of Management Review, 15 (1), S. 113-136

Breitenbach, D., 1983: Kritik der Austauschforschung, in: *A. Thomas* (Hrsg.), Erforschung interkultureller Beziehungen: Forschungsansätze und Perspektiven, S. 11-31, Saarbrücken: Breitenbach

Brislin, R.W., 2001: Are these part of your culture? 2001 Summer Intercultural Workshop, University of Hawaii: College of Business Administration.

Brislin, R.W., Landis, D., Brandt, M.E., 1983: Conceptualizations of intercultural behavior and training, in: *R.W. Brislin, D. Landis* (Hrsg.), Handbook of Intercultural Training (Bd. 1, S. 1-35), New York: Pergamon Press

Brislin, R.W., Yoshida, T., 1994: Intercultural communication training: An introduction, Thousand Oaks: Sage

Brüch, A., 2001: Kulturelle Anpassung deutscher Unternehmensmitarbeiter bei Auslandsentsendungen, Frankfurt am Main: Peter Lang

Brüch, A., Thomas, A., 1995: Beruflich in Süd-Korea: Interkulturelles Orientierungstraining für Manager, Fach- und Führungskräfte, Heidelberg: Asanger

Brüch, A., Podsiadlowski, A., Spieß, E., 1997: Interkulturelle Potentialanalyse und –entwicklung für Führungskräfte: Literaturanalyse für Roland Berger und Partner GmbH, München: Institut für Wirtschafts- und Organisationspsychologie

Clackworthy, D., 1994: A road map to cultural competency, in: Siemens Review, 61 (2), S. 11-15

Clackworthy, D., 1996: Training Germans and Americans in conflict management, in: *M. Berger* (Hrsg.), Cross-cultural team building, S. 91-100, London: McGraw Hill

Clermont, Schmeisser, W. (Hrsg.), 1997: Internationales Personalmanagement, S. 337-348, München: Oldenbourg

Coch, L., French, J.R.P., 1948: Overcoming resistance to change, in: Human Relations, 1 (4), S. 512-532

Cox, T.H., 1991: The mulitcultural organization, in: Academy of Management Executive, 5, S. 34-47

DeMatteo, J.S., Eby, L.T., Sundstrom, E., 1998: Team-based rewards: Current empirical evidence and directions for future research, in: Research in Organizational Behavior, 20, S. 141-183

Dinesen, I., 1985: Out of Africa, New York: Vintage Books

Dinges, N., Baldwin, K., 1996: Intercultural competence: A research perspective, in: *D. Landis, R.S. Bhagat* (Hrsg.), Handbook of Intercultural Training (2 Aufl., S. 106-123), Thousand Oaks: Sage

Djarrahzadeh, M., 1993: Internationale Personalentwicklung: Ausländische Führungskräfte in deutschen Stammhäusern, Wiesbaden: Deutscher Universitäts-Verlag

Earley, P.C., 1993: East meets West meets Mid-East: Further explorations of collectivistic and individualistic work groups, in: Academy of Management Journal, 36, S. 319-348

Earley, P.C., 1994: Self or group? Cultural effects of training on self-efficacy and performance, in: Administrative Science Quarterly, 39, S. 89-117

Flanagan, J., 1954: The critical incident technique, in: Psychological Bulletin, 51, S. 327-358

French, J.R.P., Israel, Z., As, D., 1960: An experiment on participation in a Norwegian factory, in: Human Relations, 13 (1), S. 3-19

Furnham, A., Bochner, S. 1986: Culture shock: Psychological reactions to unfamiliar environments, London: Methue

Gouchenour, T., 1977: The albatross, in: *D. Batchelder, E. Warner* (Hrsg.), Beyond experience (S. 125-129), Brattleboro: Experiment in International Living

Gudykunst, W.B., 1997: Communicating with strangers: An approach to intercultural communication, New York: The McGraw-Hill Companies

Gudykunst, W.B., Guzley, R.M., Hammer, M.R., 1996: Designing intercultural training, in: *D. Landis, R.S. Bhagat* (Hrsg.), Handbook of Intercultural Training (2. Aufl., S. 118-154), New York: Pergamon Press

Hall, E., 1990: The silent language (3. Aufl.), New York: Anchor Press

Hall, E., Hall, M., 1984: Verborgene Signale: Über den Umgang mit Franzosen, Hamburg: Gruner & Jahr

Hall, E., Hall, M., 1991: Understanding Cultural Differences: Germans, French and Americans (3 Aufl.), Yarmouth: Intercultural Press

Harris, P., Moran, R., 1990: Managing cultural differences (3. Aufl.), Houston: Gulf Publishing

Heenan, D.A., Perlmutter, H.V., 1979: Multinational development: A social architectural approach, Reading: Addison-Wesley

Herbrand, F., 2002: Fit für fremde Kulturen: Interkulturelles Training für Führungskräfte, Bernd: Haupt

Hilb, M., 1991: Entwicklungsphasen des mulitkulturellen Personalmanagements, in: *R. Marr (Hrsg.)*, Euro-strategisches Management, Sonderband der Zeitschrift für Personalforschung, 1, S. 17-42, München: Rainer Hampp

Hofstede, G.H., 1980: Culture's consequences: International differences in work-related values, London: Sage

Hofstede, G.H., 1997: Lokales Denken, globales Handeln: Kulturen, Zusammenarbeit und Management, München: Beck

Hofstede, G.H., Bond, M.H., 1988: The Confucius connection: From cultural roots to economic growth, in: Organizational Dynamics, 16 (4), S. 4-21

Hughes-Wiener, G., 1977: The "learning how to learn" approach to cross-cultural orientation, in: International Journal of Intercultural Relations, 1, S. 485-505

Janis, I.L., 1982: Group think: Psychological studies of policy decisions and fiascos (2 Aufl.), Boston: Houghton Mifflin

Kammel, A., Teichelmann, D., 1994: Internationaler Personaleinsatz: Konzeptionelle und instrumentelle Grundlagen, München: Oldenbourg Verlag

Kashima, Y., Callan, V., 1994: The Japanese work group, in: *H.C. Triandis, M.D. Dunnette, L.M. Hough* (Hrsg.), Handbook of Industrial and Organizational Psycholog (Bd. 4, 2 Aufl., S. 609-646), Palo Alto: Consulting Psycholgists Press

Kealey, D., 1996: The challenge of international personnel selection criteria, issues and methods, in: *D. Landis, R.S. Bhagat* (Hrsg.), Handbook of Intercultural Training (2 Aufl., S. 81-105), Thousand Oaks: Sage

Keller, E. v., 1987: Kulturabhängigkeit der Führung, in: *A. Kieser (Hrsg.)*, Handwörterbuch der Führung. Enzyklopädie der Betriebswirtschaftslehre (Bd. 10, S. 1285-1294), Stuttgart: Poeschel

Kiechl, R., 1997: Interkulturelle Kompetenz, in: *E. Kopper, R. Kiechl* (Hrsg.), Globalisierung: Von der Vision zur Praxis, S. 11-30, Zürich: Versus

Konradt, U., Hertel, G., Behr, B., 2002: Interkulturelle Managementtrainings: Eine Bestandsaufnahme von Konzepten, Methoden und Modalitäten in Deutschland, in: Zeitschrift für Sozialpsychologie, 33 (4), S. 197-207

Kluckhohn, F.R., Strodtbeck, F., 1961: Variations in value orientations, Westport: Greenwood

Kroeber, A., Kluckhohn, C., 1952: Culture: A critical review of concepts and definitions, New York: Vintage Books

Kühlmann, T. (Hrsg.), 1995: Mitarbeiterentsendung ins Ausland: Auswahl, Vorbereitung, Betreuung und Wiedereingliederung, Göttingen: Verlag für Angewandte Psychologie

Kühlmann, T., Stahl, G., 1998: Diagnose interkultureller Kompetenz: Entwicklung und Evaluierung eines Assessment Centers, in: *C. Barmeyer, J. Bolten* (Hrsg.), Interkulturelle Personlorganisation, S. 213-224, Berlin: Wissenschaft & Praxis

Landis, D., Bhagat, R.S. (Hrsg.), 1996: Handbook of Intercultural Training (2. Aufl.), Thousand Oaks: Sage

Laurent, A., 1983: The cultural diversity of Western conceptions of management, in: International Studies of Management and Organizations, 13, S. 75-96

Le Monde Diplomatique (Hrsg.), 2003: Atlas der Globalisierung, Berlin: taz.

Macharzina, K., 1992: Auslandseinsatz von Mitarbeitern, in: *E. Gaugler, W. Weber* (Hrsg.), Handwörterbuch des Personalwesens (2. Aufl., S. 534-544), Stuttgart: Poeschel

Maletzke, G., 1996: Interkulturelle Kommunikation, Opladen

Marx E., 1999: Breaking through culture shock: What you need to succeed in international business, London: Nicholas Brealey Publishing

Mendenhall, M., 2000: New perspectives on expatriate adjustment and its relationship to global leadership development, in: *M. Mendenhall, T. Kühlmann, G. Stahl* (Hrsg.), Developing global leaders, Westport: Quorum Books

Moosmüller, A., 1996: Interkulturelle Kompetenz und interkulturelle Kenntnisse, Überlegungen zu Ziel und Inhalt im auslandsvorbereitenden Training, in: *K. Roth* (Hrsg), Mit der Differenz leben, Europäische Ethnologie und Interkulturelle Kommunikation, S. 271-290, Münster: Waxmann

Moosmüller, A. 1997: Kulturen in Interaktion: Deutsche und US-amerikanische Firmenentsandte in Japan, Münster: Waxmann

Moosmüller, A., Spieß, E., Podsiadlowski, A., 2000: International team building: Issues in devloping multinational work groups, in: *M. Mendenhall, T. Kühlmann, G. Stahl* (Hrsg.), Developing global leaders, Westport: Quorum Books

Moran, R.T., Stripp, W., 1991: Successful International Business Negotiations, Houston: Gulf Publishing

Oberg, K., 1960: Cultural shock: Adjustment to new cultural environments, in: Practical Anthropologist, 7, S. 177-182

Ondaatje, M., 2000: Anil's ghost, NewYork: Vintage Books

Ouchi, W., 1981: Theory Z: How American business can meet the Japanese challenge, Reading: Addison-Wesley

Paige, R.M., Martin, J.N., 1996: Ethics in intercultural training, in: *D. Landis, R.S. Bhagat* (Hrsg.), Handbook of Intercultural Training (2 Aufl., S. 35-60), Thousand Oaks: Sage

Pedersen, P., 2000: One in the eye is worth two in the ear, in: Simulation and Gaming, March, S. 100-107

Podsiadlowski, A., 1994: Training interkultureller Kompetenz: Effektivitätssteigerung in Projektgruppen mit deutschen und amerikanischen Teilnehmern in einem multinationalen Unternehmen, München: Unveröffentlichte Diplomarbeit

Podsiadlowski, A., 2002a: Multikulturelle Arbeitsgruppen in Organisationen: Bedingungen erfolgreicher Zusammenarbeit am Beispiel deutscher Unternehmen in Südostasien, Münster: Waxmann

Podsiadlowski, A., 2002b: Multikulturelle Arbeitsgruppen: Eine differenzierte Betrachtung der Wirkung von Heterogenität in Arbeitsgruppen nach Untersuchungstyp und Form der Gruppenzusammensetzung, in: *K. Jonas, E. Spieß* (Hrsg.), Sonderband 'Interkulturelle Sozialpsychologie' der Zeitschrift für Sozialpsychologie, 33(4), S. 241-259

Podsiadlowski, A., 2002c: Diversität in Organisationen und Arbeitsgruppen, in: *J. Allmendinger, T. Hinz* (Hrsg.), Sonderheft 'Organisationssoziologie' der Kölner Zeitschrift für Soziologie und Sozialpsychologie, 42, S. 260-283

Podsiadlowski, A., Spieß, E., 1996: Zur Evaluation eines interkulturellen Trainings in einem deutschen Großunternehmen, in: Zeitschrift für Personalforschung, 1, S. 30-48

Richards, D., 1997: Developing cross-cultural management skills: Experiential learning in an international MBA programme, in: Management Learning, 28 (4), S. 387-407

Ronen, S., Shenkar, O., 1985: Clustering countries on attitudinal dimensions: A review and synthesis, in: Academy of Management Review, 10 (3), S. 435-454

Rosenstiel, L. v., 1999: Entwicklung von Werthaltung und interpersonaler Kompetenz, in: *K. Sonntag* (Hrsg.), Personalentwicklung in Organisationen (2. Aufl., S. 99-122), Göttingen: Hogrefe

Rosenstiel, L. v., 2000: Organisationspsychologie (4. Aufl.), Stuttgart: Poeschel

Sackmann, S. (Hrsg.), 1997: Cultural complexity in organizations, Thousand Oaks: Sage Publications

Schein, E., 1985: Organizational culture and leadership, San Francisco: Jossey-Bass

Schein, E., 1990: Organizational culture, in: American Psychologist, 45, (2), S. 109-119

Schenk, E., 1994: Entwicklung eines interkulturellen Orientierungstrainings für China auf Basis des Culture Assimilators, in: Institut für Auslandsbeziehungen (Hrsg.), Interkulturelle Kommunikation und Interkulturelles Training: Materialien zum Internationalen Austausch, Bd. 33, S. 78-85, Stuttgart: Institut für Auslandsbeziehungen

Scherm, E., 1995: Internationales Personalmanagement, München: Oldenbourg

Schulz von Thun, F., 1991: Miteinander reden 1: Störungen und Klärungen (2. Aufl.), Reinbek: Rowohlt

Schwartz, S.H., 1999: A theory of cultural values and some implications for work, in: Applied Psycholgoy: An International Review, Vol. 48 (1), S. 23-47

Shirts, G., 1973: BAFA BAFA: A cross-cultural simulation, Delmar: Simile II

Singelis, T.M., Brislin, R.W., 1998: The distribution of rewards, in: *T. Singelis* (Hrsg.), Teaching about culture, ethnicity and diversity, Thousand Oaks: Sage

Smith, K. 1998: Applying Berry and Kim's acculturative framework to documentaries on culture contact, in: *T. Singelis* (Hrsg.), Teaching about culture, ethnicity and diversity, S. 81-91, Thousand Oaks: Sage

Smith, P.B., Noakes, J., 1996: Cultural differences in group processes, in: *M.A. West* (Hrsg.). Handbook of Work Group Psychology, S. 477-501. Oxford: John Wiley and Sons Ltd

Stahl, G., 1998: Internationaler Einsatz von Führungskräften, München: Oldenbourg

Stahl, G., Langeloh, C., Kühlmann, T., 1999: Geschäftlich in den USA. Ein interkulturelles Trainingshandbuch, Wien: Wirtschaftsverlag Ueberreuter

Storti, C., 1999: Figuring foreigners out: A practical guide, Yarmouth: Intercultural Press

Thiagarajan, S., Steinwachs, B., 1990: Barnga, Yarmouth: Intercultural Press

Thomas, A., 1990: Interkulturelles Handlungstraining als Personalentwicklungsmaßnahme, in: Zeitschrift für Arbeits- und Organisationspsychologie, 34, S. 149-154

Thomas, A. (Hrsg.), 1993: Kulturvergleichende Psychologie, Göttingen: Hogrefe

Thomas, A. (Hrsg.), 1996: Psychologie interkulturellen Handelns, Göttingen: Hogrefe

Thomas, A., 1999: Training von Fach- und Führungskräften für den Auslandseinsatz, in: Mittelstand und Betriebswirtschaft: Beiträge aus Wissenschaft und Praxis, S. 123-148, Wiesbaden: Gabler

Ting-Toomey, S., 1988: Intercultural conflict styles, in: *Y.Y. Kim, W.B. Gudykunst* (Hrsg.), Theories in intercultural communication: International and intercultural communication annual (Bd. 12, S. 213-235), Newbury Park: Sage Publications

Triandis, H.C., 1972: The analysis of subjective culture, New York: Wiley

Triandis, H.C., 1995: Individualism-Collectivism, Boulder: Westview

Triandis, H.C., Kurowski L.L., Gelfand M., 1994: Workplace diversity, in: *H.C. Triandis, M.D. Dunnette, L.M. Hough* (Hrsg.), Handbook of Industrial and Organizational Psychology, (Bd. 4, 2 Aufl., S. 769-827), Palo Alto: Consulting Psychologists Press

Trompenaars, F., 1993: Riding the waves of culture, London: Economist

Tuckman, B.W., 1965: Development sequence in small companies, in: Group and Organizational Studies, 2, S. 419-427

Tung, R., 1997: International and intranational diversity, in: *C.S. Granrose, S. Oskamp* (Hrsg.), Cross-cultural work groups, S. 163-185, Thousand Oaks: Sage

Tung, R.L., 1998: The new expatriates: Managing human resources abroad, Cambridge: Ballinger

Ward, C., 1996: Acculturation, in: *D. Landis, R.S. Bhagat* (Hrsg.), Handbook of Intercultural Training (2 Aufl., S. 124-147), Thousand Oaks: Sage

Watson, W.E., Kumar, K., Michaelsen, L.K., 1993: Cultural diversity's impact on interaction process and performance: Comparing homogeneous and diverse task groups, in: Academy of Management Journal, 36, S. 590-602

Watzlawick, P., Beavin, J., 1969: Menschliche Kommunikation: Formen, Störungen, Paradoxien, Bern: Huber

West, M.A. (Hrsg.), 1996: The Handbook of Work Group Psychology, S. 555-575, Chichester: John Wiley

Wirth, E., 1992: Mitarbeiter im Auslandseinsatz: Planung und Gestaltung, Wiesbaden: Gabler

Unabhängige Kommission „Zuwanderung", 2001: Zuwanderung gestalten, Integration fördern: Bericht der Unabhängigen Kommission „Zuwanderung", Bundesministerium des Inneren: Berlin

Stichwortverzeichnis

Anhang

Länderbezeichnungen für die Abbildungen 1.4 und 1.5 (*Hofstede*, 1997):

ARG	= Argentinien	JAP	= Japan
AUL	= Australien	MEX	= Mexiko
AUT	= Österreich	NET	= Niederlande
BEL	= Belgien	NOR	= Norwegen
BRA	= Brasilien	NZL	= Neuseeland
CAN	= Kanada	PAK	= Pakistan
CHL	= Chile	PER	= Peru
COL	= Kolumbien	PHI	= Philippinen
DEN	= Dänemark	POR	= Portugal
FIN	= Finnland	SAF	= Südafrika
FRA	= Frankreich	SIN	= Singapur
GBR	= Großbritannien	SPA	= Spanien
GER	= Deutschland	SWE	= Schweden
GRE	= Griechenland	SWI	= Schweiz
HOK	= Hongkong	TAI	= Taiwan
IDO	= Indonesien	THA	= Thailand
IND	= Indien	TUR	= Türkei
IRA	= Iran	USA	= USA
IRL	= Irland	VEN	= Venezuela
ISR	= Israel	YUG	= (ehemaliges)
ITA	= Italien		Jugoslawien